Verena Kast

Vom Sinn der Angst

HERDER spektrum

Band 5525

Das Buch

Angst ist ein uns allen vertrautes Gefühl. Angst verändert: uns selber und unsere Beziehungen. Sie hat Einfluß auf die Seele und den Körper, sie spannt an, bedroht, sie stört und in jedem Fall betrifft sie den Kern unseres Selbstseins. Verena Kast beschreibt diese Emotion, analysiert die Dynamik, die sie zum lebensbestimmenden Element machen kann. Sie entschlüsselt ihre Sprache und Ausdrucksformen, zeigt, welche Schwierigkeiten in unerkannten Ängsten ihre Wurzel haben und weist auf die tieferliegende Funktion der Angst hin: Was will die Angst von uns? Was verschließt sie und was kann sie uns eröffnen? Nur wer zur Angst steht, sich nicht in Vermeidungsspiralen bewegt, nicht vor ihr flüchtet, sondern ihr standhält, wer aktiv mit ihr umgeht, kann sie verändern in eine positive Lebenskraft. Verena Kast zeigt, wie durch die Stabilisierung der Identität, durch Akzeptanz auch der dunklen Seiten, Ängste sich verwandeln können. „Würden wir uns der Angst mehr stellen, dann bekämen wir mehr Zugang zu dem, was geändert werden muß, aber auch zu dem, was uns Halt gibt. Damit würden wir echter werden, mehr mit unseren Gefühlen verbunden, damit würden auch unsere mitmenschlichen Beziehungen wieder echter und damit lebendiger."

Die Autorin

Verena Kast, geboren 1943, Psychotherapeutin, Dozentin am C. G.-Jung-Institut in Zürich, Professorin an der Universität Zürich, Vorsitzende der Internationalen Gesellschaft für Tiefenpsychologie. Autorin zahlreicher Bücher u. a. zur Thematik des Trauerns und zu Beziehungsproblemen. Bei Herder: Loslassen und sich selber finden. Die Ablösung von den Kindern; Sich einlassen und loslassen. Neue Lebensmöglichkeiten bei Trauer und Trennung; Sich wandeln und sich neu entdecken; Abschied von der Opferrolle. Das eigene Leben leben.

Verena Kast

Vom Sinn der Angst

Wie Ängste sich festsetzen und
wie sie sich verwandeln lassen

Herder

Freiburg · Basel · Wien

Gedruckt auf umweltfreundlichem,
chlorfrei gebleichtem Papier

Alle Rechte vorbehalten – Printed in Germany
Verlag Herder Freiburg im Breisgau 1996
Herstellung Freiburger Graphische Betriebe 2000
Umschlaggestaltung und Konzeption:
R·M·E München / Roland Eschlbeck, Liana Tuchel
Umschlagmotiv: © Photonica
ISBN 3-451-05525-2

Inhalt

Angst und Angstbewältigung

Einleitung

Angst ist für uns ein sehr vertrautes Gefühl, ob wir dazu stehen oder auch nicht. Es scheint ja ein unausgesprochenes Ideal zu sein, daß der Mensch möglichst angstfrei zu sein hat. Deshalb wohl haben wir auch so viele Ausdrücke für Angst, die die Angst auch ein Stück weit bemänteln. So sagen wir etwa, daß wir angespannt sind, verwirrt sind, nervös sind, oder man spricht von Streß.

Es scheint mir sehr typisch für unseren heutigen Umgang mit der Angst zu sein, daß wir sie nicht mehr zu benennen wagen und andere Ausdrücke dafür brauchen. Wir wagen eher selten, sie wirklich bei ihrem Namen zu nennen. Dadurch können wir aber ihre wichtige Funktion, die sie in unserem Leben hat, nicht nützen.

Das Wort Angst kommt von der indogermanischen Wurzel „angh", hat also eine Verbindung zu Enge, zum Eingeschnürtsein. Diese „Enge", die wir spüren, wenn wir uns ängstigen, bringen wir normalerweise mit dem Brustraum in Verbindung: Wir können nicht frei atmen, die Angst schnürt uns die Kehle zu. Können Menschen nicht frei atmen, dann sagen sie, es wäre ihnen eng auf der Brust. Es gehört ganz wesentlich zur Angst, daß wir nicht mehr so atmen können, wie wir zuvor geatmet haben. Wir spüren das vor allem auch dann, wenn eine Angstsituation vorüber ist, wenn wir wieder aufatmen, durchatmen können und wir unsere ursprüngliche Gelassenheit wieder finden, vielleicht sogar eine ruhige Daseinsfreude empfinden oder Stolz darauf, eine bedrohliche Situation überstanden zu haben. Dann können wir wieder frei atmen.

Wir wissen meistens, welche Ängste wir in etwa haben, und wir können auch verschiedene Qualitäten dieser unserer Ängste unterscheiden. Wir können zum Beispiel feststellen, daß wir uns schnell anspannen, und wir wissen, daß diese leichte Spannung unsere Konzentration erhöht, daß wir diese Spannung in Konzentration umsetzen können. Das wäre der Sinn eines leichten Lampenfiebers. Diese ängstliche Spannung ist durchaus noch lustvoll. Balint hat den Ausdruck „Angstlust" geprägt.[1] Damit ist die leise Anspannung angesprochen, die eben auch noch in sich lustvoll ist. Angst kann dann aber mit zunehmender Spannung schnell unangenehm werden. Dann sprechen wir davon, daß wir wirklich ängstlich gespannt sind oder gar ängstlich verspannt. Man hat dann das Gefühl, „blockiert" zu sein, eingeengt, wie eingeschnürt. Diese unangenehm wahrnehmbare Angstspannung kann sich zu einer hellen Angst steigern bis hin zu einer Panik. Wir alle kennen diese Abstufungen im Erleben der Emotion Angst. Und wir wissen auch, wie wir uns fühlen, wenn wir „richtig" Angst haben. Wir fühlen uns unbehaglich, bedroht, es ist uns unheimlich, unerträglich, wir können nicht reagieren, wir verlieren ganz und gar unsere Souveränität. Sehr häufig werden wir „dumm" bzw. wir reagieren dumm. Darauf bezieht sich der Ausdruck „Angst macht dumm". Es gibt wohl kaum ein Schlagwort, das so stimmt wie dieses. Angst macht dumm und umgekehrt: Wenn Menschen sich sehr dumm anstellen, müßte man sich vielleicht überlegen, ob sie Angst haben oder ob wir in diesen Menschen Angst auslösen.

Wenn wir uns ängstigen, dann verlieren wir, zumindest für einen Moment, unsere gewohnte Souveränität, unser gewohntes Selbstvertrauen, wir fühlen uns hilflos und versuchen, dennoch zu reagieren. Sehr leicht ereignet sich dann ein Zirkel der Angst. Da wir den Eindruck haben, in einer Situation immer ungeschickter, immer gehemmter zu sein, ängstigen wir uns noch mehr. Das führt dazu, daß wir noch ungeschickter werden, noch „dümmer". Das kann bis zu dem Gefühl gehen, sich in dieser Situation ganz und gar zu verlieren und nicht mehr man selbst zu sein. Dabei verliert man auch meistens die Sprache. Das ge-

[1] Balint, Michael, Angstlust und Regression, Klett, Stuttgart 1956

schieht besonders in traumatischen Situationen, in Situationen also, in denen ein Mensch emotional und kognitiv überfordert ist. Das bedeutet: Unter Angst tritt vorübergehend ein Identitätsverlust ein bis hin zur Fragmentierung. Dieser Identitätsverlust kann unter Umständen rasch wieder behoben werden, denn wir unternehmen sofort etwas dagegen, oder unsere Psyche unternimmt sofort etwas dagegen. Angst und Angstbewältigung oder zumindest der Versuch der Angstbewältigung sind fast gleich ursprünglich: Immer wenn wir große Angst verspüren, dann tun wir auch etwas gegen diese Angst.

Die Gefahr, sich in der Angstsituation selbst zu verlieren, wird auch daran deutlich, daß wir in dieser Situation ganz leicht in eine Kindposition geraten. Auch üblicherweise autonome Menschen, die sich auf ihre Selbständigkeit durchaus etwas einbilden und auch einbilden dürfen, können dann einem anderen Menschen die ganze Verantwortung übergeben: „Mach das doch für mich", oder sie suchen Rat bei Menschen, die unter Umständen viel weniger wissen als sie selbst. Im Moment der Angst sind sie oft bereit, diesen Rat verhältnismäßig unkritisch zu übernehmen. In der Angstsituation geraten wir in die Kindposition und bringen dann natürlich die helfenden Menschen in die Position von Autoritäten, die dann das Sagen haben. Das erleben wir als eine Form der Angstbewältigung. Angst zu erleben betrifft also nicht nur unsere Identität, sie wirkt auch auf unsere Beziehungen.

Angst verändert unsere Beziehung zu den Mitmenschen. Wir werden entweder zu Hilfesuchenden, oder wir ziehen uns noch mehr zurück. Denn einerseits stammt sehr viel Angst, die wir noch aus unserer Kindheit und aus unserem früheren Leben mit uns tragen, aus Beziehungen, in denen die Kommunikation abgebrochen wurde. Sehr viel Bewältigung von Angst können wir andererseits aber wieder durch Beziehungen zu Mitmenschen leisten, weil wir sofort wieder den Eindruck haben, gestützt zu werden. Beziehungen machen also Angst, sie helfen aber auch, Angst zu bewältigen. Das wird ein Thema sein, daß uns sehr beschäftigen wird.

Angstfantasien – ihr Einfluß auf unser Erleben

Angst verändert uns also in unserem Selbsterleben. Angst verändert uns in unserem Beziehungserleben. Wenn wir Angst haben, haben wir zudem meistens bewußt oder unbewußt Fantasien, die auf unser Angsterleben einen großen Einfluß haben. Diese Fantasien sind auf eine katastrophale nähere oder fernere Zukunft gerichtet. Es sind meistens keine vollkommen ausgestatteten, ausgemalten Fantasien, sondern eher Fantasiesplitter; sie werden begleitet von körperlichen Angstreaktionen. Sätze, oft zu sich selbst gesprochen, wie „ich kann eine Arbeit nicht vollenden", „alles ist aus", „ich kann etwas, was mir so erstrebenswert erscheint, nicht mehr tun", „ich werde durch das Examen fallen", „ich kann nicht mehr leben in dieser Welt, ich halte es nicht mehr aus" sind oft mit Bildern unterlegt, die mehr oder weniger bewußt wahrgenommen werden. In diese Bilder vertieft man sich, sie werden dann angereichert mit weiteren Fantasiebildern. Sagt man z. B. den Satz: „Ich kann diese Arbeit nicht rechtzeitig beenden", dann fantasiert man meistens einen Menschen dazu, der deswegen sehr böse ist. Ist man visuell begabt, drängt sich einem das wütende oder verächtlich-kalte Gesicht der betreffenden Person geradezu auf. Dann fantasiert man weiter, wie man mit Schimpf und Schande davongejagt wird, wie man einen Ausschluß befürchten muß, wie man als Stadtstreicherin enden wird, wie Menschen dann über einen sprechen werden usw.

Eine andere Fantasie, die bei der Angst eine große Rolle spielt, ist der sogenannte „Gesichtsverlust". Sehr viele Angstfantasien haben ja mit dem befürchteten Verlust unseres Selbstwerts zu tun. Wir stellen uns mehr oder weniger plastisch vor, wie wir in eine Situation kommen, wo einfach offensichtlich, das heißt für alle sichtbar wird, wie wir unser Gesicht verlieren und wie schrecklich das ist. Wir stellen uns vor, was die Menschen sagen, wie sie hämisch grinsen werden usw. Es wäre vielleicht sinnvoller auf der Bildebene zu bleiben und sich einmal vorzustellen, wie es denn eigentlich wäre, verlöre man das Gesicht. Käme wirklich eine Gesichtslosigkeit zustande oder ein anderes Gesicht, vielleicht ein wahreres Gesicht? Und wie sähe dieses aus? Aber solchen Spielereien auf der Imaginationsebene ist man in einer Angstsituation nicht zugänglich. Sind wir aber wirklich in einer Lebenssituation, in der wir das Gesicht verloren haben, stellen wir fest, daß das gar nicht so schlimm ist. Manchmal kann es sogar entlastend wirken, weil man jetzt nicht mehr das schöne Gesicht zeigen muß und man merkt, daß man nicht umkommt, wenn man einmal das Gesicht verliert. Haben wir aber Angst, das Gesicht zu verlieren, sind viele andere Befürchtungen mitbeteiligt. Das Gefühl des Zerstörtseins, die Scham darüber, oder auch das Gefühl des Sich-selbst-Verfehlens, das eigene Leben zu verfehlen, bilden den Untergrund für diese Angst und die damit verbundenen Angstbilder. Es geht also meistens nicht nur um die Frage, ob man jetzt das äußere Ansehen verlieren könnte, sondern sehr oft klingt hier die existentielle Frage mit, ob man möglicherweise das eigene Leben verfehlt. Sich diese Fragen zu stellen, ist sehr sinnvoll.

Solche Angstbilder zielen meistens auf unseren höchsten Wert im Leben. Und die Angst kann sich steigern bis zur Panik. Wenn wir in panische Angst geraten, dann machen wir uns nicht einmal mehr schlimme Fantasien über die Zukunft, sondern es gibt einfach keine Zukunft mehr für uns. Es entsteht das Gefühl, es gebe keine Zukunft mehr für uns, nur diese schreckliche Gegenwart, die immer schrecklicher wird. Damit befürchten wir eigentlich den Tod, denn wenn wir tot sind, haben wir keine Zukunft mehr. Und in dieser Situation gibt es dann allenfalls noch Fantasien, zerstört zu werden, verschlungen zu werden, von dem Nichts eingeschlossen zu sein oder eben überhaupt keine Bilder mehr.

Diese Bilder der Angst, diese Fantasien der Angst, werden normalerweise projiziert, und sie werden auch delegiert. Es sind Angstbilder vor dem Verschlungenwerden, vor dem Eingesogenwerden, vor dem Aufgefressenwerden, etwa durch ein Tier. Projiziert werden sie auf Menschen, die man als „verschlingend" erlebt, auf das Leben, das den Tod kennt usw. Es gibt auch Angstbilder des Ausgestoßenwerdens, zum Beispiel des Ausgesetztwerdens in einem Körbchen auf dem Meer, möglichst bei Sturm. Dies sind klassische Angstbilder, darüber hinaus gibt es unendlich viele Angstbilder, die wir in unserer Vorstellung zusammenkomponieren, und die uns zeigen können, wo unsere Ängste sitzen.

Angstauslöser – Bedrohung und Gefährdung

Angst haben wir, wenn wir eine Gefahr erwarten oder von einer Gefahr ergriffen sind. Nun kann diese Angst von außen kommen und für alle Menschen sichtbar sein, z. B. eine Naturkatastrophe. Es kann aber auch eine Gefahr sein, die eigentlich von innen kommt, allenfalls außen erlebt wird, und die nicht von allen Menschen geteilt wird. Wenn zum Beispiel jemand furchtbare Angst vor einem Kaninchen hat, dann werden die meisten Menschen sich darüber einig sein, daß es keinen Grund gibt, sich vor einem Kaninchen zu ängstigen. Kaninchen bedrohen den Menschen nicht. Kaninchen springen selber weg. Wenn jemand aber sehr große Angst vor einer Giftschlange hat, dann werden es die meisten für vernünftig halten: Giftschlangen können beißen, das kann bedrohlich sein. Ein Mensch aber, der Angst vor Kaninchen hat, wird vollkommen unbeeinflußbar davon sein, was die anderen darüber denken. Und zwar einfach deshalb, weil er oder sie Angst davor hat. Mit dieser Angst vor dem Kaninchen ist dann eine Fantasie verbunden, vielleicht auch ein Erlebnis, bei dem ein Kaninchen vorkam. Es besteht also eine Verbindung mit angstauslösenden, lebensgeschichtlichen Ereignissen, und jetzt muß herausgefunden werden, warum dieses Kaninchen so gefährlich ist. Es ist also sehr schwierig, sogenannte berechtigte von sogenannten unberechtigten Ängsten zu unterscheiden. Sprechen wir unserem Innenleben Berechtigung zu, dann ist im Grunde genommen jede Angst berechtigt. Dennoch müssen wir mit ihr umgehen.

Ein Angstzustand muß aber nicht nur aus einer äußeren Bedrohung oder aus einer Angstfantasie oder aus einem Angsttraum erwachsen. Es gibt auch Veränderungen im Körper, die Angst erzeugen. Wir können zum Beispiel Angstzustände bekommen, weil wir eine organische Krankheit haben. Nicht die organische Krankheit als solche löst Angst aus, aber die Tatsache, daß wir eine solche Krankheit haben, daß möglicherweise mit Folgen zu rechnen ist, oder einfach die Tatsache, daß wir körperlich nicht mehr „unversehrt" sind. In Situationen, in denen wir krank sind, zum Beispiel unter einem langwierigen Infekt leiden, sind wir in unserer Identität verunsichert, wir fühlen uns nicht so kompetent im Umgang mit dem Leben, reagieren also ängstlicher, als wir es normalerweise tun. Gerade bei der Angst wird deutlich, wie sehr beim Menschen eine bio-psycho-soziale Verflechtung des Erlebens und des Verarbeitens festzustellen ist, und wie sehr die verschiedenen Sphären des Menschen aufeinander einwirken. Sogenannte psychisch verursachte Ängste wirken auf den Körper, dieser wiederum auf die Psyche, das Ganze teilt sich der Mitwelt mit. Es gibt allerdings auch Ängste, deren Ursprung körperlich ist: Verschiedene Krankheitsprozesse des Gehirns lösen Ängste aus, die sich von psychisch verursachten Panikattacken nicht unterscheiden lassen. Und auch Hormon- und Stoffwechselstörungen können zur Angstentwicklung führen[2].

Alle diese Ängste zeigen uns, daß in irgendeiner Form unserer Identität und damit unserem Ich, unserem Weiterleben, Gefahr droht. Es gilt auch das Umgekehrte: in Lebenssituationen, in denen sich unsere Identität differenziert und verändert, also zum Beispiel bei Lebensübergängen, ist grundsätzlich mit mehr Angst, aber auch mit mehr Abwehr von Angst zu rechnen.

Angstausdruck – wie Ängste sich zeigen

Angst wird auch ausgedrückt. Jede Person weiß, wie sich die Angst bei ihr zeigt. Es gibt Menschen, die werden blaß, wenn sie sich ängstigen, andere werden rot. Die Angst des Redners oder der Rednerin hört man normalerweise in der Stimme. Es gibt Menschen, die bekommen dann eine gespannte hohe Stimme, andere drücken die Stimme künstlich in eine große Tiefe hinunter, daß der Eindruck entsteht, sie hätten keine Angst, sie seien im Gegenteil die Ruhe selber. Wenn ein Redner oder eine Rednerin einige Zeit gesprochen hat, dann entspannt er oder sie sich normalerweise, dann pendelt sich wieder die normale Stimmlage ein, die je nach Persönlichkeit breiter oder schmaler ist. Viele Menschen sprechen im Zusammenhang mit Angst vom Kloß im Hals oder einer Kröte im Hals, andere zittern am ganzen Körper, wenn

---

[2] Strian Friedrich (1995) Angst und Angstkrankheiten, Beck, München, S. 80ff.

sie Angst haben, ein Ausdruck der Anspannung, manche spüren es im Magen, andere in den Knien. Meistens erschließen wir am körperlichen Ausdruck von Angst, den wir bei uns wahrnehmen, wieviel Angst wir haben und treffen eine Grobentscheidung, ob wir damit noch umgehen können oder ob wir fliehen müssen.

Unser Körper gibt nicht nur Auskunft über aktuelle Angstzustände. Es gibt Menschen, die habituell sehr häufig unter Angst leiden. Man kann sie zum Beispiel daran erkennen, daß sie einen verhältnismäßig flachen Atem haben oder auch daran, daß sie sich beim Gehen wenig Freiheiten erlauben, daß ihr Körper wie eingeschnürt wirkt. Man kann die Gestalt gewordene Angst in einem Menschen sehen. Angst, die sich über eine längere Zeit hin erstreckt, sieht man im Leib, und Angst spürt man natürlich auch im Leib, man kann geradezu sagen, unser Leib habe Angst. Bei aktuellen Angstanlässen nun versuchen wir schnell Abhilfe zu schaffen, weil das ja eine unangenehme Situation ist: eine Situation, in der wir, allgemein gesagt, die Kontrolle über uns selbst zu verlieren drohen, in der wir nicht mehr wissen, wie wir reagieren, in der das gewohnte Reagieren zunächst zumindest ausfällt. Die Angst macht sich dann sozusagen selbständig. Unser Leib bekommt ein Eigenleben, das wir nicht mehr kontrollieren können und das wir nicht haben wollen. Es tauchen unangenehme Fantasien auf, die wir ebenfalls nicht mehr zu kontrollieren wissen. Wir spüren also in unserem Ich einen Identitätsverlust, und deshalb muß rasch Abhilfe geschaffen werden.

Angstbewältigung – wie wir mit der Angst umgehen

Angst ist ein leiblicher Zustand: Unser Leib hat Angst, und an unserem Leib merken wir, daß wir Angst haben. Wir erleben einen unangenehmen Erregungsanstieg, den wir eben Angst nennen. Angst ist also eine Form der Erregung, und zwar der unangenehmen Erregung. Wir ängstigen uns dann, wenn wir eine Gefahrensituation wahrnehmen, mit der wir nicht umgehen können, wie wir es gewohnt sind und die wir nicht einschätzen können. Sie ist vielleicht zu komplexhaft, zu mehrdeutig, oder wir sind für diese Gefahrensituation einfach nicht gerüstet. Die größten Ängste ranken sich meistens um befürchtete Verluste, um Mißerfolge, um Dinge, die für uns persönlich bedeutsam sind und die wir möglicherweise verlieren werden. Angst hat oft etwas zu tun mit der Sorge um die Zukunft, mit der Sorge darum, daß die Zukunft schlechter sein könnte als die Gegenwart, daß wir verlieren könnten, was wir haben und was uns im Moment das Leben lebenswert macht. Angst ist meistens eine Angst vor Verlust, dazu gehört auch Trennung und Mißerfolg – vor Verlust, auf den wir keine adäquate Antwort haben, keine adäquate Reaktion. Ein drohender oder ein eingetretener Verlust, verbunden mit dem Bewußtsein, nicht reagieren zu können, löst Angst aus. In diesem Moment suchen wir sofort eine Möglichkeit, diese Angst zu bewältigen. Wenn Angst auftritt, entwickeln wir oft eine Bewältigungsstrategie oder Bewältigungsmechanismen, die fast gleichursprünglich mit dem Angstgefühl einsetzen.

Die bekanntesten Bewältigungsmechanismen, die man auch Abwehrmechanismen nennt, sind zum Beispiel das Distanzieren und das Rationalisieren. Distanzieren: Sind wir von einer panischen Angst ergriffen, dann sagen wir uns: Jetzt ganz ruhig, halte mal den Atem an, zähl bis zehn. Das sind gute Tricks, denn die Angst ist ja leiblich, der Erregungsanstieg bewirkt, daß wir schneller atmen, und das erregt uns noch mehr. Das Atemanhalten beruhigt uns körperlich. Wir können uns dadurch von dem, was ängstigt, distanzieren und es in der Folge aus einer gewissen Distanz betrachten. Dieser Abwehrmechanismus der Distanzierung wird oft mit dem des Rationalisierens kombiniert: Wir sagen uns ganz schnell, daß man „davor" eigentlich keine Angst haben müsse, daß man das irgendwie schon wieder hinkriegt, wenn nicht wir selber, dann gibt es bestimmt irgend jemanden, der das schon wieder „in den Griff bekommt". Oder wir analysieren das Problem lang und breit und distanzieren uns damit etwas von unserer Angst. In sehr bedrohlichen Situationen kann man das aktuelle Erleben von der Angst abspalten. Es gibt Menschen, die behaupten, nie Angst zu haben, sie sprechen aber davon, daß in gewissen Situationen sich ihnen der Magen zusammenziehe oder die Kehle zusammenschnüre. Da hat dann nur noch der Leib Angst, das bewußte Ich weiß nicht mehr um die Angst oder will sie nicht mehr zur Kenntnis nehmen. Menschen, die schweren traumatischen Situationen ausgesetzt waren (z. B. Folter), können manchmal von sich sagen, sie hätten jetzt keine Angst mehr. Man gewinnt dadurch den Eindruck, sie seien einfach nicht mehr ganz bei sich. Es ist, als ob diese verdrängte Angst sie aus dem Kern ihrer Persönlichkeit schöbe.

Eine weitere Form der Bewältigung ist die Projektion. Haben wir zum Beispiel eine diffuse Angst und wissen gar nicht so recht, warum wir Angst haben, dann finden wir das bald heraus. Wir beziehen die Angst dann etwa darauf, daß ein Mensch so autoritär mit uns umgeht, uns verletzen will. Wir zeigen damit, daß unsere Angst berechtigt ist. Das kann noch in viel pauschalerer Weise auftreten: Frauen haben etwa Angst, weil die Männer ihnen immer etwas Böses tun wollen, Männer haben Angst, weil die Frauen ihnen immer etwas Böses tun wollen. In einem ersten Schritt ist dies eine angstlindernde Projektion. In diesen Projektionen schwingen immer auch gewisse Realitäten mit, doch die Realitäten allein rechtfertigen noch nicht die Projektion, es muß noch die Abwehr einer persönlichen Angst damit verbunden sein. Der Vorteil der Projektion ist, daß die Ängste nicht mehr diffus sind. Wir wissen jetzt, wovor wir jetzt Angst haben, und mit einer gerichteten Angst läßt es sich besser umgehen. Die Problematik der Projektion besteht darin, daß man nicht mit der eigenen Angst umgeht, das Problem nicht auch bei sich, sondern nur beim anderen Menschen sucht und letztlich also nicht herausfindet, was die Angst von einem will.

Ein weiterer Abwehrmechanismus, mit dem wir die Angst zu bewältigen versuchen, ist das Entwerten. Wir haben zum Beispiel Angst vor einer Kritik. Wir haben den Eindruck, diese Kritik könnte uns vernichten, wir befürchten, als wenig kompetent dazustehen, wissen, daß das bei uns große Scham auslösen würde. In so einer Situation entwertet man den potentiellen Kritiker, die potentielle Kritikerin, indem man ihm oder ihr die Kompetenz oder die Differenziertheit abspricht, unser Werk überhaupt kritisieren zu können. Was soll mir also diese Kritik anhaben? Das Entwerten ist eine sehr oft verwendete Angstabwehr; es ist heilsam, einmal den eigenen Entwertungsstrategien nachzugehen und herauszufinden, wie oft wir etwas aus Angst entwerten. Nicht etwa, weil man ein so boshafter Mensch wäre, sondern ein ängstlicher Mensch, der Schwierigkeiten hat, zur Angst zu stehen.

Hiermit sind nur einige der gängigen Abwehrmechanismen genannt, die sofort einsetzen, sobald Angst auftritt, und die zunächst helfen, die Angstsituation zu bewältigen. Deshalb können sie auch Bewältigungsmechanismen genannt werden.[3] Diese Mechanismen brauchen wir. Ohne diese Bewältigungsmechanismen können wir nicht leben. Die Bewältigungsmechanismen, die wir anwenden, zeigen uns, wie sehr wir eigentlich bedroht sind. Und gerade diese selben Bewältigungsmechanismen, werden sie nicht richtig eingesetzt, sind letztlich Ursache für alle Angststörungen. Das was uns also hilft, im Alltag mit der Angst umzugehen, kann, wenn dies immer wieder und einseitig eingesetzt wird, Grund werden für Angststörungen, für Phobien, Zwangsstörungen, Organphobien und in einem gewissen Sinne auch für Depression. Die psychologische Frage ist also: Wie kann man die Abwehrmechanismen und die Bewältigungsmechanismen nützen und mit ihnen so umgehen, daß sie uns helfen, mit der Angst sinnvoll umzugehen, so daß sie letzlich nicht zusätzlich Angst verursachen, sondern weniger.

Es gibt aber nicht nur einzelne Abwehrmechanismen oder Bewältigungsmechanismen, es gibt ganze Abwehrstrategien, und zwar auch sehr viele kollektive Abwehrstrategien. Wir alle wenden sie an und empfinden sie deshalb auch nicht als Abwehrstrategien. In den letzten Jahren wird immer wieder darüber berichtet, wieviel angstlösende Medikamente in der Schweiz und in Deutschland geschluckt werden. Es wird behauptet, daß das Drogenproblem ein kleines Problem sei, verglichen mit diesen Medikamenten, die gegen die Angst geschluckt werden. Man gewinnt den Eindruck, daß die Menschen heute sehr viel Angst haben, aber auch der Ansicht sind, diese Angst nicht haben zu dürfen. Daher gehen sie diese Angst offenbar auf der Medikamentenebene an. Das kann man durchaus tun, denn der Leib, der Körper hat Angst. Diese Form der Angstbewältigung hat aber auch ausgeprochen problematische Aspekte, auf die ich zurückkommen werde.

---

[3] Mentzos Stavros (1976) Interpersonale und institutionalisierte Abwehr, Suhrkamp, Frankfurt/Main, S. 65

Es geht nicht einfach darum, die Angst zu vermeiden, es geht darum, ihren Sinn zu erfahren, um sie nutzen zu können.

Beim Ausdruck Angstbewältigung denkt man oft an Angstfreiheit. Das ist eine Utopie. Angstfreiheit gibt es nicht. Die Angst gehört zum Menschen. Angstbewältigung meint „nur" das Umgehen mit der Angst, im idealsten Fall ist es so, daß nicht ständig mehr Angst daraus entsteht. Nun ist die Angst eine Emotion, die man gut beschreiben kann. Schon bei der Beschreibung der Angst wird deutlich, daß in dieser Emotion selber viele Schlüssel liegen, wie man mit ihr umgehen kann, wo man ansetzen kann, auch jenseits der Abwehrmechanismen. Kurz gesagt, überall dort, wo uns die Angst angreift, uns beeinträchtigt, da ist auch ein Ansatzpunkt, um mit ihr umzugehen. Einerseits tun wir das im Alltag ganz unbewußt andauernd, aber wir leisten das natürlich auch in der Therapie, denn therapeutische Arbeit ist unter anderem auch ein Umgehen mit Angst. Wir haben es in der therapeutischen Arbeit immer auch mit Angst zu tun. Die ganze psychische Krankheitslehre kann aufgeschlüsselt werden anhand des Umgangs oder des Nichtumgangs mit der Angst.

Das Emotionsfeld Angst – und der Gegenpol der Hoffnung

Auch bei der Angst gilt, was für die anderen Emotionen gilt: Wir haben selten nur Angst. Wir haben es fast immer mit ganzen Emotionsfeldern zu tun. Emotionsfelder meint natürlich auch Sprachfelder, denn Emotionen benennen wir mit mehr oder weniger farbigen Ausdrücken. Zum Emotionsfeld der Angst gehört die Spannung, die Beklemmung, die Panik, die Furcht. Dieses Emotionsfeld Angst geht aber noch wesentlich weiter. Zum Emotionsfeld Angst gehört dann auch Kummer, Zorn, Wut, Aggression. Angst und daraus resultierender Ärger, mit dem Feindseligkeit verbunden ist, sind zwei Emotionen, die sehr eng verschwistert sind. Wenn wir Angst haben, dann wollen wir bekanntlich entweder fliehen oder angreifen. Angreifen aber ist Aggression. Es gibt Menschen, die sehr selten Angst spüren, dafür wesentlich leichter die Aggression. Man hat dann das Gefühl, daß diese Leute immer zornig sind. Sie geben einem den Eindruck von sehr kraftvollen Menschen, und dennoch kann man plötzlich auch dahinter kommen, daß hinter ihrem so leicht erregbaren Zorn Angst steckt; eine Angst, die durch den Zorn abgewehrt wird. Der Zorn ist ja eine Emotion, die vorwärts treibt, die verändert.

Zur Angst gehört dann auch das Emotionsfeld Angst – Scham – Schuld. Das ist ein sehr wichtiges und ein recht breites Emotionsfeld. Auf der anderen Seite haben wir dann das Emotionsfeld Angst – Mut – Hoffnung. Angst kann geradezu als Gegenpol der Hoffnung gesehen werden, überhaupt als Gegenpol zu all den gehobenen Emotionen, die uns weit machen.[4] Angst macht uns eng, Angst läßt uns nicht atmen, Angst gibt uns das Gefühl, eingeschnürt zu sein, ganz im Gegensatz eben zu Freude, zu Inspiration, zu Hoffnung. Diese Emotionen erscheinen im ersten Moment fast unvereinbar mit der Angst, doch es sind ihre Gegenpole. Beide sind auf die Zukunft bezogen. In der Angst haben wir im äußersten Fall den Eindruck, überhaupt keine Zukunft mehr zu haben. Wir fühlen uns nicht mehr getragen, fühlen uns unsicher in diesem Leben, existentiell bedroht. Bei der Hoffnung, da hoffen wir auf eine bessere Zukunft, sogar wider besseres Wissen. Wir entwerfen uns vertrauensvoll auf eine Zukunft hin, die uns noch als verdeckte Vision erscheint und an die wir dennoch zu glauben vermögen. Dabei erfahren wir das Lebensgefühl des Getragenseins.

---

[4] Kast Verena (1991) Freude, Inspiration, Hoffnung, Walter, Olten

Die Antriebskraft der Angst –
existenzphilosophische Zugänge

Der Anruf zum Unendlichen – Kierkegaard

Für die Existenzphilosophie seit Kierkegaard ist es die Angst, die das Leben des Menschen vorantreiben kann, ihn in sein eigenstes Seinkönnen zwingt.

Wenden wir uns zunächst Kierkegaard zu. Für Kierkegaard ist Angst ein großes Thema, 1844 erschien sein Buch über die Angst. Angst will er strikt unterschieden wissen von der Furcht. Angst ist für ihn nicht Furcht, die sich auf ein bestimmtes Objekt richtet, sondern die „Angst vor dem Nichts".[5] Für ihn muß die Angst im Zusammenhang mit der menschlichen Existenz gesehen werden, und diese hat die Aufgabe, das Endliche und das Unendliche zusammenzubringen. Existieren heißt also, immer werdend zu sein im Irdischen und dennoch auf das Ewige, Unendliche bezogen zu sein. Das heißt aber, daß der Mensch immer im Ungesicherten lebt, die Angst ist eine ständige Begleiterin. Die Angst ist aber auch der Anruf der Unendlichkeit an den endlichen Menschen, also der Anruf des Transzendenten an den immanenten Menschen, und dieser Anruf erinnert ihn daran, daß er ein Geistwesen ist. Die Angst, und Kierkegaard spricht dabei von der bodenlosen Angst, löse die Menschen aus den Täuschungen der Endlichkeit, aus den vermeintlichen Sicherheiten, und daher ist durch sie die Möglichkeit zur Freiheit – aber auch zum Erleben der „namenlosen Freude", eines Erlebens von Geborgenheit im Dasein gegeben. Kierkegaard bringt Angst wesentlich in Verbindung mit der Erbsünde. In der Sündenangst kann der Mensch sich als Geist erleben, und das heißt, er hat eine Verbindung zu Gott.

---

[5] Kierkegaard Sören (1960) (1844) Der Begriff Angst (Hg. Liselotte Richter), Rowohlt, Reinbek, S. 151

Der Sündenfall ist für Kierkegaard eine verantwortliche Form der Selbstwerdung. Damit ist auch die Vereinzelung angesprochen, in der Sünde wird der Mensch ein Einzelner – im Gegensatz zu einem Massenwesen.[6] Er kann eine Synthese zwischen dem Zeitlichen und dem Ewigen leisten durch den Geist und ist daher ein ganzer Mensch. Ein ganzer Mensch kann für Kierkegaard nichts anderes sein als ein auf Gott bezogener Mensch.

Durch die Angst entdeckt der Mensch auch, welche Sünde er gerade begehen will oder begangen hat. Sünde ist nach Kierkegaard eine Form der Selbstwahl. Die Angst entsteht durch die vielen Möglichkeiten der Sünde, aber auch durch die vielen Möglichkeiten überhaupt. In der Angst hat das Individuum die Möglichkeit der Freiheit (den Schwindel der Freiheit) entdeckt, und das heißt für ihn, die Freiheit, sich für Gott zu entscheiden. Das nennt Kierkegaard den Glaubenssprung.[7] Und dieser Glaubenssprung ist verbunden mit der „namenlosen Freude des Gnadenerlebnisses"[8]. Das ist für ihn Grundlage des menschlichen Lebens, und von daher bekommt seine Analyse der Angst ihren Sinn.

Kierkegaards Abhandlung über die Angst sollte eine Schrift der Warnung sein: Eine Warnung dagegen, daß, verliert man den wirklichen Bezug zur Angst, man auch den Bezug zu dieser „namenlosen Freude" verliert, die in christlicher Terminologie beschrieben wird. Daß man sich letztlich an die Welt der Endlichkeit verliert und vergißt, daß man auch der Welt der Unendlichkeit angehört. Kierkegaard scheint allerdings zu vergessen, daß der Mensch auch der Welt der Endlichkeit angehört. Durch diesen Sprung werden viele Möglichkeiten, wie man mit der Angst auch im Diesseitigen umgehen kann, übergangen und entwertet. So spielt zum Beispiel der Halt, den Menschen einander geben können, bei ihm keine Rolle, oder auch die Ideen, in denen Mut zur Angst ensteht, in denen der Mensch eine Verbindung zum Ewigen in sich selbst findet, wie wir es etwa bei Mystikern finden, werden nicht bedacht.[9]

---

[6] Ebd., S. 72
[7] Ebd., S. 152
[8] Ebd., S. 174
[9] Braun Hans-Jürg (1988) Angst und Existenz: zu Sören Kierkegaards Reflexionen, in: Braun und Schwarz (Hg) Angst, Verlag der Fachvereine, Zürich

Die Existenzphilosophie hat die Analyse der Angst von Kierkegaard zwar aufgenommen, ohne aber das Thema des Glaubenssprungs wirklich mit aufzunehmen. Damit bleibt die Angst in ihrer Dämonie und Abgründigkeit stecken, nur der beunruhigende Aspekt ist dann bedacht.

Die Stimmung der Angst – Heidegger

Es war die Existenzphilosophie, die zuerst von der Bedeutsamkeit von Stimmungen und Emotionen überzeugt war. Die Psychologie ist ihr dann gefolgt.[10] Heidegger behandelt in „Sein und Zeit" Themen, die heute Gegenstand der Affektforschung sind. Er merkte an, daß besonders das Gebiet der Stimmungen als einem Aspekt des Überbegriffs der Emotion vernachlässigt sei.[11] Er weist darauf hin, daß wir Menschen uns immer schon in einer Stimmung erleben, schon immer irgendwie gestimmt. Das fällt uns erst dann auf, wenn wir nicht unsere „normale" Stimmung haben, sondern dann, wenn wir „ver-stimmt" sind, wenn wir in einer als anders erlebten Grundbefindlichkeit uns wahrnehmen als üblich. Gerade die Stimmung zeigt uns, wie sehr wir Menschen in einem bio-psycho-sozialen Zusammenhang stehen. Unsere Stimmungen können verändert werden durch eine körperliche Störung oder durch ein besonderes körperliches Wohlbefinden. Unsere Stimmung kann sich aber auch verändern durch einen Gedanken, der uns durch den Kopf schießt, oder durch einen Traum, durch eine Auseinandersetzung mit einem Mitmenschen – oder aber durch einen Wetterumschlag.

Bedeutsam ist die Aussage von Heidegger, daß das Dasein immer schon gestimmt ist. Damit sind wichtige Verbindungen zur Tiefenpsychologie auszumachen. Die Stimmung macht unsere Befindlichkeit aus, und die Grundbefindlichkeit (Stimmung) der Angst ist für ihn besonders wesentlich für das Verständnis des Menschen.

---

[10] Heidegger Martin (1963) (1927) Sein und Zeit, Max Niemeyer Verlag, Tübingen
[11] Ebd., S. 134

Heidegger hat aus der Stimmung der Angst seine ganze existentiale Analytik entwickelt und alle anderen Stimmungen, die der Mensch auch haben kann, auf die Angst bezogen. Entwicklungspsychologisch ist das nicht zu halten, dennoch meine ich, daß er sehr vieles von der menschlichen Befindlichkeit über die Analytik der Angst herausgearbeitet hat. Problematisch bei dieser Sichtweise ist, daß Freude dann letzlich bloß Abwehr der Angst sein soll. Denn wenn Angst die grundlegende Emotion ist und alle anderen Emotionen von ihr bloß abgeleitet sind, dann kann Freude nur Abwehr der Angst sein. Das wäre aber eine Abwehr des Lebendigen. Ich meine, daß Freude und auch andere gehobene Emotionen eigenständige Emotionen sind. [12] Man kann sie zwar auch als Reaktion auf die Angst verstehen, und sie interagieren auch mit der Angst. Dennoch sind die gehobenen Emotionen, und unter ihnen die Freude, Emotionen und Stimmungen, die ganz wesentlich anderes über die Wesensart des Menschen aussagen als die Angst. Es gibt nicht nur die Angst, es gibt auch die Freude. Wir sind nicht nur geworfen ins Dasein, wir sind auch getragen. Geradezu eine Gegenposition nimmt Ernst Bloch ein, wenn er sagt, „die Hoffnung ersäuft die Angst." [13]

Trotz dieser Einschränkung ist der existentialphilosophische Umgang von Heidegger mit der Angst und die Reflexion darüber sehr wichtig.

Das Aufgehen im „Man" (man tut, man denkt, man liebt im Moment etc.) bedeutet, daß das Dasein (der Mensch) vor seinem eigentlichen Selbst-sein-Können in so etwas wie ein „Man-Selbst" flieht. Geflohen wird, wenn etwas Bedrohliches vorhanden ist. Das Bedrohende ist für die Angst aber nirgends. Die Angst wirft nun das Dasein zurück auf sein eigentliches In-der-Welt-sein-können. In der Angst wird der Mensch auf sich selbst zurückgeworfen. „Die Angst offenbart im Dasein das Sein zum eigensten Seinkönnen, das heißt das Freisein für die Freiheit des

---

[12] Emde Robert N (1991) Die endliche und die unendliche Entwicklung, in: Psyche 45, 9, S. 763
[13] Bloch Ernst, (1959) Das Prinzip Hoffnung, Suhrkamp, Frankfurt/Main, Bd. 1, S. 126

Sich-selbst-wählens und -ergreifens."[14] In der Angst, so Heidegger weiter, ist einem „unheimlich"[15], das meint auch, „Nicht-zuhause-sein". Davor weicht der Mensch aus in die „alltägliche Öffentlichkeit des Man", in das, was man tut, denkt, fürchtet usw., wo man selbstverständlich zuhause ist. Damit verfällt aber das jeweilige Dasein, man verfehlt es, sich selbst zu sein. Die Angst aber holt den Menschen aus der Verfallenheit an das Man in die „Eigentlichkeit" zurück, in das, was er wirklich ist und sein könnte.

Bezieht man weitere Existenzphilosophen wie Jaspers, aber auch die französischen Existentialisten mit ein wie Sartre und Camus, dann stellt man fest, daß die Existenzphilosophie aus einem Umgang mit der Angst erwachsen ist, die darin wurzelt, daß schon seit dem Ende des 18. Jahrhunderts und besonders seit den beiden Weltkriegen der Glaube an die Vernunft als tragendes Prinzip des Lebens verloren gegangen ist. Die Welt wurde unheimlich und bedrohlich, die Ungeborgenheit ein Thema. Das war der Nährboden für die Existenzphilosophie, die schon in Kierkegaard ihren Vorläufer hatte. Thema dieser Philosophie ist, daß die Menschen diesem Unheimlichen nicht einfach nachgeben, sondern sich damit konfrontieren. Und in der Konfrontation, wenn jeder äußere Halt verschwindet, dann wird im Inneren jener letzte Halt gefunden, den man seit Kierkegaard „Existenz" nennt. Wenn die tragende Welt verschwindet, wenn alles verloren geht, an das wir unser Herz hängen, Geld, Ansehen, Gesundheit, Begabungen usw. und der Mensch nur noch die Unheimlichkeit, die Ungeborgenheit erlebt, dann wird er vor das Nichts gestellt. Der Mensch, der vor das Nichts gestellt wird, wird aber nicht etwa zerstört, sondern in dieser Situation offenbart sich ihm oder ihr sein oder ihr eigenstes Selbstsein. Dieses Vor-das-Nichts-gestellt-Werden, dieses Aus-den-vertrauten-Bezügen-herausgelöst-Werden, wird verstanden in dem Sinne, daß sich der Mensch aus der Uneigentlichkeit des Lebens löst, aus dem Verfallensein an das Man, was einem Verfallensein an die Welt gleichkommt und sich selbst und zu seinem oder ihrem direkten Ursprung findet. Steht der Mensch vor dem Nichts, dann erlebt er sich auch als absolut einzelnen

---

14 Heidegger, Sein und Zeit, S. 188
15 Ebd.

Menschen, als Menschen, der für diesen Moment nicht in einer Beziehung steht, sondern als einen Menschen, der um seine Individuation besorgt sein muß. Indem man sich aber dieser Angst stellt, bricht Sinn auf.

Furcht aber wäre in diesem Zusammenhang eine uneigentliche Angst, eine Angst, die vor sich selbst verborgen bleibt und gerade nicht bewirkt, daß der Mensch zu sich selbst findet.

Denke ich an Angstzustände von Menschen, die wirklich bodenlose Ängste haben, wobei vielleicht weniger die Ängste bodenlos sind als daß diese Menschen eben nie einen „Boden" in ihrer Seele internalisieren konnten, dann entsteht allerdings nicht notwendigerweise das Bewußtsein eines Kerns von einem Selbst, das trägt, auf das man sich verlassen kann. Es gibt auch Menschen, die sich durch ein Leben „hindurchzittern". Dennoch glaube ich, daß diese existenzphilosophischen Gedanken äußerst wichtig sind im Umgang mit der Angst. Natürlich hat es die Existenzphilosopie nicht mit dem alltäglichen Ängstigenden zu tun, sondern mit dieser letzten bodenlosen Angst. Wir Psychologinnen und Psychologen haben es eher mit der Alltagsangst zu tun, die vielleicht etwas weniger großartig, dafür um so lästiger ist. Und vor allem: sie erfordert Handeln, aktuelles Handeln in einer schwierigen Situation.

Mut zur Angst – Konsequenzen

Was können wir lernen von diesem existenzphilosophischen Ansatz?

Bei diesem Ansatz wird deutlich unterschieden zwischen Angst und Furcht. Dabei ist gemeint, daß wir unsere Furcht jeweils entlarven sollen auf die ihr zugrunde liegende existentielle Angst hin. Unter Angst versteht man in der Psychologie die Emotion, die entsteht, wenn die Gefahrenquelle nicht eindeutig lokalisierbar ist, wir also auch keine gerichtete Aktivität zur Bewältigung der Angst haben. Von Furcht sprechen wir dann, wenn wir uns eindeutig vor etwas ganz Bestimmtem fürchten, wenn wir also eine Gefahrenquelle ausfindig machen können. Nun hat Furcht immer noch Angst in sich, und Angst hat Furcht in sich.

Die Meinung ist, daß wir mit gerichteter Furcht, wenn wir also wissen, was uns Angst macht, auch ein Stück weit die existentielle Angst abwehren. Umgekehrt würde in jeder alltäglichen Furcht auch die große Angst sich ausdrücken. Aber: Wenn wir uns ängstigen, sind wir durchaus auch fähig, aus der Angst eine Furcht zu machen. Wir ängstigen uns diffus und finden dann heraus, wovor wir uns fürchten, finden also einen ganz plastischen Grund für das Auftreten der Angst. Wissen wir aber, wovor wir uns fürchten, ist es einfacher, damit umzugehen. Furcht hat aber auch Angst in sich, und deshalb ist es fraglich, ob diese Unterscheidung aufrecht erhalten werden soll, um so mehr, als umgangssprachlich die beiden Phänomene längst vermischt sind. So spricht man etwa von Angst vor einem Krieg, Angst vor dem Fliegen usw. Das bedeutet, daß in der Alltagssprache sich festgesetzt hat, daß Angst und Furcht einander durchmischen.

Das existenzphilosophische Anliegen wäre es allerdings, die Furcht zu entlarven und die dahinter liegende Angst bewußt auszuhalten, weil diese uns dann vor das Nichts stellen und erleben lassen könnte, daß wir nicht untergehen, sondern mit einem sichereren Lebensgefühl daraus hervorgehen. Durch die Angst ist das Selbst des Menschen angesprochen, man ist ganz selbst gemeint, denn in der Angst kann man sich nicht vertreten lassen. Wenn uns die Angst so vor das Nichts stellen kann, dann heißt das auch, daß wir im Erleben der Angst auch ganz neu werden könnten: Wenn alles nicht mehr gilt, was bisher gegolten hat, wenn all unser schmückendes Beiwerk, das wir im Leben haben, wegfällt, wenn alles versagt, was bis jetzt getragen hat oder vermeintlich getragen hat, dann, so die existenzphilosopische Überzeugung, stoßen wir unabweisbar auf das, was wirklich trägt. Das ist die existentielle Erfahrung, die wir im Umgang mit Angst machen können. Auf diese Erfahrung können wir allerdings Angstpatienten und Angstpatientinnen nicht verpflichten. Die Idee der Existenzphilosophie, daß der Mensch sich dem einfach zu stellen habe, ist nicht so einfach in die Praxis zu übertragen.

Was wir weiter aus dieser Analyse des Daseins anhand der Angst lernen können, ist die Idee, daß Angst einsam macht, daß Angst uns auf uns selbst zurückwirft, daß Angst ein Anruf ist an uns selbst, an unser wahres Selbst. Das Ergriffensein von der

Angst würde uns dazu bringen, eine Antwort auf die Frage zu finden, was wirklich wichtig ist im Leben, was trägt. Deshalb dann auch der oft zitierte Ausdruck von Jaspers, wir bräuchten den „Mut zur Angst". Daraus ergibt sich die produktive Frage: Was verpassen wir eigentlich, wenn wir unsere eigene Angst verpassen? Oder wenn wir ihr einfach nachgeben? Und das ist wohl der große Anstoß, der aus dieser philosophischen Richtung kommt: Wir dürfen der Angst, die uns ja immer ein Stück Leben verschließt, nicht einfach ausweichen, im aktiven Aushalten der Angst ist wichtiges Selbsterleben möglich. Dazu gehört dann im Alltag, daß der Mensch sich entscheidet, daß er „entschlossen" (Heidegger) sein Dasein gestaltet und somit die „Eigentlichkeit" dieser Existenz gewinnt. Dazu kommt dann noch die Idee der französischen Existentialisten, daß der Mensch mit „engagement" leben soll, daß er etwas in dieser Welt verwirklicht und so seine eigene Wirklichkeit sich schafft. Das alles sind Tugenden gegen das Sich-treiben-Lassen durch die Angst, dagegen, daß die Angst letztlich das Leben bestimmt. Es sind aber auch heroische Tugenden. Es fehlen ihnen andere Tugenden, „der getroste Mut in allen Gefährdungen"[16], Vertrauen, Hoffnung, Gelassenheit.

Das heißt, von diesen existenzphilosophischen Überlegungen kann ich die Idee, daß Angst die grundlegende Emotion des Menschen ist und sein Wesen ausmacht, nicht übernehmen. Angst ist eine Emotion unter anderen Emotionen. Angst zeigt eine, wenn auch eine wichtige, anthropologische Konstante des Menschen: immer in Gefahr zu sein, immer bedroht zu sein, immer mit Bedrohungen umgehen zu müssen, aber auch durch diese ewigen Bedrohungen zu mehr Selbstsein gezwungen zu sein, zu mehr Eigentlichkeit, zu mehr Vertrauen ins Dasein. Aber es gibt nicht nur die Auseinandersetzung mit der Angst.

Heidegger lehrte, daß die Zeitlichkeit (das Sein zum Tode) alle Einzelzüge eines menschlichen Lebens zu einem Ganzen zusammenfüge. Diese Zeitlichkeit, so vertritt er, sei konkret durch die Sorge bestimmt.[17] Andere Formen der Hinwendung auf die Zu-

---

[16] Bollnow Otto Friedrich (1979) (1955) Neue Geborgenheit. Das Problem einer Überwindung des Existentialismus, Kohlhammer, Stuttgart, S. 43
[17] Heidegger, S. 180 ff., S. 301 ff.

kunft, und darunter würde neben Wille und Wunsch, die er nennt, auch zum Beispiel die Hoffnung fallen als ein positiver Erwartungsaffekt (Bloch), der auf die Zukunft bezogen ist, wären nur abgeleitete Formen der Sorge. Das ist einseitig, denn das Dasein des Menschen ist auch durch die Hoffnung bestimmt. Sehr viel später, 1946 anläßlich der Interpretation eines Gedichtes von Hölderlin, schreibt auch Heidegger: „Das Heitere gewährt jeglichem Ding den Wesensraum, in den es seiner Art nach gehört." Und: „Das Heitere heilt ursprünglich."[18] So scheint es mir nur sinnvoll, alle anderen Emotionen, die es auch gibt, die ebenfalls zu beschreiben und zu erfahren sind und die auch einen wesentlichen Aspekt des Menschseins zeigen, neben der Angst als ebenso ursprüngliche Emotionen bestehen zu lassen wie Ekel, Freude, Neugier, Schreck, Kummer, positives Selbstwertgefühl, negatives Selbstwertgefühl, Schamgefühl, Schuldgefühl.[19]

Woher kommt die Angst? Sie hat offensichtlich wesentlich damit zu tun, daß wir Menschen so zerbrechlich sind, daß wir bedroht sind, weil es den Tod gibt. Wir haben allerdings nicht nur Angst, wir haben auch den Mut zur Angst. Wir sind nicht nur sterblich, sondern, obwohl wir sterblich sind, können wir sehr viel bewirken, aushalten, erleben, verändern. Wir sind nicht einfach der Angst ausgeliefert.

Und: Wir haben nicht nur den Mut zur Angst, wir haben auch die Hoffnung, wir haben Vertrauen ins Dasein.

---

[18] Heidegger Martin (1951) Erläuterungen zu Hölderlins Dichtung, Frankfurt/Main
[19] Kruse Otto (1991) Emotionsentwicklung und Neuroseentstehung. Perspektiven einer klinischen Entwicklungspsychologie, Enke, Stuttgart, S. 20

Aspekte der Angst

Befassen wir uns genau mit der Emotion Angst, dann entdecken wir in ihr selber viele Ansätze, die den Umgang mit der Angst ermöglichen. Deshalb möchte ich mich noch einmal der Beschreibung des Affekts Angst zuwenden. [20]

Angst gilt ganz allgemein als die „emotionale Reaktion auf die Antizipation persönlich bedeutsamer Verluste oder Mißerfolge". [21] Angst setzt also dann ein, wenn etwas, was uns persönlich als sehr wertvoll erscheint, was für uns einen großen Wert darstellt, in Gefahr ist. Die Angst bringt uns letztlich dazu, das für uns Wertvolle zu erkennen, es zu retten, oder neue Werte in das Zentrum unserer Wertskala und unseres Wertstrebens zu setzen. Viele Menschen erkennen erst angesichts der Angst, was ihnen wertvoll ist. Ist für uns Selbstbeherrschung ein großer Wert, dann kann eine ohnmächtige, nicht kontrollierbare Wut, die uns erfaßt, große Angst auslösen; in unserer Fantasie sehen wir dann etwa, wie unsere Mitmenschen oder einzelne unter ihnen uns disqualifizieren wegen fehlender Kontrolle, wir fantasieren den Verlust des guten Selbstwertgefühls, wir sehen uns bereits als unansehnlich. Ist hingegen Selbstbeherrschung und Kontrolle kein so großer Wert, kann der Wutanfall durchaus als belebend erlebt werden.

Angst ist ein emotionaler Zustand des Organismus. Der Körper hat Angst, der Leib hat Angst. Wenn wir sagen, ich habe Angst, meinen wir eigentlich: mein Körper hat Angst. Angst ist ein bio-

---

[20] Ich stütze mich vor allem auf Darlegungen von Krohne, die ich ergänzt habe.
Krohne Heinz W., (1976) Theorien zur Angst. Kohlhammer, Stuttgart, Berlin
[21] Becker Peter (1980) Studien zur Psychologie der Angst, Beltz, Weinheim, Basel

logisch verankertes sinnvolles Reaktionsmuster. Dieser emotionale Zustand des Organismus ist gekennzeichnet als betont unangenehm erlebter Erregungsanstieg, und zwar bei Wahrnehmung einer komplexen mehrdeutigen Gefahrensituation, in der eine adäquate Reaktion des Individuums nicht möglich erscheint.

Die Angst setzt erst dann ein, wenn das Gefühl auftaucht, keine adäquate Reaktion zur Verfügung zu haben. In der Beschreibung der Angst als komplexes Reaktionsmuster sind schon sehr viele Möglichkeiten der Bewältigung von Angst oder zumindest des Umgehens mit Angst ausgedrückt. Angst zu bewältigen heißt psychologisch, mit der Angst leben zu können. Angst zu bewältigen heißt in keinem Fall, die Angst nicht mehr zu haben, denn Angst gehört zum menschlichen Leben. Sie bewirkt Konfrontation mit uns selbst, sie ist ein Signal dafür, daß wir jetzt bedroht sind und in irgendeiner Weise Abhilfe zu schaffen haben.

An den verschiedenen Komponenten der Angst soll nun gezeigt werden, wie psychologisch mit der Angst umgegangen werden kann, wie sie produktiv umzusetzen ist im Alltag und in der Therapie.

Anspannung – Möglichkeiten zu entspannen

Der Leib hat Angst, und diese Angst wird als Erregungsanstieg bemerkt. Dieser Erregungsanstieg kann uns gerade die Kraft dazu geben, etwa zu fliehen oder in der Auseinandersetzung mit einem stärkeren Menschen ungeahnte Kräfte freizusetzen. Erregung bedeutet aber immer auch, daß wir angespannt sind. Anspannung heißt aber auch Konzentration, solange sie keine Lähmung bewirkt. Ängstliche Menschen sind in der Regel gespannte Menschen. Ein grundängstlicher Mensch ist ständig auf der Hut, spannt ständig alle seine Muskeln an, um dann allenfalls fliehen oder angreifen zu können. Umgehen mit der Angst in diesem Zusammenhang heißt, sich zu entspannen. Das kann durch Tranquilizer (Benzodiazepine), durch Drogen oder auch durch Alkohol geschehen. Alkohol ist wohl eines der bekanntesten und problematischsten Mittel im Umgang mit der Angst. Sehr viel bessere Alternativen dazu sind körperliche Betätigungen, in denen wir uns lustvoll entspannen können, aber auch das Zusammensein mit Menschen in Beziehungen, die uns Wohlbefinden vermitteln, die uns erlauben, uns zu entspannen. Weiter gehören hierhin auch die Entspannungsmethoden, die vom Körper her wirken, etwa Atemtherapie, Meditation und Autogenes Training, Bioenergetik, Eutonie, Tanztherapie usw. Die Körpertherapien setzen in der Behandlung der Angst vor allem bei der Spannung an.

Ungewißheit – neue Gewißheiten finden

Angst setzt wie gesagt dann ein, wenn wir eine komplexe mehrdeutige Gefahrensituation wahrnehmen. Das erfüllt uns mit Ungewißheit. Können wir diese Ungewißheit aushalten, können wir warten, so stellt sich meistens auch wieder eine neue Gewißheit ein. Eine neue Gewißheit zu finden wäre hier also der therapeutische Ansatz oder auch die alltägliche Möglichkeit, mit der Angst umzugehen. Ungewißheit stiftet Verwirrung. Für uns ist es oft ein hoher Wert, nicht verwirrt zu sein, immer sehr schnell die Zusammenhänge zu erkennen, bald wieder klar zu sehen. Gerade dies schafft aber auch sehr viel Angst. Ist es doch eigentlich ganz normal, daß man in einer neuen Situation nicht gleich weiß, wie sie gesehen, beurteilt und wie sie allenfalls gelöst werden kann, und daß man daher etwas verwirrt ist. Kreative Prozesse beginnen bekanntlich damit, daß man verunsichert ist, daß man keine eindeutige Lösung findet und daß man diese Verwirrung aushält.

Die Tiefenpsychologie regt an, die Ungewißheit zu ertragen, ja sie schafft mit ihrem Methoden sogar sehr oft Ungewißheit, die dann zu ertragen ist. Weil diese Ungewißheit in den Rahmen einer therapeutischen Beziehung eingebettet ist, ist sie leichter auszuhalten. Dabei wird man auch das Problem von verschiedenen Seiten ansehen, von Träumen, von Fantasien her, man wird sich fragen, wie die Situation vom Unbewußten her, wie sie auch vom Bewußtsein her aussieht. Dadurch lichtet sich die Situation. Zudem ist aus der Sicht der Tiefenpsychologie anzumerken, daß uns dann etwas als ungewiß oder als verwirrend erscheint, wenn wir es nicht wagen, der Wahrheit ins Auge zu blicken. Mit Methoden, die das Unbewußte berücksichtigen, versucht man daher in der tiefenpsychologischen Perspektive herauszufinden, was wirklich ängstigt, und festzustellen, ob Angstsituationen vielleicht aus der Kindheit auf aktuelle Lebenssituationen übertragen werden und diese Angstsituationen daher eine Überreaktion hervorrufen, weil sie komplexhaft besetzt sind.[22]

Bedrohung von Werten – neue Sicherheiten suchen

Daß eine adäquate Reaktion nicht möglich erscheint, macht die Bedrohung erst wirklich erlebbar. Diese ist gekoppelt mit Hilflosigkeit und löst Angst aus. In Situationen der Bedrohung suchen wir Sicherheit. Das Gefühl der Hilflosigkeit verlangt nach Hilfe. Wir suchen meistens Menschen auf, auf die wir uns verlassen können, von denen wir das Gefühl haben, daß sie in dieser Situation selber nicht von Angst gelähmt sind oder überhaupt mehr Überblick haben. In dieser Situation erhofft man sich Hilfe durch die Klärung. Man fragt sich, wie gefährlich die angstauslösende Situation wirklich ist. Womit kann man Abhilfe schaffen? Welcher Wert ist in Gefahr? Indem man die Befürchtungen analysiert, sie auch sehr ernst nimmt, und dies geschieht in einer tiefenpsychologisch orientierten Therapie – aber auch in Gesprächen im Freundeskreis oder im Selbstgespräch –, werden dann diese Befürchtungen häufig auch relativiert. Noch wirksamer aber ist es, wenn wir den Wert, der in Gefahr ist, durch einen anderen Wert ersetzen können. Wenn es zum Beispiel einem Studenten, der enorme Angst davor hat, in der Prüfung durchzufallen, plötzlich einfallen könnte, daß es eigentlich noch wichtiger ist, am Leben zu bleiben, als eine gute Prüfung abzulegen. Die Angst, die durch den drohenden Verlust des Selbstwertgefühls ausgelöst wird, hat die Relativierung der Werte zur Folge, und durch die Relativierung verändert sich unser Selbstbild. Bei diesen Ängsten wird besonders deutlich, daß die Angst die Funktion hat, uns mit uns selbst zu konfrontieren. Im Bereich des Selbstwerts ängstigen wir uns davor, daß Seiten von uns sichtbar werden, die wir selber

---

[22] Kast Verena (1994) Vater – Töchter/Mutter – Söhne. Wege zur eigenen Identität aus Vater- und Mutterkomplexen, Kreuz, Stuttgart

nicht wahrhaben wollen, die nicht zu unserem Selbstbild, das wir gerne haben möchten, passen. Diese Seiten verdrängen wir. Es ist unser Schatten. [23] Geraten wir nun in Lebenssituationen, in denen unser Schatten sichtbar wird und wir von anderen Menschen vielleicht gar angeprangert werden könnten, löst das bei uns Angst aus. Die Angst zwingt uns nun, uns ganzheitlicher zu sehen, mit helleren und dunkleren Seiten. Können wir uns auch in den Seiten akzeptieren, die uns weniger gefallen, so sind wir nicht mehr in der Gefahr, ängstlich vermeiden zu müssen, daß diese Seiten sichtbar werden: Wir sind weniger ängstlich. Geht es aber um den drohenden Verlust eines für uns höchsten Wertes, dann hilft kein Umdeuten. Dann können wir diesen Wert auch nicht durch einen anderen Wert ersetzen, sondern wir müssen uns fragen, wie wir mit dem drohenden Verlust umgehen könnten. Vielleicht kann dann gerade das Leben in der tiefsten Angst als neuer Wert erscheinen, das heißt, der Umgang mit der Angst kann uns auch dazu führen, auf etwas zu verzichten, loszulassen.

Hilflosigkeit – Entwicklung von Kompetenz

Mit der Bedrohung gekoppelt ist das Gefühl der absoluten Hilflosigkeit. Mit der Hilflosigkeit versuchen wir so umzugehen, daß wir ein Gefühl der Kompetenz entwickeln, daß wir lernen trotz Angst zu gestalten. Diese Hilflosigkeit läßt uns oft, insbesondere in Lebenssituationen, die wir als Krisen erleben, Hilfe suchen. Krisen sind deutlich von Angst geprägt, ein Teil der Krisen wird geradezu dadurch heraufbeschworen, daß die Angst verhindert, das Entwicklungsthema, das hinter der Krise steht und gelegentlich auch in der Krise zum Ausdruck kommt, ins Leben aufzunehmen. [24] Finden wir in einer Krisensituation jemanden, der uns etwas entängstigt, dann wird es möglich, das Leben wieder krea-

[23] Jung Carl Gustav (1976) (1950) Aion, GW 9/II, Walter, Olten, S. 17ff.
Kast Verena (1990) Die Dynamik der Symbole. Grundlagen der Jungschen Psychotherapie, Walter, Olten, S. 242ff.
[24] Kast Verena (1987) Der schöpferische Sprung. Vom therapeutischen Umgang mit Krisen, Walter, Olten

tiv zu gestalten. Kompetenz im Umgang mit Leben zu erreichen trotz Angst, ist Anliegen aller Therapieformen. Es ist aber wohl die Verhaltenstherapie, die diesen Aspekt am deutlichsten im Auge hat, wenn sie gegen die Angst Verhaltensprogramme entwickelt, in denen Schritt für Schritt im Konfrontieren mit der Angst Kompetenz im Umgang mit Leben geübt und auch erreicht wird. Auch die Tiefenpsychologie arbeitet an der Kompetenz, indem sie zum Beispiel Bewältigungstrategien für ängstigende Situationen in der Fantasie anbietet, wobei dann besonders die Aggression, die ja mit Angst gekoppelt ist, in einer guten Weise eingesetzt wird. Auch dann etwa, wenn sie Erlebnisse des Sich-Ängstigens heranzieht, die zeigen, daß der oder die Betroffene auch schon selbst Hilflosigkeit überwunden hat.

Grundsätzlich aber ist zu sagen, daß wir uns in der Hilflosigkeit oft einem anderen Menschen öffnen, daß gerade die Angst es uns sehr deutlich macht, wie sehr wir auf zwischenmenschliche Beziehungen angewiesen sind, auch auf Vertrauen und Geborgenheit in diesen Beziehungen. Wir sind aber auch gerade dadurch wieder in Gefahr, uns zu ängstigen, weil diese Beziehungen ja selber immer auch bedroht sind. Eine weitere Gefahr zeichnet sich dadurch ab, daß wir in Situationen der Angst Menschen suchen, die wissen, wie etwas zu regeln ist. Solche Menschen, die ein starres System vertreten, in dem alles geregelt zu sein scheint, in dem alles klar ist, bieten dann den anderen Menschen, die sich in einer Unsicherheit befinden, große Entlastung an. Statt daß der Anruf an sich selbst geprüft und erlebt würde, werden dann einfach ideologische Systeme übernommen. Je weniger diese Systeme der Komplexität des Lebens gerecht werden, dafür aber einfach, verständlich und eingängig sind, und je stärker sie mit aggressiven Parolen kombiniert werden, um so mehr scheinen sie einzuleuchten, um so leichter verfallen Menschen, die in Angst sind, diesen Parolen. Mit Angst kann man Menschen hervorragend manipulieren, sie auch politisch dahin bringen, wo man sie haben will. Mit gezieltem Auslösen von Angst, wie etwa Fremdenangst, kann man ganze Abstimmungen gewinnen. Die Hilflosigkeit macht Menschen anfällig für den Glauben an Autoritäten und ihre Ideologien.

Grundängstlichkeit und aktuelle Angsterlebnisse

Jeder Aspekt der Angst hat also in sich auch die Anweisung und die Möglichkeit zum Umgang mit der Angst. Erregung weist auf Entspannung hin, Ungewißheit verweist auf die Gewißheit, Bedrohung läßt uns Sicherheit suchen, Hilflosigkeit läßt uns das Gefühl der Kompetenz und die Bereitschaft, kompetent mit dem Leben trotz Angst umzugehen, entwickeln. Grundsätzlich ist weiter dazu anzumerken: Je mehr wir uns selbst entwickeln, je mehr wir uns entfalten, je besser wir herausfinden, wer wir wirklich sind, desto eher können wir unsere Ängste zulassen und mit ihnen umgehen. So arbeitet man therapeutisch bei ängstlichen Menschen oft gar nicht so sehr an den Zustandsängsten oder nur dann, wenn diese krisenhaft zu werden drohen, sondern man arbeitet darauf hin, daß ein Mensch sich selber findet, sich entwikkelt, menschliche Möglichkeiten, die in ihm oder ihr vorhanden sind, auch wirklich nützt: besonders auch die Möglichkeiten des Zupackens, des Zugreifens, des Veränderns, des Grenzensetzens, der Entwicklung seiner aggressiven (nicht destruktiven) Möglichkeiten zu entdecken. Arbeiten an der Identität ist eine wichtige Voraussetzung, um Angst zulassen zu können. Ob wir ängstlicher oder weniger ängstlich sind, hat damit zu tun, wie kohärent unser Ich-Komplex im jeweiligen Moment ist, wie sicher unsere Identität, wie sicher unser Erleben von uns selbst ist. Wir können also nicht einfach davon ausgehen, daß wir von Grund auf ängstlich oder unängstlich sind. Es gibt Menschen, die wir vielleicht von außen als ängstlich beurteilen würden, weil sie zum Beispiel schon einen gehemmten Gang oder eine leise Stimme haben, die uns das Gefühl vermitteln, daß sich schon sehr viel Angst im Körper niedergeschlagen hat. Doch gerade diese Menschen sind dann in gewissen Situationen ausgesprochen mutig. Gleiches gilt auch umgekehrt. Menschen, die an sich sehr mutig wirken, können in Lebenssituationen geraten, in denen sie plötzlich sehr ängstlich sind. Dennoch würden wir im Alltag unterscheiden zwischen ängstlicheren und weniger ängstlichen Menschen. Das hat mit dem Verankertsein in der eigenen Identität zu tun, aber auch mit dem Lebensstil: Es gibt Familien, die einen ausgesprochen ängstlichen Lebensstil haben. Dieser wird niemals als „ängstlich" bezeichnet, sondern es wird als hoher Wert erlebt, daß man alles lange prüft, bevor man sich entscheidet, daß man nichts unternimmt, dessen Folgen man nicht in etwa abschätzen kann, daß man, wenn immer möglich, sich doppelt absichert usw.

Unter Grundängstlichkeit versteht man Ängstlichkeit als Eigenschaft (Trait-Anxiety; A-trait). Menschen mit einer hohen Grundängstlichkeit sehen überall die Bedrohung, erwarten sie überall. Diese Grundängstlichkeit ist in der Regel mit einer Aggressionshemmung gekoppelt, d. h. diese Menschen haben Mühe, sich zu wehren, sich zu entschließen, auch einmal ein Nein entgegenzusetzen. Von dieser Grundängstlichkeit unterscheidet man aktuelle Angsterlebnisse (State-Anxiety; A-state). Diese Zustandsangst hängt damit zusammen, daß einzelne Lebenssituationen angstbesetzt sind, zum Beispiel Trennungen, Verluste jeder Art, eingetretene oder möglicherweise drohende Krankheiten, Operationen, Prüfungen, Bewerbungen usw. Aktuelle Angsterlebnisse werden von Menschen mit einer höheren Grundängstlichkeit als bedrohlicher empfunden als von Menschen mit niedrigerer Grundängstlichkeit. Diese Unterscheidung zwischen Grundängstlichkeit und aktuellem Angsterlebnis korrespondiert in einem gewissen Sinn mit der Unterscheidung zwischen Angst und Furcht. Der grundängstliche Mensch tendiert eher dazu, diffuse Ängste zu entwickeln.

Die Vermeidespirale –
Flucht, Vermeidestrategien und Korrekturerlebnisse

Die erste Reaktion auf Angst ist bei sehr vielen Menschen die der Flucht. Es kann wichtig sein zu flüchten. Die Angst kann signalisieren, daß man so sehr in Gefahr ist, daß eigentlich nur Fliehen hilft. Im besten Fall wird man zunächst fliehen, sodann an sich selber arbeiten und darauf vertrauen, daß man, droht die gleiche Gefahr wieder, stärker ist, so daß man der Gefahr dann begegnen kann. Man kann nicht immer auf der Flucht sein. Hat man Flucht oder Vermeidung als Stil gewählt, um mit der Angst umzugehen, dann ist man nie mehr so ganz bei sich selber, verliert das Gefühl für die eigenen Wurzeln. Auf der Flucht zu sein bewirkt aber auch, daß wir in Situationen kommen, die wir ebenfalls nicht übersehen können, die also wieder Angst bewirken. Flucht kann sinnvoll sein – man muß auch das Heldentum des Aushaltens und Konfrontierens nicht überstrapazieren – aber das Vermeiden kann auch Probleme mit sich bringen. Problematisch werden diese Flucht- oder Vermeidestrategien dann, wenn viele oder bedeutende Lebensbereiche davon betroffen sind. Fliehen wir ständig, dann können wir keine Entscheidungen durch unser Angsterleben mehr korrigieren.

Normalerweise erfolgt eine Korrektur in unserem Angsterleben etwa so: Eine Situation löst Angst aus, wir entschließen uns zum Mut zur Angst. Der erste Schritt dazu ist, daß wir unsere Angst wahrnehmen. Dann stellt sich die Frage: Vermeide ich jetzt die Situation oder konfrontiere ich mich mit der Situation? Man sagt sich dann selber etwa: „Das wäre doch gelacht, wenn ich das nicht könnte, alle anderen machen das doch auch. Wegen dem bißchen Angst werde ich mich nicht unterkriegen lassen." Stellen Sie sich einmal Prüfungsangst vor. Wenn niemand zur Prüfung ginge, weil er oder sie Angst hat, dann könnte man die Prüfungen abschaffen. Die meisten Menschen entscheiden sich also, die ihnen angstmachende Situation zu bewältigen, außer wenn es ihnen sehr deutlich ist, daß sie absolut keine Chance haben. Normalerweise wissen wir recht gut, wie groß die Möglichkeit ist, mit der Angst umzugehen. Hinterher kommt dann auch immer der stereotype Satz: So schlimm war das doch gar nicht. So würden viele Menschen nach bestandener Prüfung gerne noch eine zweite machen, diesmal mit weniger Angst. Diese Korrektur der Erfahrung ist im Laufe eines Lebens ungeheuer wichtig. Sie führt dazu, daß man sich weniger den Luxus leistet, hohe Angstpotentiale aufzubauen, sondern die Angstpotentiale der realen Situation anpaßt. Korrekturerfahrung ist allerdings auch im umgekehrten Sinne wichtig. Es gibt ja Menschen, die sich zu wenig ängstigen. Wenn man sich zu wenig ängstigt, ist das ausgesprochen gefährlich, man spürt dann nämlich nicht, wann und wo man wirklich in Gefahr ist. Sich zu wenig ängstigen heißt, ständig über seine Verhältnisse zu leben, sich in Situationen zu exponieren, wo man sich das eigentlich nicht leisten dürfte, wo es einem auch nicht bekommt. In solchen Korrekturerfahrungen geht es darum, das Fürchten zu lernen bzw. den Mut zu lernen. In ihnen merkt man mit der Zeit, daß man sich immer eher zu wenig bzw. eher zu viel ängstigt.

Reagieren wir nun fast durchgängig mit Vermeidestrategien oder mit Fluchtstrategien, dann erleben wir diese Korrekturerlebnisse nicht mehr. Das bedeutet aber gerade beim Vermeiden oder Fliehen, daß wir in eine sogenannte Vermeidespirale hineingelangen: Die Welt wird immer bedrohlicher, wir ängstigen uns immer mehr, wir müssen fliehen und uns einkapseln. Das beeinträchtigt nicht nur die Erfahrung eines lebenswerten Lebens, sondern es kostet auch sehr viel Energie. Es gibt einfache Lebenssituationen, in denen Menschen ihre Ängste durch Vermeiden zu verhindern glauben: zum Beispiel unangenehme Telefongespräche hinauszuschieben. Da sagt man sich etwa, daß man wartet, bis man einen guten Tag hat. Es vergehen dann einige Tage, ohne daß der gute Tag kommt, und fast jeden Tag wirft man sich vor, das müßte man heute unbedingt machen, man muß immer gegen das Vergessen ankämpfen. Man verschwendet also ungeheuer viel Energie dadurch, daß man etwas vor sich herschiebt. Irgendwann macht man es dann doch und ärgert sich darüber, daß man so viel Energie verschwendet hat. Oder man macht es nicht und bekommt von sich selber mit der Zeit den Eindruck, unfähig zu sein, unangenehme Telefonate zu führen. Damit kann man allerdings leben, weil man ja Briefe schreiben kann. Aber dennoch: Vermeiden bringt das Lebensgefühl mit sich, inkompetent zu sein, eingeschränkt zu sein. Das beschämt uns. Unser Selbstwertgefühl wird beeinträchtigt, wir haben noch weniger Mut zur Angst, müssen noch mehr vermeiden ... Diese Vermeidezirkel können lebensbestimmend werden.

Beispiel für eine Vermeidespirale

Ein 20jähriger sollte die Lehrabschlußprüfung machen. Er hat sehr oft gefehlt in der Berufschule, hat schlechte Noten und einen schlechten Ruf bekommen. Er hat davor Angst, wieder in der Schule aufzutauchen, weil dann die Lehrer entsprechende Bemerkungen machen könnten. Also schwänzt er noch mehr. Hier ist bereits der Beginn einer Vermeidespirale. Er selber hat natürlich Ausreden bereit, das heißt, er arbeitet mit Abwehrmechanismen. Er entwertet die Schule: Er schwänzt eine schlechte Schule mit schlechten Lehrern, er macht eine schlechte Lehre, und in der Schule lernt man sowieso nicht das, was man für das Leben braucht, davon ist er überzeugt. Er würde nie zugeben, daß er Angst hat. Er wirkt auch nicht ängstlich, sondern aggressiv. Seine Entwertungsstrategie bewirkt vorübergehend, daß er mit sich einigermaßen im reinen ist. Ja, daß er sogar den Eindruck hat, er sei der einzige, der sich wirklich adäquat und reif in dieser Situation verhalte, und alle anderen seien eigentlich feige Memmen. In Wahrheit hat er Angst vor der Lehrabschlußprüfung und entscheidet sich, diese nicht zu machen mit dem Argument: einen Lehrabschluß zu haben, entspäche bürgerlichem Sicherheitsdenken. Er bewirbt sich bei einigen Firmen, ohne den Lehrabschluß zu haben. Alle fragen nach dem Lehrabschluß. Er erklärt, daß wäre doch bürgerliches Sicherheitsdenken, es komme doch drauf an, was er könne. Das wird ihm zwar als Idee zugestanden, aber niemand stellt ihn ein. Insgeheim wächst die Angst vor dem, was er versäumt hat. Er arbeitet zunächst bei einem Bekannten, doch jobbt und arbeitet er dann bald nicht mehr: Er hat statt dessen Muskelschmerzen, von denen niemand die Ursache finden kann, und die sich auch jeder Therapie entziehen. Auch hat er Angst, seine Freundin könnte ihn verachten. Er weiß aber nicht, daß er diese Angst hat. Bewußt attackiert er sie und sagt ihr, sie sei eine Streberin, weil sie die Lehrabschlußprüfung gemacht hat. Sie zieht sich in der Folge etwas zurück. Da er Angst hat, sie zu verlieren, trifft er sich nun einfach nicht mehr mit ihr, damit er sie nicht verliert. Und so verliert er sie natürlich. Er hat also einerseits Vermeidestrategien, andererseits ergreift er die Flucht nach vorn. Er fantasiert Dinge, die noch gar nicht eingetreten sind, und steigt aus allen Lebensbezügen aus, damit ihm das, was er ängstlich fantasiert, nicht passiert. Er ist auch in einem Sportclub. Die anderen Gleichaltrigen haben zum Teil ihre Prüfungen gemacht. Er hat Angst, daß er nach der Prüfung gefragt wird, stellt sich Gespräche vor, und befürchtet, die anderen könnten ihn als Drückeberger hinstellen. Und so geht er auch nicht mehr in den Sportclub. Er sitzt abends in der Familie und macht alle ärgerlich (er hat kleinere Geschwister), weil er unbedingt sein Fernsehprogramm sehen will.

An diesem Beispiel wird deutlich, was Vermeidestrategien, und zwar manchmal in einer relativ kurzen Zeit, in einem Leben anrichten können. Es ist natürlich sicher so, daß dieser junge Mann auch schon früher Vermeidestrategien angewendet hat. Hier haben wir jemand, der Vermeidestrategien auf dem Gebiet des Berufes und auf dem Gebiet der Freundschaft, sowohl auf dem der heterosexuellen Freundschaft als auch auf dem Gebiet der Freundschaft mit Männern, angewendet hat. Es ist leicht nachzuvollziehen, welche Einengung diese ewige Flucht bedeutet. Vermeidestrategien bringen eine sehr große Einengung, und es ist geradezu symbolisch, wie dieser adoleszente Mann mit seinen kleinen Geschwistern um den Fernseher herumsitzt und sich mit ihnen streitet, welches Programm jetzt gesehen werden kann. Man kann auch sagen, er hat sich zurückentwickelt in den Schoß seiner Ursprungsfamilie. Vermeiden wir die Situationen, die Angst auslösen, dann gibt es immer diese Rückzugstendenz, diese Regressionen. Diese sind verbunden mit fehlender Autonomie. Das wird sehr oft salopp formuliert als Zurückkehren zu Mutters Suppentöpfen. Wenn schon, wird man vom Mutterkomplex bestimmt, und dieses Bestimmtwerden vom Mutterkomplex korrespondiert mit den Angstbildern des Verschlungenwerdens. Dieser junge Mann hat dann auch in einer Familientherapie als erstes die Therapeutin darüber informiert, daß seine Familie ihn verschlinge. Nun könnte das natürlich wirklich der Fall sein. Sein Rückzugsverhalten hat ja eine Vorgeschichte. Es könnte sich um eine Familie handeln, in der Schritte der Autonomie, des Selbständigwerdens, nicht erlaubt worden sind oder nur unter Mißbilligung. Es ist denkbar, daß wir es mit einem Familiensystem zu tun haben, das als sehr einschränkend und einengend erlebt worden ist. Das muß aber so nicht sein. Es ist durchaus denkbar, daß dieser junge Mann durch die anhaltende Vermeidestrategie, die natürlich auch von irgendwo her kommt, sich in dieses Lebensgefühl hineinmanövriert hat.

Kontraphobisches Verhalten –
Mut, der die Angst nicht eingesteht

Es gibt noch eine weitere Form des Vermeidens, von der man oft den Eindruck hat, daß es gerade kein Vermeiden sei, sondern das Gegenteil davon. Es ist das kontraphobische Verhalten. Es ist eine Angstvermeidung, ohne daß indessen neue Erfahrungen dabei vermieden werden. Wenn ein Kind in einen Keller hinuntergehen muß und dabei furchtbare Angst hat, dann kann es zum Beispiel singen. Oder wenn der Heimweg von der Schule durch einen dunkeln Wald geht und mehrere Kinder diesen Heimweg miteinander machen, dann können sie sehr laut sein. Sie zeigen damit natürlich unbewußt jemandem an, der etwas Böses im Sinne haben könnte, daß sie überhaupt keine Angst haben und äußerst mutig sind. Das nennt man kontraphobisches Verhalten. Eigentlich ist man besonders ängstlich oder befindet sich in einer Situation, die sehr viel Angst auslöst, benimmt sich aber so, als ob man überhaupt keine Angst hätte und verhält sich auch entsprechend. Das bezeichnet der Ausdruck kontraphobisch. Man benimmt sich sozusagen „gegen die Angst". Nun kann man diese kontraphobische Abwehr der Angst gelegentlich einsetzen, man kann aber daraus auch einen Lebensstil machen. Es ist wahrscheinlich so, daß sich aus dem Umgehen mit Angst verschiedene Lebensstile ergeben. Bei besonders gefährlichen Berufen ist es möglich, daß sich Menschen kontraphobisch verhalten. Es gibt eine Untersuchung an Piloten von Morgenstern[25], in der nachgewiesen wird, daß unter den Piloten viele eigentlich sehr ängstliche Menschen sind, die diesen besonders gefährlichen Beruf gewählt haben. Psychodynamisch gesehen vermitteln diese jetzt den Eindruck, daß die Vermutung, sie könnten ängstlich sein, überhaupt nicht stimmt. Diese Untersuchung ist vor 30 Jahren gemacht worden. Mir ist von Ausbildern von Piloten glaubhaft versichert worden, daß heute ein ganz anderer Pilotentyp gesucht wird. Es ist natürlich nun die Frage, wie weit man eigentlich abschätzen kann, ob man einen Beruf aus kontraphobischen Gründen gewählt hat oder

---

[25] zitiert bei: Strian Friedrich (1983) Angst. Grundlagen und Klinik, Springer, Heidelberg, New York, Tokio, S. 213

nicht. Ich kann mir auch vorstellen, daß der Beruf eines Therapeuten oder einer Therapeutin kontraphobisch gewählt werden kann. Hat man sehr viel Angst vor dem Unbewußten, dem Ungewissen und vor all dem Unkontrollierbaren im Menschen, also vor all den Bereichen, die uns immer wieder vor Überraschungen stellen, dann könnte man doch eigentlich Therapeutin oder Therapeut werden, in der Annahme, diesen Überraschungen gegenüber dann besser gewappnet zu sein. Ein Mediziner könnte unter anderem deshalb Arzt werden, weil er große Angst hat vor Krankheit und Tod. In unserer Gesellschaft scheint es geradezu ein Wert zu sein, sich kontraphobisch zu verhalten. Und so ist dieses Verhalten sehr häufig. Allerdings entspricht dieses kontraphobische Verhalten einer Überkompensation, und diese Überkompensationen können ja immer auch einmal zusammenbrechen. Menschen, die einen kontraphobischen Lebensstil entwickelt haben, können dann plötzlich heftige Ängste entwickeln. Sie können in eine Situation kommen, in der sie sich sehr ohnmächtig fühlen. Dann wird diese Überkompensation nicht mehr tragen. Dann reagieren sie ausgesprochen ängstlich, oft sogar mit einer Phobie. Ein Jagdpilot, der stundenlang davon erzählen konnte, was er alles im Krieg in Vietnam angeflogen hatte, welchen Situationen er entkommen war, und der wirklich den Eindruck vermittelte, daß er den Teufel nicht fürchte, entwickelte eine Phobie, nachdem ihm in Rom jemand sein Portemonnaie gestohlen hatte. Er konnte daraufhin für Monate nicht mehr auf die Straße gehen, er hatte eine richtige Straßenphobie entwickelt. Er fühlte sich ausgesprochen bedroht und in seiner Identität beeinträchtigt. Er entwickelte eine Angst, die dem Vorkommnis in Rom nicht angemessen war. Man kann deshalb schließen, daß hier eine Überkompensation der Ängstlichkeit durch kontraphobisches Verhalten ein Ende gefunden hat, dekompensiert wurde. Ob Menschen sehr mutig sind oder ob sie eine kontraphobische Überreaktion haben, merkt man oft erst dann, wenn diese Überkompensation zusammenbricht. Man merkt es aber auch daran, daß Menschen mit einer kontraphobischen Überkompensation solche Menschen, die offen zeigen, daß sie ängstlich sind, nicht ausstehen können. Treffen sie ängstliche Menschen, wird sofort gespottet. Unter Bergsteigern etwa kommt dieses Thema recht oft vor. Es gibt kontraphobische Bergsteiger und Bergsteigerinnen, doch selbstverständlich sind nicht alle Bergsteiger und Bergsteigerinnen kontraphobisch. Wenn unter Kontraphobikern nun jemand Angst äußert, zum Beispiel in einer Berghütte, dann wird diese Angst enorm abgewehrt. Es wird gespottet, es wird geschimpft, es wird zur Vernunft aufgerufen. Das machen nun eben die Kontraphobiker und Kontraphobikerinnen ganz besonders gern. Es ist auch deutlich weshalb. Für sie ist es gefährlich, wenn sich jemand voll zu ihrer oder seiner Angst bekennt, denn diese Angst könnte anstecken. Und das bedeutet nun für den Kontraphobiker oder die Kontraphobikerin, daß er oder sie in einen Zustand der Angst gerät, die er oder sie in gar keiner Weise akzeptieren kann. Um nicht in diesen Zustand zu kommen, geben sie dann etwa Sprüche von sich wie „Also dieses ängstliche Gejammer, das geht mir wahnsinnig auf die Nerven, wer soviel Angst hat, soll nicht in die Berge kommen, das muß man sich doch eigentlich nicht antun". Mutige Menschen erkennt man im übrigen auch daran, daß sie sich zu ihrer Angst bekennen und trotzdem das sie Ängstigende in Angriff nehmen. Sie stehen also zur Angst, und gerade dies geschieht in kontraphobischen Kompensationen nicht.

Natürlich machen Kontraphobiker und Kontraphobikerinnen viele neue Erfahrungen. Doch diese Menschen sind sehr gefährdet, weil sie das Signal der Angst, daß etwas für uns gefährlich ist, nicht sehen und sich dabei enorm überfordern. Geraten Kontraphobiker in eine Lebenssituation, die sie nicht mehr bewältigen können, dann bricht sehr oft Panik aus, dann kann eben auch eine richtige Phobie ausbrechen. Daran erkennt man die Überkompensation.

Kontraphobiker sind identifiziert mit einer Autorität, die alles im Griff hat, die alles unter Kontrolle hat, sie sind oft identifiziert mit Vaterfiguren oder sogar mit einem Gotteskomplex. Wenn man von Abwehrmechanismen ausgeht, könnte man sagen, daß diese Menschen als bevorzugten Abwehrmechanismus die Reaktionsbildung haben. Eine Reaktionsbildung meint, daß ich genau das Gegenteil von dem zu tun und zu erleben versuche, was ich spüre. Wenn ich zum Beispiel einen Menschen sehr hasse, werde ich mich ganz fürsorglich um ihn oder sie kümmern. Das ist zunächst noch der Abwehrmechanismus in der Verkehrung ins Gegenteil. Tun wir das dauerhaft, ergibt sich eine Haltung daraus. Dann spricht man von Reaktionsbildung, so daß zum Beispiel von Natur aus außerordentlich wenig fürsorgliche Menschen sehr fürsorglich sind und daraus dann eine Ideologie machen, also alle Menschen auf eine Fürsorglichkeit hin verpflichten, die gar nicht die ihre ist. Das ist ein grundsätzliches Problem der Angstabwehr. Man kann aus jeder dieser Angstabwehrhaltungen eine Ideologie machen. Und auch der Kontraphobiker oder die Kontraphobikerin macht aus der je eigenen Abwehr eine Ideologie. Sie idealisieren sich selber als furchtlose, echt „coole" Menschen, die überhaupt nie Angst haben und die allen anderen Menschen ihre Angst vorwerfen.

Wenn nun ein kontraphobischer Mensch mit anderen Menschen umgeht, dann kommen diese leicht in die Opferposition. Denn wenn jemand so toll ist, dann bleibt eigentlich für die anderen nur noch die schlechte Position übrig. Der Mensch nun, der das kontraphobische Verhalten hat, identifiziert sich im Zusammenhang mit der Angst mit dem Aggressor oder der Aggressorin und unterdrückt das eigene Opfersein. Es gibt verhältnismäßig viele Menschen, die sich in einer Phase ihres Lebens kontraphobisch benommen haben. Mit zunehmender Sicherheit in ihrem Selbstwertgefühl konnten sie die Angst zulassen sie auch zugeben und sich hinterher auch eingestehen, daß sie sich kontraphobisch verhalten haben. Gerade in diesem Akt des Sich-Eingestehens zeigt sich, daß im kontraphobischen Verhalten auch sehr viel Mut impliziert ist. Auch hier gilt: Sehr selten sind Menschen ausschließlich kontraphobisch. Die Frage wäre also, in welchen Situationen bin ich kontraphobisch, verhalte ich mich kontraphobisch? Im übrigen hat kontraphobisch zu sein nur in einer solchen Gesellschaft einen Sinn, in der Ängstlichkeit abgewehrt wird, in der Ängstlichkeit ein Zeichen der Schwäche ist, und in der kontraphobisches Auftreten als Zeichen der Stärke gilt.

Gefahrenkontrolle – Entstehung sekundärer Ängste

Eine bewußtere Form des Vermeidens von Angst ist die Prävention, die Gefahrenkontrolle. Schützen wir uns, dann geben wir damit zu erkennen, daß wir eine Gefahr voraussehen. Wir geben auch zu, daß diese Gefahr Angst auslöst. Der Schutz setzt voraus, daß wir die Angst antizipieren, wahrnehmen und akzeptieren. Schutz bedeutet aber auch immer, daß wir etwas kontrollieren. Kontrolle ist ein wichtiger Begriff im Zusammenhang mit der Angst. Kontrolle heißt immer auch etwas einzugrenzen, den Überblick zu bekommen. Oder es heißt auch das Lebendige in den Dienst der Sicherheit zu zwingen.

Was passiert bei der Gefahrenkontrolle? Wenn wir etwas unter Kontrolle haben, dann sind wir nicht ausgeliefert, wir machen die Regeln, wir passen auf, wir können damit umgehen. Das ist die eine Seite. Die andere Seite ist die des Kontrolliertwerdens: Es entsteht der Eindruck, eingeschränkt zu ein, unter Beobachtung zu sein, nicht tun zu können, was man möchte. Gefahrenkontrolle wird von Menschen praktiziert, seit es Menschen gibt. Gefahren werden vorausgesehen. Ängstliche Menschen sehen natürlich die Gefahren mehr voraus als die weniger ängstlichen. Meistens werden dann Gesetze und Regelungen dagegen getroffen. Das ist die eine Seite. Oder man versucht Bewältigungsmöglichkeiten zu schaffen, wie wir sie in Wissenschaft und Technik haben.

Auch Gesetze leisten derartiges. Sie entlasten uns einerseits von Angst. Wir wissen zum Beispiel, daß es verboten ist zu stehlen. Und weil es dieses Gesetz gibt, müssen wir nicht ständig damit rechnen, daß uns etwas gestohlen wird. Wir wissen zwar, daß es Menschen gibt, die sich nicht an Gesetze halten. Würde man jedoch diese Gesetze aufheben, und jeder müßte sich in eigener Verantwortung entscheiden, ob er stehlen will oder nicht, dann stiege unser Angstpegel wahrscheinlich noch wesentlich höher an, denn wir sind ja doch ziemliche Materialisten. Dieses Gesetz entlastet uns also einigermaßen, und das ist neben anderem auch der Sinn eines Gesetzes. Wenn es nun aber immer mehr Gesetze gibt, dann bekommen wir mit der Zeit auch immer mehr Angst, diese Gesetze zu übertreten. So erzählen Menschen davon, daß sie nur ein Polizeiauto auf der Autobahn sehen müßten, um Angst zu bekommen, irgend etwas falsch gemacht zu haben, denn irgend etwas macht man ja immer falsch. Durch diese Gefahrenkontrolle, durch die Gesetze, wird also sozusagen eine sekundäre Angst geschaffen. Das heißt, wir haben nicht mehr Angst vor dem, was uns ganz direkt bedroht, sondern wir bekommen eine viel abstraktere Angst. So erzählt ein junger Mann, er habe Angst, von der Polizei erwischt zu werden, wenn er mit 70 Stundenkilometern durch eine Wohnstraße fahre. Er hat aber keine Angst, Kinder zu überfahren, was ja wohl die wesentlich „normalere und direktere Angst" in dieser Situation wäre. Diese sekundäre Angst kann man als Autoritätsangst beschreiben. Wichtig daran ist aber, daß es nicht mehr die „richtige" Angst ist, nicht mehr die Angst, die uns eben sagen würde, daß wir gefährdet sind und andere gefährden. Diese sekundäre Angst ist eine Secondhand-Angst, es ist eine wesentlich weniger existentielle Angst. Mit der Gefahrenkontrolle wird auch unsere Eigenverantwortung viel weniger stimuliert. Zu gehorchen vermittelt ein wesentlich schlechteres Selbstgefühl, als aus eigenen Stücken verantwortlich zu handeln. Das gute Selbstgefühl, das wir haben, wenn wir ethisch eigenverantwortlich gehandelt haben, bekommen wir in dieser Situation nicht. Diese Gesetze, die der Angstkontrolle dienen, entlasten zwar, bringen aber neue Einengungen, die neue Ängste hervorrufen. Sie verlangen im Menschen den Gehorsam, nicht aber die Eigenverantwortung. Die Eigenverantwortung gestattet es indessen wiederum, besser mit der Angst umzugehen. Das ist auch auf die Erziehung zu übertragen. Für viele Menschen ist es sehr wichtig, gehorsame Kinder zu haben. Vielleicht würden Kinder aber auch das eine oder andere sehr gut, wenn nicht besser lernen, wenn sie nicht gehorchen müßten, sondern es von sich selbst aus tun dürften. Mit der Gefahrenkontrolle schützen wir uns vor Angst, suggerieren aber auch eine Sicherheit, die gar nicht zu erreichen ist. Zugleich verzichten wir darauf, in den Menschen die Möglichkeiten anzuregen, die sie eigentlich bräuchten, um mit Bedrohungen umzugehen. Das gleiche gilt für den Umgang mit Wissenschaft und Technik. So hat die Medizin zum Beispiel sehr viele Bedrohungen durch Krankheiten überwunden. Aber es ist vielleicht typisch, daß wir heute unendlich viel Angst vor Nebenwirkungen bei Medikamenten haben. Man wird den Gedanken nicht los, daß alles, was die Angst vermindern soll, im Prinzip doch auch wieder sehr viel Angst mit sich bringt. Wir können der Angst nicht entrinnen. Wir können nur so mit ihr umgehen, daß wir besser gerüstet sind. Es ist sogar so, daß Gefahrenkontrollen oft wirklich neue Bedrohungen hervorbringen. Denken wir zum Beispiel an religiöse Systeme, die meinen, genau sagen zu können, wie Leben geht. Damit verbunden ist aber auch die Schuldangst: Es ist die Angst vor Schuld, wenn man das, was die Religion sagt, verfehlt. Eine sekundäre Angst entsteht auch aus der verbreiteten Angst, daß unser Leben nicht mehr so „gesund" ist wie früher. Das zeigt sich etwa an den unendlich vielen Diätvorschriften, die in der Welt kursieren. Diese Diätvorschriften wiederum erzeugen Ängste, daß das, was wir tun, sowieso immer falsch ist. Jede Gefahrenkontrolle, die eigentlich schützen sollte, bringt im Grunde genommen eine neue Schwierigkeit, die ängstigen kann. Das Problem des Schutzes ist, daß der Schutz sehr ähnlich wie die Angst einengt. Je mehr Angst wir durch Gefahrenkontrolle zu bannen versuchen, um so mehr werden wir selber eingeengt. Man kann sich auch zu Tode schützen.

Wenn es stimmt, daß heute besonders viel Angst unter den Menschen ist, dann müßte man sich natürlich auch fragen, ob die Angst vor dieser Gefahrenkontrolle dabei eine Rolle spielt. Die Frage ist, ob wir uns aus diesen Autoritätsstrukturen, die ja letzlich Abkömmlinge noch aus unseren projizierten Vater- und Mutterkomplexen sind[26] herausentwickeln können oder ob wir dadurch noch stärker in eine Kindposition geraten. Die Gefahrenkontrolle bringt uns also intrapsychisch gesehen wieder unter den Einfluß der Elternkomplexe. Es geht darum, ob wir es überhaupt schaffen, uns da herauszuentwickeln, ob wir es überhaupt schaffen, mit mehr Angst zu leben. Könnten wir geschaffene oder vermeintliche Sicherheiten aufgeben oder haben wir keine schöpferische Fantasie, uns herauszuentwickeln, weil wir schon längst eingelullt sind und sicher sind, daß irgend jemand schon dafür sorgen wird, daß das Leben nicht allzu gefährlich wird? Eine Quelle der Angst, so eigentümlich das klingen mag, ist gerade der

---

26 Kast Verena (1994) Vater – Töchter, S. 13 ff.

Schutz, und zwar der übertriebene Schutz, den wir uns geben. Angst entsteht auch da, wo wir uns vermeintlich sicher wähnen, aber trotzdem ganz genau wissen, daß dies so eigentlich nicht stimmt.[27]

Hinter der Gefahrenkontrolle steht die Angst, das Leben zu gefährden und aufs Spiel zu setzen. Die Systeme von Regeln, Gesetzen usw. sollen uns sagen, wie wir das Leben ohne Gefährdung leben können. Deshalb existieren auch so viele Ideologien. Die Gefahrenkontrolle bringt uns in den Wirkungsbereich von Autorität. Hinter dieser Wirkweise sind immer noch die Eltern in der frühen Kindheit zu sehen und die Fantasie des Kindes, daß die Eltern beschützen können. Es ist die Erinnerung an solches Geschütztwerden und allenfalls auch noch das Entsetzen des Kindes, wenn es merkt, daß Eltern nur unvollständig schützen können.

Magische Praktiken – und ihre Wirkung

Eine andere Form der Gefahrenkontrolle sind die magischen Praktiken. Bei diesen geht die Kraft der Eltern, die erfahrene oder die entbehrte (wenn entbehrt, die Sehnsucht danach) auf einen Stein, auf eine Kugel, auf eine Haltung usw. über. Magische Praktiken gehen davon aus, daß es übernatürliche, in die Menschen hineinwirkende und sie verwandelnde Kräfte gibt. Diese Kräfte können fördernd sein, wie in der sogenannten weißen Magie oder sie können hindernd sein, Schaden zufügen, wie in der sogenannten schwarzen Magie. Was fördert, gibt Mut, was hindert, gibt Angst. Paracelsus meint, daß die Magie himmlische Kraft in das Medium Mensch bringen könne, und magisch daran ist, daß sich diese Kraft eben außerhalb der Kausalreihe und nicht materiell überträgt. Diese Kraft überträgt sich einem Gegenstand, einem Bild, einer Vorstellung. Und diese Kraft geht dann auf den Menschen über, verändert den Menschen psychisch und energiemäßig, wenn er eben mit diesem Gegenstand, mit diesem Bild, mit dieser Vor-

---

[27] Mentzos Stavros (1976) Interpersonale und institutionalisierte Abwehr, Suhrkamp, Frankfurt/Main

stellung in Kontakt kommt. Sehr oft handelt es sich tiefenpsychologisch gesehen eigentlich um Übergangsobjekte. Das sind Objekte, die einer Person zugehört haben, von der man sich besonders geschützt, geliebt, gesehen gefühlt hat. Intrapsychisch gesehen könnte man auch sagen, es seien so etwas wie helfende, innere Gefährten. Das Positive daran ist, daß Menschen, die sich so einem Gegenstand verbunden fühlen und überzeugt sind, daß davon gute Energie auf sie überpringt, weniger der Angst ausgesetzt sind, weniger von Panik erfaßt werden. Sie können daher ihre Probleme lösen. Sie können sich zentrieren, auch in Verbindung mit einer Kraft, die über sie hinausgeht, vielleicht in Verbindung mit einem Traumbild, einem Gedanken, einem höheren Wesen, einer abstrakten Kraft. Sie können sich auch damit identifizieren oder kommunizieren, zum Beispiel im Gebet. Das beruhigt die Identität, und von da aus können dann Probleme besser gelöst werden.

Die schlechte Wirkung, die von solchen Praktiken ausgeht ist, daß nichts ohne Talismann, ohne Amulett mehr geht und, daß man davon abhängig wird. Das Notwendige wird nicht gesehen, man läßt sich vertreten durch eine abstrakte Kraft und das geht ja im Leben letztlich nicht. Man kann sich im Leben durch Nichts und Niemanden vertreten lassen. Magische Praktiken und das Verhältnis zu magischen Gegenständen sind wie das Verhältnis zu Übergangsobjekten. Es sind Objekte, die auf etwas hindeuten, das kraftvoller, weniger zerbrechlich ist, als wir es sind. Und sie erlauben es, daß man sich auf den kraftvollen Anteil in der eigenen Psyche besinnt, auch auf sein Eingebundensein in eine größere Ordnung, und das beruhigt. Ordnet man sich aber unter, gibt man den Standpunkt eines kritischen Ichs auf, dann ist man wieder in den Fängen einer Autorität, einer Autorität, die man mit den Fantasien fast beliebig zu jeder Form von Größe oder auch von Schrecklichkeit aufbauen kann.

Die Arbeit an der Identität

Alle Emotionen betreffen immer unsere Identität. Sie bilden sozusagen den Kern unseres Selbstseins. Wenn wir von Emotionen sprechen, geht es immer um Selbstwahrnehmung, und zwar jeweils in der „Farbe" der entsprechenden Emotion. Wir nehmen uns ganz anders wahr, wenn wir ängstlich sind, als wenn wir zum Beispiel freudig sind oder inspiriert. Es geht bei jeder Emotion auch um unser Selbsterleben, um unsere Identität.

Bei der Angst nun hat dieses Selbsterleben eine „Färbung" der Minderung: Sie vermittelt das Gefühl, eingeengt und ohnmächtig zu sein. Wir haben dann das Gefühl, wir würden „schrumpfen". Das Lebensgefühl ist sehr stark von Beengtsein geprägt, das betrifft auch den Atem. Wir haben dann Atemnot und auch das Gefühl, keinen Platz in dieser Welt zu haben. Zwischen dem Gefühl, eingeschränkt zu werden und „beschränkt zu sein", ist dann kein großer Unterschied mehr. Die Angst beeinflußt unser Selbsterleben dergestalt, daß wir uns gemindert fühlen, minderwertig. Diese Minderung kann auf der Ebene der Vitalität miterlebbar sein, wir können uns vital bedroht fühlen, es kann auch auf der Ebene des Selbstwerts sein, daß wir unseren Selbstwert verlieren; auf der Ebene unserer Selbstbestimmung, die immer weniger wird, so daß wir uns in der Folge immer weniger zutrauen, oder auf der Ebene der Selbstbestimmung in dem Sinne, daß wir uns immer mehr fremdbestimmt fühlen. Schlußendlich haben wir dann das Gefühl, unser Leben zu verfehlen, weil wir nicht tun, was wir eigentlich tun müßten. Wenn wir uns keinen Raum und keinen Wunsch mehr eingestehen, dann bedeutet dies, daß wir den Eindruck gewinnen, für andere Menschen nur dann akzeptabel zu sein, wenn wir uns bedingungslos anpassen. Infolge dessen fühlen wir uns auch in den Beziehungen fremdbestimmt, gemindert, verlieren Vitalität. Die Angst bewirkt einen Verlust an Lebensmöglichkeit, an Energie. Dies steht im Unterschied zu Autonomie, zu dem Gefühl, Leben gestalten zu können, zu dem Gefühl, aus dem Leben etwas machen zu können. Es steht auch im Gegensatz zu einer selbstverständlichen Lebensbejahung, wie wir sie in der Freude haben. Angst betrifft also unsere Identität. Ob wir mehr oder weniger Angst empfinden, hängt mit unserem habituellen Gefühl für unsere Identität zusammen.

Wie ist eine Identität beschaffen, die es erlaubt, verhältnismäßig viel an Angst ertragen zu können und wie andererseits eine Identität, die nur relativ wenig Angst ertragen kann?

Betrachten wir das Thema der Lebensübergänge. Es gibt normative Lebensübergänge, Lebensübergänge, die jeder Mensch bewältigen muß, also zum Beispiel Pubertät, Adoleszenz, Klimakterium, Übergang ins höhere Alter usw., es gibt aber auch Lebensübergänge, die situativ sind, Krankheit, Trennung, Verliebtheit, neue Partner, kein Partner usw.

Übergangsphasen und ihre Gesetzlichkeiten

Übergangsphasen haben ihre Eigengesetzlichkeit: Was kurz zuvor noch gültig und verläßlich erschien, muß plötzlich hinterfragt werden. Unzufriedenheit breitet sich aus, zunächst schleichend, Unruhe wird mehr und mehr bemerkbar im Leben. Vage zunächst noch stehen neue Zielvorstellungen vor uns, die sich eher in der Kritik an Bestehendem denn in neuen Ideen und Plänen äußern.

Zu den Übergangsphasen gehört aber ebenso, daß wir das Vertraute, das wir zwar mißtrauisch hinterfragen und nörglerisch bekritteln, dennoch nicht loslassen wollen. Es soll zwar alles anders werden, aber das Gewohnte möchten wir doch festhalten. Je mehr wir aber festhalten, um so mehr müssen wir dieses so fest Gehaltene hinterfragen. Dieses zugleich Abstoßen- und Behaltenwollen verursacht eine unangenehme psychische Spannung, die wir gelegentlich als Krise erleben können. In eine Krise geraten wir unter anderem dann, wenn etwas Neues in unser Leben will und wir diesem Neuen keinen Raum geben wollen oder können.[28] Die angesprochene Spannung löst sich dann, wenn es uns bewußt wird und wir es auch akzeptieren können, daß wir von einer Phase unseres Lebens Abschied nehmen müssen. In unserer Erinnerung wird dann der betreffende Lebensabschnitt noch einmal besonders belebt. Gerade dadurch, daß viele Erinnerungen bildhaft und emotional lebendig in die Erinnerung treten und uns deutlich machen, daß es das gelebte Leben ist, das uns selbst ausmacht, das uns auch niemand mehr nehmen kann, das immer wieder in der Erinnerung zu beleben ist, können wir auch loslassen – und dann treten neue Perspektiven in unser Leben.

---

[28] Kast Verena (1987) Der schöpferische Sprung. Vom therapeutischen Umgang mit Krisen, Walter, Olten

Wollen wir nicht loslassen, wollen wir unbedingt den alten Zustand aufrecht erhalten, dann überfordern wir uns, entfremden uns immer mehr von uns selbst, oder aber wir werden eines Tages resignieren, weil wir uns ja nicht gegen den Fortgang der Zeit stellen können. Versuchen wir, diese Illusion aufrecht zu erhalten, verlieren wir weitgehend die Möglichkeit, unser Leben aktiv zu gestalten. Auch die Resignation kann Auslöser für bewußtes Abschiednehmen werden.

Übergangsphasen sind Phasen der Labilität und mit Angst, Spannung und Selbstzweifeln verbunden; Konflikte, die habituell zu unserem Leben gehören, Schwierigkeiten, die wir schon immer hatten, werden reaktiviert. Labilität und erhöhte Konfliktanfälligkeit verstärken sich gegenseitig. So macht uns nicht nur der jeweilige Lebensübergang mit den ihm typischen Anforderungen zu schaffen, zusätzlich können alte Konflikte, alte Lebensthemen neu aufflackern, dadurch aber auch bearbeitet werden.

Theoretisch kann man sich vorstellen, daß die Identität dadurch, daß neue Themen ins Leben kommen – ich gehe mit vielen anderen davon aus, daß wir Menschen in einer Entwicklung bis zum Tod stehen –, in eine Phase der Diffundierung gerät, der Ichkomplex ist weniger kohärent als üblich, die einzelnen Lebensthemen sind weniger gut vernetzt.[29] Dadurch genügt die habituelle Abwehr nicht mehr; Emotionen sind in der Folge deutlicher zu spüren, vor allem nehmen wir die Angst wahr, weil wir in einer Situation sind, die viel Unsicherheit, Verwirrung, Orientierungslosigkeit mit sich bringt. Durch die geringer werdende Kohärenz des Ichkomplexes können verdrängte oder ruhende Konflikte wieder neu erlebt werden. Aber auch neue Entwicklungsthemen können bewußt werden. Zur geminderten Kohärenz des Ichkomplexes gehört, daß die Ichfunktionen weniger verläßlich sein können, als sie es üblicherweise sind (z. B. vermehrte Konzentrationsschwächen usw.).

Lebensübergänge sind Streßsituation und damit Situationen der Angst. Wir fühlen uns dann wenig strukturiert, wenig selbstsicher, wenig geordnet, wenig kontrolliert. Da ist viel Verwirrung

---

[29] Kast, Die Dynamik der Symbole, S. 67 ff.

vorhanden, aber auch eine große Nähe zum Unbewußten, da sind große Möglichkeiten, sich zu verändern.

Wir haben aber nicht nur Aufbruchphasen in unserem Leben, wir haben auch Konsolidierungsphasen, Phasen, in denen das Neue ins Leben integriert wird, in denen das Leben sich beruhigt. In diesen Phasen, spürt man weniger Angst, ist weniger sensibel, emotional auch weniger ansprechbar. Wir haben dann so etwas wie eine sichere Identität, die es erlaubt, verhältnismäßig viel Angst auszuhalten. Zu dieser sicheren Identität gehört ein sicheres Gefühl von sich selbst als ein aktiver, kompetenter Mensch, der eine Ich-Aktivität hat und altersgemäß abgelöst ist von den Elternkomplexen, also nicht überall in Autoritätsstrukturen steckt. Zu dieser sicheren Identität gehört aber auch das Wissen darum, daß auch dann, wenn diese sichere Identität immer wieder verloren geht – und sie geht immer wieder verloren –, sie auch wieder gewonnen werden kann. Was not tut, ist ein Vertrauen auf so etwas wie eine „flexible Identität". Das heißt, daß man Veränderungen gegenüber offen sein kann, das heißt aber auch, daß man gegenüber dem Fremden in der eigenen Psyche offen sein kann.

Im Umgang mit dem Fremden haben schöpferische Menschen eine Modellfunktion. Ihnen gelingt es, aus der Faszination durch das Fremde etwas Eigenes zu machen, das nicht nur für sie eine Bedeutung hat. Schöpferische Menschen haben nicht notwendigerweise eine bessere Identität als andere, aber sie sind möglicherweise mehr gewohnt als andere, immer wieder Identitätsprobleme zu haben, ständig neu auf der Suche nach ihrer Identität zu sein, nach ihr zu fragen und nicht anzunehmen, daß diese ein für allemal feststeht. Identität ist etwas, das ein Leben lang wird, sie steht nicht ein für allemal fest. Es ist dem Phänomen der Identität angemessener, zu wissen, daß es eine Lebensaufgabe ist, sie ständig neu zu suchen und sie nicht als ein für allemal feststehend zu begreifen. Auch sind schöpferische Menschen vielleicht eher gewohnt, mit Ichspaltungen zu arbeiten, indem sie vorübergehend ganze Bereiche ihrer Identität ausblenden, ohne das Gefühl der Einheit der Person zu verlieren. Sie sind angezogen vom Fremden und haben die Fähigkeit, sich vom Fremden betreffen und ergreifen zu lassen. Ihre innere Repräsentanz des Fremden ist bei ihnen mehr von Neugier und Interesse als von Angst geprägt. Diesem Fremden geben sie dann – oft in anstrengender Arbeit – den ihnen eigenen Ausdruck. Schöpferische Menschen haben einen ausgeprägten Gestaltungswillen.

Wir sollten also unseren Identitätsbegriff verändern: Identität hat man nicht, man sucht sie immer wieder, und man gewinnt sie ganz besonders durch die Auseinandersetzung mit dem Fremden. Es geht dabei um so etwas wie eine „flexible Identität". Darüber hinaus: Gefühle der Identität können durch das Gestalten ganz entschieden erlebt und gesichert werden. Das Gestalten und die Überzeugung, etwas gestalten zu können, sind ganz wichtige Aspekte der Ichaktivität, einem wesentlichen Aspekt der Identität. Um Faszination zulassen zu können, müssen wir überzeugt davon sein, daß wir das Erlebte in irgendeiner Weise auch gestalten können.

Nun ist Identität nicht nur eine persönliche Angelegenheit. Wir haben auch kollektive Identitäten, die nationale Identität etwa, eine europäische Identität usw. Von diesem kollektiven Aspekt der Identität sagen wir, sie sei im Umbruch. Orientiert man sich an der Geschichte, dann fällt auf, daß diese kollektive Identität als Europäer zum Beispiel schon mindestens seit 1914 im Umbruch ist. Unsere Vorstellung, es hätte einmal eine unverbrüchlich feststehende Identität gegeben, ist wohl ein rückwärts projiziertes Wunschbild. Dessen ungeachtet hat sich aber die Frage nach der persönlichen Identität im Laufe dieses Jahrhunderts wohl immer mehr verschärft, da viele Regeln und haltende Strukturen weggefallen sind. Dazu beigetragen hat auch der immer geringer werdende Einfluß der institutionalisierten Religion. Sehr vieles, was Menschen gehalten hat, hält nicht mehr. Deshalb kann sich der einzelne oder die einzelne wesentlich weniger gut in einer kollektiven Identität finden. Deshalb also muß die individuelle Identität gesucht werden und besser tragen als zuvor. Wenn nun der Ruf nach einer sichereren Identität erschallt, damit Probleme mit dem Fremden, aber auch Probleme der Gewalt weniger entstehen, so ist es verkürzt, dabei wiederum nur die Mutter-Kind-Beziehung im Auge zu haben. Die Mutter-Vater-Kind-Beziehung begründet bestimmt einen wichtigen Aspekt der Identitätsbildung, aber es gibt viele Aspekte der Identitätsbildung, die wir selber leisten können. Und es gibt auch die kollektive Identität, die uns beeinflußt, und die wir beeinflussen können.

Von der Identität her gesehen geht es eigentlich gar nicht darum, daß wir immer in ein- und derselben Identität sind, in der wir viel Angst aushalten, sondern es wäre eigentlich wichtig, daß wir uns immer wieder zwischen Aufbruchphasen und Konsolidierungsphasen hin und her bewegen können. Das können wir natürlich wesentlich besser, wenn wir kognitiv überzeugt davon sind, daß beides richtig und daß beides wesentlich ist.

Im Zusammenhang mit der sicheren Identität ist auch die Frage zu stellen: Was will die Angst von mir? Es gibt eben nicht nur die Erfahrung der Einengung durch die Angst, sondern auch die der Herausforderung, denn jede Angst will etwas von einem Menschen im Zusammenhang mit dieser Identität. Das ist eine produktive Frage. Will die Angst, daß ich in meinem Selbsterleben, Selbstausdruck, Selbstbestimmung, Selbstwert etwas dazugewinne, daß ich etwas wage, daß ich etwas riskiere? Oder anders gefragt: Was verliere ich, wenn ich der Angst erliege? Welcher Entwicklungsschritt im Zusammenhang mit meiner Identität steht hinter meiner Angst? Damit wir aber diese Fragen stellen können, müssen wir natürlich die Angst wahrnehmen, und das ist ja bekanntlich sehr schwierig. Die Angst muß einen Namen haben bzw. einen Namen bekommen. Angst wäre also ein Entwicklungsanreiz zu mehr Selbstsein.

Angst und Wut – die Spirale der Gewalt

Es gibt eine für das menschliche Zusammenleben wichtige Beziehung zwischen Angst, Ärger, Wut und feindseligem Handeln, die auch mit unserem Identitätserleben zusammenhängt. Einen wie auch immer gearteten Verlust zu antizipieren, löst Angst aus. Wir fühlen uns dann gebremst in unserer Intention, in unserer Aktivität, und erleben zunächst Ohnmacht. Unser Selbstwertgefühl ist beeinträchtigt, das heißt aber auch, wir verlieren für einen Moment das sichere Gefühl unserer Identität, es entsteht eine Identitätsdiffusion. Diese Identität kann nun wieder hergestellt werden durch eine andere Ich-Aktivität als die, die gerade beeinträchtigt wurde, durch einen Angriff. Je mehr das Selbstwertgefühl durch die Hilflosigkeit beeinträchtigt ist, um so eher werden wir mit heftiger Aggression oder gar mit Gewalt reagieren. Gewalt wurzelt letztlich in verzweifelter Ohnmacht und in verzweifelter Angst. Mit der Wut wehren wir die Angst ab. Durch aggressives Handeln wird also versucht, ein sicheres Identitätsgefühl wiederherzustellen. Das gelingt allerdings immer nur vorübergehend, weil hinterher meistens Schuldgefühle auftauchen – und das erschüttert das Identitätserleben von neuem. Das heißt, die Spirale der Gewalt, die zur Herstellung der Identität gebraucht wird, verhindert zwar für einen Moment die Angst, verursacht aber immer mehr Angst, die wiederum nach mehr Gewalt ruft.

Es gilt aber auch: Je mehr wir unsere Aggressivität projizieren, sie bei anderen Menschen sehen, um so mehr werden wir uns ängstigen. Wir können dann zum einen nicht auf unsere eigene Aggression zurückgreifen, um uns abzugrenzen und um uns zu wehren, und wir müssen zum anderen weiterhin mit schlimmen Übergriffen rechnen. Angst vor der Außenwelt hat aber nicht nur damit zu tun, daß wir unsere eigene Aggressivität, unsere eigene Angriffslust und gelegentlich auch unsere Destruktivität auf die Außenwelt projizieren. Es gibt zweifelsfrei zerstörerische Kräfte und Gruppierungen in unserer Umwelt, die nicht auf unseren Projektionen beruhen, und die die Ängste ganz beachtlich schüren, so etwa in der Reaktion auf Terrorismus. „Der Terror erniedrigt uns", so ist ein Artikel des Israeli David Grossmann[30] überschrieben. Darin beschreibt er, wie Gewalt eine Gesellschaft verändert. Zum einen führt er aus, wie immense Energien und Kreativität in das Sicherheitswesen investiert werden und wie mit dem Hinweis auf „Sicherheitsrisiken" Grundrechte eingeschränkt werden. Zum anderen beschreibt er, wie Terror die Menschen erniedrigt, wie das Leben zunehmend von Angst, Ungeborgenheit, Macht und Gewalt dominiert wird. Wut und Rachegefühle weichen der Resignation. Grossmann beschönigt nichts, arbeitet vor allem heraus, wie der Terror eine Atmosphäre der Gewalt und der Verrohung, auch in unseren Seelen bewirkt, und

---

[30] Gedruckt im Tages Anzeiger vom 3./4. Aug. 1996

dennoch gibt er zu bedenken, daß ein Terrorakt auch ein zwar verzerrter Ruf nach Verständigung sein kann. Hinsehen, es nicht akzeptieren – und dennoch versuchen, mit dem Zerstörerischen Kontakt aufzunehmen.

Angstkontrolle durch Bewältigungsmechanismen

Wir können nicht nur die Gefahren kontrollieren, wir können nicht nur Angst bewältigen, sondern wir können die Angst auch intrapsychisch kontrollieren. Und das geschieht mit den sogenannten Abwehrmechanismen, die man auch Bewältigungsmechanismen nennen kann. Wir kennen sehr viele Abwehrmechanismen: etwa die Verdrängung, die Intellektualisierung, die Rationalisierung usw. Diese Abwehrmechanismen werden von allen psychologischen Schulen ziemlich einheitlich beschrieben. Abwehrmechanismen sind definiert als habituelle, meist unbewußt ablaufende Vorgänge, als Ich-Funktionen mit Schutz und Bewältigungsaufgaben. Das Ich wird durch sie vor Verwirrung geschützt, vor schlechtem Selbstgefühl usw. Unlustvolle Emotionen – natürlich geht es vor allem um Angst – und die dazu gehörigen Konflikte, Schmerz und Schuld sollen durch die Abwehrmechanismen vom Bewußtsein ferngehalten werden, damit wir ein sicheres Gefühl unserer Identität behalten, damit wir ein hinreichend gutes Selbstwertgefühl nicht verlieren. Vorübergehend bewirkt ein Abwehrmechanismus auch eine Entlastung. Die Konflikte werden vertagt, sie werden nicht im Moment erlebt, sondern können zu einem anderen Zeitpunkt aus mehr Distanz erlebt und bearbeitet werden. Ein Problem kann z. B. verdrängt werden und nachts im Traum verfremdet wiederkehren. Das ist der primäre Gewinn, den man aus den Abwehrmechanismen zieht: Man gewinnt zunächst einmal relatives Wohlbefinden statt Qual, und man gewinnt vor allem Zeit. Man könnte dann den Konflikt, in dem ja auch ein Entwicklungsanreiz steckt, nachträglich besser bewältigen.

Es gibt Menschen, die viele differenzierte Abwehrmechanismen entwickelt haben, man nennt dies auch modulierte Abwehrmechanismen: Sie wehren also nicht immer mit dem immer gleichen Mechanismus ab. Es gibt andere Menschen, die verfügen im wesentlichen nur über einen Abwehrmechanismus oder einige wenige Abwehrmechanismen.

Mechanismen heißen diese Funktionen, weil sie reflexhaft angelegt sind und gleichsam automatisch ablaufen. Heute unterscheidet man zwischen intrapsychischen Abwehrmechanismen wie eben zum Beispiel Rationalisierung, Intellektualisierung, Verdrängung, Projektion und psychosozialen Abwehrmechanismen. Letztere werden auch interpersonelle Abwehrmechanismen genannt.[31] Gemeint ist damit, daß ein Abwehrmechanismus nicht nur in der eigenen Psyche wirkt, sondern auch in der Beziehung zu anderen Menschen. Ein Beispiel für einen solchen psychosozialen Abwehrmechanismus ist die Delegation. Aggressivität etwa wird sehr leicht auf die Jugendlichen projiziert. Man sieht dann also bei den Jugendlichen auch Spuren der eigenen Aggressvität. Sie wird nun aber auch noch an die Jugendlichen delegiert: Die Jugendlichen dürfen und müssen dann auch die Aggressivität der Älteren ausagieren. Da man sich aber von Aggressivität schnell bedroht fühlt, reagiert man in der Folge mit Angst vor den Jugendlichen, und mit Angst um die Jugendlichen. Die Jugendlichen werden also nicht bloß als aggressiv wahrgenommen, sondern man bringt sie zudem dazu, agressiv zu reagieren. Das wäre der Abwehrmechanismus der Delegation, der oft auch in Familien abläuft. Es gibt dann oft ein Kind oder ein anderes Familienmitglied, das aggressiv ist und es auch zu sein hat und dieses Thema stellvertretend für die anderen auslebt. Ist das Kind nicht mehr in der Familie, dann wird aus dieser Familie, die vorher überhaupt kein Aggressionsproblem hatte – außer mit diesem Kind – plötzlich eine Familie mit einem Aggressionsproblem.

Neben diesen Abwehrmechanismen gibt es noch die sogenannten psychosomatischen Abwehrmechanismen.[32] Diese verschiedenen Abwehrmechanismen können nicht sauber getrennt werden, sondern überformen sich. So spielen intrapsychische Abwehrmechanismen auch in der Beziehung zu Menschen eine

---

[31] Mentzos Stavros (1982) Neurotische Konfliktverarbeitung, Fischer, Frankfurt/Main, S. 256 ff.
[32] Ebd., S. 67 ff.

Rolle und haben eine psychosoziale oder interpersonale Funktion. Haben diese Abwehrmechanismen eine wichtige Funktion, dann ist auch der Körper mitbeteiligt. Dieser Zusammenhang zwischen intrapsychischen, interpersonalen und körperlichen Vorgängen wird dadurch verdeutlicht, daß Abwehrmechanismen etwas mit einem Konfliktmodell zu tun haben. Intrapsychisch liegen hier zwei Aspekte der Persönlichkeit miteinander in einem Konflikt. Diese intrapsychischen Konflikte sind aber gerade wenn man auch die Objektbeziehungstheorien mit einbezieht, oft Ausdruck von interpersonalen Problemen. Und die Grundlage unserer Identität ist immer der Körper. Alles, was wichtig ist im Leben, wird auch unseren Körper betreffen. Stellen wir Emotionen ins Zentrum des Interesses, sehen wir den Menschen mit seiner Innenwelt, mit seinen Beziehungen zu Mitmenschen und Umwelt, aber auch in Beziehung zu seinem Körper.

Projektion und Dunkelangst

Die Projektion ist ein uns allen bekannter Abwehrmechanismus. Die Projektion ist unter anderem mitverantwortlich dafür, daß Kinder so etwas wie Dunkelangst entwickeln.

Beispiel:
Ein fünfjähriger „normal-aggressiver" Junge wird von seinen Eltern als in letzter Zeit schwierig, als aufsässig und sehr aggressiv bezeichnet. Nach außen erscheint er als ein lustiger, aktiver, warmherziger, einfühlender Bub. Dieser Junge wird plötzlich, sozusagen über Nacht, ganz brav, geht nachts aber nicht mehr aus dem Haus. Daraufhin befragt, warum er nicht mehr aus dem Haus gehe, sagt er: „Da draußen im Dunkeln sind Riesen, sind Marsmenschen, sind Mörder, sind Bären und Wölfe." Deshalb gehe er nicht mehr hinaus. Er ist auch sonst brav geworden. Er hat eine Dunkelangst entwickelt. Zwingen ihn seine Brüder, dennoch bei Dunkelheit vor die Haustüre zu gehen, bekommt er augenblicklich Bauchweh, und es wird ihm schlecht. Was ist geschehen? Er war ein aufsässiges, ein aggressives Kind. Man hat ihn verschiedentlich darauf aufmerksam gemacht, daß er aggressiv

sei. Er hat offenbar eine Wut auf die Eltern, hat sich auch recht feindselig seinen Eltern gegenüber verhalten, meines Erachtens auch deshalb, weil sie ihn, den letzten unter vier Buben, noch immer sehr als Kleinkind behandelt haben. Seine Feindseligkeit hätte also einen Sinn gehabt. Sie hätte den Eltern signalisieren müssen, daß er nicht mehr so klein ist. Die Eltern haben diese Feindseligkeit, Ausdruck von gesunder Trennungsaggression, aber als etwas Böses dargestellt. Dazu kam, daß der Vater in dieser Zeit immer mehr aushäusig wurde. Möglicherweise hat der Junge unbewußt die beiden Dinge miteinander verknüpft. (Der Vater ist immer weniger zu Hause, weil ich so böse bin.) Es muß Abhilfe geschaffen werden, also muß man das Böse verdrängen. Die Aggression, das Bösesein, bewirkt Angst, deshalb muß die Aggression, die Feindseligkeit und das Böse verdrängt werden. Dies alles wird in die nächtliche Außenwelt projiziert. Projektion meint ja das Hinausverlagern unangenehmer Inhalte und Emotionen in die Außenwelt, die dann natürlich feindlich wird. Die nächtliche Außenwelt wird so dämonisiert. Das hat in sich etwas Stimmiges: Das Böse nehmen wir ja auch im Zusammenhang mit Dunkel, dunklen Gedanken und dunklen Machenschaften wahr. Sich orientieren zu können verbinden wir eher mit Helligkeit und mit Klarheit. Die Aufgabe besteht darin, sich auch in der Dunkelheit orientieren zu lernen.

Das Dunkle wird aber zunächst dämonisiert und hinausprojiziert, das Böse ist nun hinausprojiziert in eine anonyme, aggressive Macht: in Riesen, Marsmenschen und Mörder. Dieses Projizieren der aggressiven Anteile in Dämonen kennen wir sehr gut sowohl bei Kindern als auch bei Erwachsenen. Die Kinder erzählen dann in der Regel recht anschaulich, daß sie zum Beispiel ein Krokodil unter dem Bett hätten, oder daß sie befürchten, ein Krokodil unter dem Bett zu haben. Das Krokodil unter dem Bett ist natürlich dem Erleben noch viel näher als die Riesen in der Nacht. Mit diesem Krokodil unter dem Bett muß man sich auch viel eingehender beschäftigen.

Dunkelangst kann man also sehen als Symptom der Abwehr von Feindseligkeit. In diesem Beispiel hätte die Feindseligkeit einen Sinn gehabt: eine Form der altersgemäßen Abgrenzung gegen die Eltern, damit neue Entwicklungen stattfinden können.

Durch die Projektion der feindseligen Gefühle findet eine Entlastung statt; der Junge kann sich sagen: „Ich bin nicht böse. Böse sind die Dämonen, die in der dunkeln Nacht lauern." Aber die Entlastung ist nicht sehr groß, denn jetzt hat er Angst vor der Nacht und vor dem, was in der Nacht alles stattfinden kann. Er hat also nicht mehr Angst vor seiner eigenen Aggression, vor seinem Bösesein, sondern er hat Angst vor der Nacht. Damit stellt sich jedoch auch eine Verzerrung der Wahrnehmung ein, wenn er sich vorstellt, daß sich in der schwarzen Nacht draußen nur Riesen, Marsmenschen und Mörder befinden. Zwar können sich in der schwarzen Nacht auch einmal dunkle Gestalten herumtreiben, aber natürlich nicht nur. Durch die Projektion der Aggression fühlt sich der Bub bedroht durch aggressive Gestalten. Er hat sowohl eine Nachtphobie als auch das angstvolle Gefühl, verfolgt zu werden.

Dunkelangst entsteht dann, wenn wir Dunkles auf die dunkle Außenwelt projizieren. Damit wird die nächtliche Außenwelt dämonisiert. Angst schafft Dämonen, Angst schafft Monster, aber Monster machen natürlich auch Angst. Dennoch: Die Angst wird nicht mehr intrapsychisch und diffus erlebt, die Angst ist zu einer Furcht geworden, mit der man sich auseinandersetzen könnte. Ist die Angst aber zu groß, dann werden diese Situationen nicht angegangen, sondern gemieden: Man wird phobisch, entwickelt eine Furcht vor einer bestimmten Situation, die man nach Möglichkeit meidet. Zudem entsteht eine Spaltung: Sich selbst erlebt man als gut und die Außenwelt als böse. Dunkelangst betrifft nicht nur Kinder, es geht dabei um die Dämonisierung des Unbekannten. Überlegt man sich, was wir alles dämonisieren, und wird man feststellen, wo wir überall Anteile, die uns ängstigen, projizieren. Das geschieht auch auf einer kollektiven Ebene. Wir attestieren zum Beispiel Völkern ganzer Länder, daß sie aggressiv seien, böse Absichten hätten, daß sie nur darauf warteten, uns zu zerstören. Das sind kollektive Projektionen unseres Schattens auf andere Menschen. Solche Projektionen geschehen auch in der Parteienlandschaft oder im Zusammenhang mit Menschen, die eine andere Ansicht haben. Sie führen in eine Konfrontation, nicht zum Dialog. Der Dialog würde es aber ermöglichen, daß wir mit diesen abgespaltenen Seiten von uns zumindest gesprächsweise wieder in Kontakt kämen.

Solche kollektiven Feindprojektionen werden jedoch immer schwieriger durchzuhalten, weil wir so nah zusammenrücken. Wenn zum Beispiel eine Projektion die „Araber" betrifft, dann ist es fast unvermeidlich, daß wir durch unsere Reisegewohnheiten mit Menschen, die zu den Arabern gehören, in Berührung kommen. Wenn wir uns auf sie einlassen, werden wir unsere Projektion nicht aufrecht erhalten können und werden unter Umständen andere suchen, auf die wir unsere Feindbilder projizieren können. Oder wir werden schlicht und einfach das Fremde und Dunkle in unserer eigenen Psyche sehen und akzeptieren müssen und uns damit auseinandersetzen. Sobald wir aufhören, einander zu dämonisieren – und das geschieht ja meistens dann, wenn wir uns besser kennengelernt haben –, können wir diese Feindprojektionen, die unseren Selbstwert stabilisiert haben, nicht mehr aufrecht erhalten.

Feindprojektionen zielen in der Regel auch auf Randgruppen, auch sie tragen unseren dunklen Schatten. Eigentlich müßten wir diesen Gruppen dankbar sein, daß wir auf ihre Kosten unsere Schattenproblematik regulieren können. Über diese Randgruppen können wir schimpfen, uns empören. In dieser Empörung entlasten wir uns von einem enormen Angstpotential. Grundsätzlich gilt: Was wir in die Welt projizieren, begegnet uns dann von außen, bedroht uns allenfalls von dort oder steht zumindest immer noch in einem uns herausfordernden Kontakt zu uns. Wir müssen uns damit auseinandersetzen. Was uns verfolgt, will in der Regel zu uns.

Es sind das natürlich nicht nur die feindseligen Impulse, die wir in die Welt oder in andere Menschen hineinprojizieren. Wenn zum Beispiel in einer Partnerschaft der eine oder die andere oral sehr fordernd ist, also sehr verwöhnt werden möchte, etwa Geborgenheit und Sicherheit in einem Übermaß haben möchte, dies aber aus irgendeiner Überzeugung heraus nicht erlaubt ist, oder wenn diese Person beim anderen mit diesen Ansprüchen aufläuft und damit konkret Ärger auslöst, dann werden diese Wünsche nicht mehr ausgedrückt, sondern projiziert. Meistens werden sie gerade auf den Partner oder die Partnerin projiziert, der ablehnend reagierte, dieser oder diese wird dann als verschlingend und überfordernd erlebt. Dies kennen wir zum Beispiel bei Menschen mit einer depressiven Struktur. Projizieren wir sexuelle Wünsche in die Außenwelt, dann kann das sich bis zu einem Liebeswahn entwickeln, bei dem dann jemand zum Beispiel sagt: „Ich kann gar nicht über die Straße gehen, ohne daß mir so und so viele Menschen begehrlich nachschauen." Nun gilt es aber vorsichtig zu sein. Es gibt natürlich überfordernde Partner und Partnerinnen, und es gibt Menschen, die einen verfolgen, manchmal mit Wohltaten und manchmal mit Übeltaten. Es gibt Menschen, die einem ganz unverhofft Liebesangebote machen und überhaupt nicht hören, daß man nicht bereit ist, darauf einzugehen. Der Umkehrschluß gilt also nicht. Wenn ich den Eindruck habe, daß mein Partner überfordernd ist, dann heißt das noch lange nicht, daß ich selber überfordernd bin und das einfach auf den Partner projiziere. Wenn wir es mit einem überfordernden Partner oder einer überfordernden Partnerin zu tun haben, ist es aber immer sinnvoll, sich selbst zu fragen, ob das eventuell auch mit uns zu tun hat. Wenn wir allerdings davon überzeugt sind, daß unser Partner oder unsere Partnerin überfordernd ist, dann werden wir jederzeit die Belege dafür auch finden. Das ist dann der berühmte Haken, den man sucht, und diesen findet man natürlich immer. Es gibt einen Merksatz für die Projektion, der lautet: Ich hasse dich nicht, du haßt mich. Und der Folgesatz: Ich hasse sowieso nie, oder ich hasse zwar, aber niemals dich. Um so etwas zu sagen, muß man natürlich irgendeinen Anhaltspunkt in der Beziehung dafür finden. Da Anzeichen von geringfügigem Haß, Zurückweisung ziemlich überall vorhanden sein können, kann man diese Anzeichen leicht finden. Auch eine Vernachlässigung, aus welchen Gründen auch immer, kann man bereits als eine Wirkung von Haß interpretieren. Man sucht und findet also einen Haken für die Projektion – und dann gibt es keinen Grund mehr, diese Projektionen zurücknehmen. Denn es ist doch alles so, wie wir es in dieser Situation sehen. Es wäre sinnvoll, die Projektion zurückzunehmen, denn das, was wir projizieren, gehört ja eigentlich zu unserem psychischen System.

In der therapeutischen Situation ist es verhältnismäßig einfach, mit Projektionen umzugehen. Je mehr jemand darauf besteht, daß sein oder ihr Partner eben so und nicht anders ist, um so eher wird man daran denken, daß man es hier mit einer Projektion zu tun hat. Da man diesen Abwehrmechanismus in der Therapie erwartet und auch in Frage stellen kann, kann man darüber sprechen. Im Alltag ist das aber ausgeprochen schwierig. Denn da darf man ja die Angst nicht ansprechen, die hinter der Projektion steckt. Von der Angst her gesehen hilft die Projektion nur vorübergehend. Zwar hat man jetzt nicht mehr vor der eigenen Feindseligkeit Angst, aber man muß jetzt Angst haben vor dem Aggressor oder der Aggressorin außen, und diese Angst ist eigentlich schwieriger zu bewältigen als die primäre Angst es gewesen wäre.

Es wird deutlich: was mich verfolgt, das will eigentlich zu mir, und zwar eben deshalb, weil es schon einmal zu mir gehört hat. Die Frage ist nur: In welcher Art können wir es wieder integrieren?

Die Projektion ist sehr wichtig für die Übertragung in der Therapie. Hätten wir keine Projektionen, könnten wir therapeutisch viel weniger gut arbeiten. Von Übertragung spricht man, wenn Angst auslösende Situationen der Kindheit oder auch des aktuellen Lebens auf die Beziehung zum Analytiker oder zur Analytikerin übertragen werden. Da wird zum Beispiel ein relativ freundlicher Analytiker plötzlich als ganz verschlingender, bösartiger Mensch gesehen. Da kann eine Mischung von Autoriätsübertragung auf der Basis von Erfahrungen mit Eltern und anderen Autoritätsfiguren stattfinden. Sehr oft werden aber ganze Beziehungskonstellationen übertragen. Der Analytiker ist dann ein böser Mensch, dessen Opfer man ist. Der Analysand versucht, den Analytiker zu überzeugen, daß alles wirklich so schrecklich ist. Es ist also keinesfalls so, daß es dem Analysanden oder der Analysandin bewußt wird, daß er oder sie projiziert, oder höchtens in einem sehr späten Stadium der Therapie. Am Anfang einer Therapie hat der Analysand, hat die Analysandin einfach plötzlich das Gefühl, der Analytiker, die Analytikerin ist überhaupt nicht so, wie ich sie ursprünglich gesehen habe, sondern genauso, wie meine Eltern waren, genauso wie mein Professor ist, ich werde in die genau gleichen Schwierigkeiten verwickelt. Es gibt natürlich auch sehr viel schönere Übertragungen. Es werden auch Sehnsuchtsbilder auf Analytiker und Analytikerinnen übertragen, Sehnsuchtsbilder von idealen Müttern, Vätern, Partnern, Kindern usw. Dies ist aber genauso unstimmig, es bleibt die Erfahrung, in eine Rolle hineingepreßt zu werden. Und das ist das Problem der Projektion. Die Projektion ist nicht einfach etwas Intrapsychisches, sondern hat auch eine Wirkung auf den Menschen, auf den sie stattfindet. Wir reagieren auf Projektionen. Macht jemand eine „schöne" Projektion, kann dies im ersten Moment sehr gefallen. Es ist angenehm, wenn einem jemand sagt, daß man so ein gescheiter, charmanter, netter Mensch ist, nie aus der Ruhe zu bringen ist usw. Da man sich selber kennt, weiß man aber schon, daß dies nicht die ganze Wahrheit ist, und je länger diese Form der Projektion andauert, um so mehr bekommt man den Eindruck, nicht wirklich gemeint zu sein. Nun können Projektionen so stark sein, daß man sich innerlich gezwungen fühlt, diese Rolle auch wirklich zu übernehmen, daß man vielleicht gar nicht mehr weiß, ob es eine Projektion ist oder ob dieser Mensch gerade diese Seiten in uns belebt. Projektion ist oft mit Delegation verbunden. In der Projektion bringen wir die Menschen auch dazu, unserer Projektion gemäß zu handeln. In einer anderen Terminologie wäre das das Thema der projektiven Identifizierung, die allerdings auch damit zu tun haben könnte, daß Komplexe sich kollusiv aufspalten.[33]

Die Überformung von intrapsychischen, interpersonalen und psychosomatischen Abwehrmechanismen

Eine Frau, mehr als 20 Jahre verheiratet, gewohnt, alles mit dem Partner gemeinsam zu machen, kommt an einem Reisebüro vorbei und denkt nach einem flüchtigen Blick ins Schaufenster: Diese Reise nach Kenia könnte ich eigentlich einmal für mich alleine buchen. Sie geht dann weiter und sagt sich: Was für ein Unsinn kommt mir in den Sinn? Und sie denkt nicht mehr daran. Erst sehr, sehr viel später erinnert sie sich an diese Episode. Was bedeutet diese Episode? Es bedeutet, daß sie einen Trennungs-

---

[33] Kast Verena (1996) Neid und Eifersucht. Die Herausforderung durch unangenehme Gefühle, Walter, Zürich, S. 103 ff.
Kast, Die Dynamik der Symbole, S. 196 ff.

wunsch hat. Dieser Trennungswunsch muß nicht bedeuten, daß sie sich etwa von ihrem Mann scheiden lassen möchte. Trennungswünsche kommen innerhalb von Beziehungen immer wieder vor, weil wir die Tendenz haben, zu nah zueinander zu kommen und es dann notwendig ist, daß wir uns wieder abgrenzen, uns auf uns selbst besinnen, damit wir wieder mehr wir selbst sind. Als Gegenreaktion rücken wir dann meistens wieder ein wenig näher zusammen. Es ist außerordentlich wichtig in den Beziehungen, die Nähe und die Distanz immer wieder neu zu bestimmen, denn es ist schwierig, die optimale Nähe und optimale Distanz über längere Zeit aufrecht zu erhalten. Trennungsimpulse zu haben, ist also etwas vollkommen Normales und zeigt keineswegs schon an, daß eine Beziehung nicht mehr lebbar ist. Menschen, die Trennungsimpule bei sich selber verdrängen, also aus Angst abwehren, reagieren oft schon bei kleinsten Anzeichen von mehr Distanznahme des Partners oder der Partnerin mit der Angst, daß eine Trennung stattfinden könnte. Diese Angst wird sehr oft mit Projektion abgewehrt, etwa in dem Sinne: Nicht ich will mich trennen, ich trenne mich nie, sondern der Partner, die Partnerin will sich trennen.

Kehren wir zu unserem Beispiel zurück. Der Partner der Frau, die beim Reisebüro vorbeiging, sagte ein paar Tage später auf ihre Bitte hin, mit ihr etwas durchzudiskutieren, er sei heute sehr müde und möchte lieber ein Buch lesen. Daraufhin machte sie ihm eine bedeutendere Szene und sagte unter anderem, sie würde feststellen, daß er zunehmend weniger Interesse an ihr habe. Er habe offensichtlich Trennungswünsche, und solle doch dazu stehen, er solle es doch nicht noch verheimlichen. Sie war für ihre Verhältnisse recht aggressiv, er verdutzt; er wußte nichts von Trennungswünschen. Sie war aber sicher, daß er gerade jetzt welche hatte, und daß er sein Buch ausgerechnet an diesem Abend lesen wollte, sah sie als ganz klares Zeichen dafür. Nun kann man ja auch nachvollziehen, daß es Abende gibt, an denen ein Mann oder eine Frau lieber ein Buch liest, weil er oder sie müde ist, als über irgend etwas zu diskutieren, was möglicherweise in einen Streit ausarten könnte. Ist das nun ein Trennungswunsch? Es ist sicher ein verständlicher Abgrenzungwunsch, vielleicht ein kleiner Trennungswunsch, aber niemals in einem so grundsätzlichen

Sinne. Auf diesen Streit hin reagierte die Frau in den nächsten Tagen und Wochen mit einem ausgesprochenen Anklammerungsverhalten. Sie klammerte sich an ihren Mann, sie kochte seine Lieblingsgerichte sie versuchte, alles mit ihm gemeinsam zu machen. Er fühlte sich dadurch eingeengt, hatte das Gefühl, keine Luft mehr zu bekommen und ging ein paarmal mit Kollegen aus. Sie verstand das wieder im Sinne ihrer Befürchtung, ihr Mann habe Trennungsabsichten. Sie war aber wild entschlossen, alles zu tun, damit es nicht zur Trennung kommen sollte. Er bestand darauf, daß er keine Trennungsfantasien hatte, aber auch darauf, daß mit Kollegen auszugehen ein Menschenrecht sei. Die Auseinandersetzung eskalierte, und die beiden baten um ein therapeutisches Gespräch. Beide waren sie einigermaßen verdutzt, daß in ihrer langjährigen Beziehung in so kurzer Zeit „alles durcheinander kommen konnte".

Von der Frau her ist psychodynamisch einfach zu erklären, was geschehen ist. Sie hat bewußt einen Wunsch nach Trennung, nach mehr Distanz oder nach einer eigenen Unternehmung verspürt. Dieser Wunsch hat Angst ausgelöst, und sie hat ihn deshalb verdrängt. Möglicherweise ist ihr durch diesen Wunsch auch plötzlich bewußt geworden, daß es auch andere Formen von Beziehungen geben könnte als die, die sie so lange mit ihrem Mann gepflegt hatte. Sie hat ihre Abgrenzungsfantasie oder ihre Eigenständigkeitsfantasie als Untreuefantasie interpretiert und diese sofort auf den Mann projiziert. Er ist der, der sich nicht mehr so sehr interessiert für sie, er ist der, der Trennungsfantasien hat, nicht sie. Mit ihrem ganzen Verhalten hat sie ihn auch provoziert, sich entsprechend ihrer Trennungsfantasie zu verhalten. Zunächst hat sie eine verzerrte Wahrnehmung, dann hat sie reagiert, als ob der Mann wirklich wenig interessiert an ihr wäre: Sie legte ein ausgesprochenes Klammerverhalten an den Tag. Schon das weist darauf hin, daß Trennungswünsche abgewehrt werden, und damit hat sie ihn natürlich dazu gebracht, zu fliehen. In der Projektion fantasieren wir, daß der andere Mensch zum Beispiel Trennungsabsichten hat. In der Delegation bringen wir ihn dann auch dazu, diese Trennungsabsichten zu agieren, sich also so zu verhalten, daß es aussieht, als hätte er oder sie Trennungsabsichten. Gerade bei der Projektion ist es sehr deutlich, daß wir das, was wir fantasieren, auch sehr häufig in die Interaktion umsetzen, und daß wir diese Fantasien in der Interaktion auch ausleben. Problematisch daran ist, daß die ursprüngliche Angst vor Trennungswünschen, die auch als schuldhaft erfahren werden, nicht erlebt und auch nicht verarbeitet werden kann.

Als dieses Zusammenwirken herausgearbeitet war, erinnerte sich die Frau an die Reisebüroszene, und zwar deshalb, weil ihr Mann sich immer wieder fragte, warum es denn gerade jener Abend gewesen sei, an dem sie angefangen hätte, ihm Untreue vorzuwerfen, denn es wäre doch in ihrem gemeinsamen Leben oft vorgekommen, daß er darum gebeten hätte, lesen zu dürfen. Er hätte ja dann auch später die Diskussionen nachgeholt. Und da fiel ihr die Szene vor dem Reisebüro-Schaufenster ein. Eine Szene, die sie nicht verstand und die sie erst verstehen lernen mußte auch lernen mußte, daß der Wunsch, einmal allein eine Reise zu machen, ja noch in keiner Weise eine Absage an die gegenwärtige Beziehung ist.

An diesem Beispiel wird deutlich, wie Projektion und Delegation sich überformen. Es gab auch noch psychosomatische Begleiterscheinungen, die Frau entwickelte Schwindelanfälle. In diesem Beispiel hatte der Mann nicht die Absicht, seine Frau zu verlassen. Stellen wir uns aber vor, er hätte die Absicht gehabt, dann läge in diesem Symptom natürlich noch einmal eine Möglichkeit, die Angst vor Trennung in Schach zu halten: Denn einen Menschen, der körperlich krank ist, den kann man doch nicht einfach verlassen. So meinen zumindest viele Menschen. Hier zeigt sich wieder, daß in einem Abwehrverhalten eben auch noch der Körper mitmacht, denn wir Menschen reagieren als eine biopsychosoziale Einheit. [34]

Abwehrmechanismen schützen also vor Verunsicherung, sie schützen unser Selbstwertgefühl. Dabei werden die Konflikte vertagt, das heißt, man kann ein Problem erst dann lösen, wenn man vom Ich her auch bereit ist, es zu lösen. Versucht man in therapeutischen Gesprächen solche Abwehrmechanismen zu verunmöglichen, indem man zum Beispiel den Analysanden ständig

---

[34] von Uexküll Thure (1986) Psychosomatische Medizin, Urban und Schwarzenberg, München, Wien, Baltimore

deutend zu verstehen gibt, daß sie jetzt zu einem Abwehrmechanismus greifen, dann schafft man damit sehr viel Angst. Kann das Ich diese Angst nicht aushalten, dann kann eine Dekompensation eintreten und ein Mensch total verwirrt werden, wobei im besten Fall aus dieser Verwirrung heraus auch eine Neuorientierung möglich ist. Man geht aber davon aus, daß eine Abwehr, wenn sie stattfindet, eben auch notwendig ist. Und das ist ein Grund, warum man zum Beispiel in der Jungschen Psychologie „mit der Abwehr geht": Man spricht die Abwehr zwar einmal an, wird sie aber weiterverwendet, dann akzeptiert man, daß der Mensch diese Form der Abwehr im Moment braucht und daß das, was abgewehrt wird, im Moment zu gefährlich für ihn ist. Versuchen wir diese Abwehrmechanismen zu konfrontieren, dann wird die Abwehr immer mehr verstärkt. Das korrespondiert mit der Einsicht, daß es gewisse Probleme gibt, die man sich eben erst dann eingestehen kann, wenn man eine gewisse Stärke und eine gewisse Souveränität erreicht hat. Wird einem aber deutlich gesagt, daß man jetzt offenbar diese Abwehr brauche, um einem Problem auszuweichen, dann hat man im Moment weder Stärke noch Souveränität.

Der sekundäre Gewinn aus den Abwehrmechanismen

Abwehrmechanismen haben noch einen zweiten Aspekt. Wir können einen sekundären Gewinn aus ihnen ziehen, indem wir aus dem Gebrauch unserer bevorzugten Abwehrmechanismen eine Ideologie machen und sie dabei idealisieren. Stellen wir uns zum Beispiel Menschen vor, die mit dem Abwehrmechanismus des Rationalisierens die Emotion, die mit einer Episode verbunden ist, abspalten können, oder die aus jedem gefühlsmäßigem Erleben ein „Gesetz" herausarbeiten und so von Gefühlen als solchen wenig berührt sind.

Ich möchte dies an einem Beispiel verdeutlichen: Da steht ein Mensch, der tobt und sagt: „Wenn du mich verläßt, zerstört mich das. Und das Schlimmste ist, ich selber kann gar nicht gehen, weil ich an dich gebunden bin. Du verstellst mir aber das Leben, ich möchte gehen, aber ich will auch bei dir bleiben..." Da drückt ein Mensch sehr emotional die Gefühle über eine sehr ambivalent er-

lebte Beziehung aus. Wenn dieser Mensch nun einem rationalisie-
renden und intellektualisierenden Menschen gegenüber steht,
dann wird der oder die ganz überlegen sagen: „Was du da äußerst,
das ist Ambivalenz, und das gehört zu einer Trennungsphase. Das
hat zu tun mit der Annäherungskrise und Trennung." Eine solche
Entgegnung würde dann für den emotional betroffenen Menschen
bedeuten, daß er oder sie sich ganz und gar nicht verstanden fühlt.
Der, der rationalisiert oder intellektualisiert, kann aber seine Haltung ideologisieren und idealisieren und z. B. sagen: „Es ist unmöglich, mit dir zu sprechen, du bist immer so emotional. Ich aber
bin ruhig, ich habe die Sache im Blick, ich kann die ganze Sache
sehen wie sie ist, ich verliere nie den Überblick, ich seh das cool,
ich kann's noch überblicken und das ist ja bekanntlich gut." Das
wäre jetzt sowohl eine Idealisierung als auch eine Ideologisierung
von Abwehrmechanismen. Es wird damit ausgedrückt, daß die
Kontrolle der Emotionen durch bestimmte Abwehrmechanismen,
die vor allem auch gesellschaftlich als Wert dargestellt werden,
wertvoller und das daraus erfolgende Verhalten besser ist. Selbstverständlich geht es dabei auch darum, sich selbst und das eigene
Verhalten zu idealisieren. Daß damit Angst abgewehrt wird, davon ist eigentlich keine Rede. Ist nun aber eine derartige Ideologie
idealisiert, dann fällt es niemandem ein, noch nach der Angst zu
fragen und diese Ideologisierung damit zu hinterfragen.

Die Prägesituationen für die Angstentwicklung

*Selbstwerden und Trennungsangst – die Separations-
Individuationsphase*

Bei der Projektion von Ängstigendem ist deutlich geworden, daß
damit auch eine Spaltung hervorgerufen wird: Das Böse, das Ängstigende ist dann außen, bedrohlich, das Nicht-Böse ist innen –
aber bedroht. Diese Spaltung findet man ebenfalls in dem Entwicklungsabschnitt, den Margret Mahler[35] als Separations-Indi-

---

[35] Mahler Margret, Pine Fred, Bergman Anni (1978) Die psychische Geburt
des Menschen. Symbiose und Individuation, Fischer, Frankfurt/Main

viduations-Phase beschrieben hat. Dieser Entwicklungsabschnitt ist für Angst und Angstentwicklung ausgesprochen wichtig. Dabei geht es um das Thema der Loslösung von der Beziehungsperson und um das eigenene Selbstwerden, um das Verhältnis von Lust an der Autonomie, die sich vor allem in Expansion ausdrückt, und der Trennungsangst. Es handelt sich um einen wichtigen Trennungsprozeß, in unserem Leben. Dieser wird von Mahler als der erste Trennungsprozeß dargestellt, was sicher so nicht stimmt, aber es ist ein sehr wichtiger Trennungsprozeß an dem die Dynamik von Trennung und Bindung exemplarisch gesehen werden kann. Mahler siedelt die Separations-Individuationsphase zwischen dem 6. und 36. Monat an. Dieser Trennungsprozeß von der Beziehungsperson und der damit verbundene Prozeß des Selbstwerdens dauert also seine Zeit.

Daß das Thema von Angst und Angstentwicklung in diesem Zusammenhang so sehr wichtig ist, wurde vor allem von Karl König hervorgehoben und studiert.[36] Diese Sicht korrespondiert auch mit den Ergebnissen der neueren Emotionsforschung. Danach taucht die Emotion Furcht in der zweiten Hälfte des ersten Lebensjahres auf.[37]

Der Prozeß von Separation und Individuation ist in verschiedene Phasen unterteilt. Die erste Phase ist die sogenannte Differenzierungsphase, die von Mahler und Mitarbeiterinnen und Mitarbeitern für das Alter von einem halben bis zu einem Jahr angesetzt wird und in der Angst kaum ein Thema ist, außer der Acht-Monatsangst oder der Fremdenfurcht, die aber nicht eigentlich mit Ablösung zu tun hat, sondern mit der Enttäuschung des Kindes, die Beziehungspersonen nicht sehen zu können. Die Säuglinge, die zuvor noch vor allem auf Aufnehmen hin angelegt waren, nehmen sich plötzlich selber etwas, sie werden aus-greifend, sie werden zu-greifend, vor allem auch mit dem Mund. Ihr Saugen kann sich nun ausdehnen auf die Welt. Die Expansion geht zunächst über den Mund, aber auch über die Hand. Und es

---

[36] König Karl (1981) Angst und Persönlichkeit. Das Konzept und seine Anwendungen vom steuernden Objekt, Verlag für Medizinische Psychologie, Vandenhoeck und Ruprecht, Göttingen, S. 26 ff.
[37] Kruse, Emotionsentwicklung, S. 20

geht vor allem um die Erfahrung, sich auch etwas nehmen zu können und nicht einfach darauf angewiesen zu sein, daß man etwas bekommt. Dazu gehört auch die zunehmende motorische Bewegungsfähigkeit und Bewegungsfreude. Diese Phase ist noch keine Trennungsphase, es ist eine Phase der Differenzierung, in der ein Spektrum von neuen Beziehungsmöglichkeiten ausprobiert wird.

Dieser Differenzierungsphase folgt eine sogenannte Übungsphase von ungefähr einem Jahr bis zu 17 Monaten. Da wird dann experimentiert, das Kind übt, sich von der Beziehungsperson zu entfernen. Das Thema Gesehenwerden und Nichtgesehen-Werden, Hinsehen und Wegsehen wird wichtig. Die Beziehungsperson als sichere Basis, auf die man sich immer wieder rückbeziehen kann, ist sehr wichtig.

Ein erster großer Schritt hin zur Autonomie wird gemacht, und sobald das Thema Autonomie auf den Plan kommt, taucht auch das Thema der Angst auf. Angst und Autonomie stehen miteinander in direkter Beziehung. In dieser Übungsphase wird der Anfang einer Entwicklung zur Selbständigkeit sichtbar. Die Beziehungsperson wird für einen Moment „vergessen", das Kind genießt es, sich allein in die Welt hineinzubewegen, und dann geht das Kind wieder zu der Beziehungsperson zurück, läßt sich in den Arm nehmen, verständigt sich darüber, wie toll ängstigend die Welt doch ist, und was für eine Heldentat es vollbracht hat. Vom 18. bis 24. Monat erfolgt dann nach Mahler wieder eine Annäherung an die Beziehungsperson, und darauf folgt die Wiederannährungskrise. Die Phase von der Wiederannäherung und der Wiederannäherungskrise sind nun besonders wichtig, weil hier deutlich eine Zunahme von Angst beim Kind auszumachen ist, und weil hier auch der Beginn der Spaltungen (gut – böse) angenommen wird. Wiederannäherung meint, daß das lustige autonome Kind, das in die Welt hinausgestürmt ist, plötzlich wieder am Rockzipfel der Mutter hängt, dabei aber nicht etwa zufrieden ist, sondern unzufrieden und mit mehr Stimmungsschwankungen als zuvor. Alles, was das Kind jetzt macht, muß von den Beziehungspersonen gesehen, das Erleben muß in einem hohen Maße geteilt werden. Man nimmt an, daß durch die emotionale Reife hier ein erstes bewußtes Trennungs- und Verlusterlebnis eingetreten ist, und daß das Kind wieder auf die Ebene der Kernbezogenheit regrediert, also sich körperlich noch einmal vergewissern will, daß bei der Beziehungsperson alles noch „wie früher" ist. Da die Wiederannäherungsphase zuviel Nähe, aber auch eine Regression auf eine frühere Entwicklungsstufe bewirkt, erfolgt darauf wiederum ein entschiedener Trennungsschritt.

Das Spalten in gut und böse wird als Begleiterscheinung dieses ersten bewußten Trennungs- und Verlusterlebnisses gesehen. Das Kind erlebt einen Widerspruch zwischen seinem Wunsch nach Autonomie, dem Wunsch, die Beziehungsperson auch immer einmal zu verlassen, und dem Wunsch, bei der Beziehungsperson zu bleiben. Es erlebt natürlich auch, daß wenn es autonom sein möchte, es Mißerfolge in Kauf nehmn muß – diese Ausflüge in die Welt enden ja nicht selten in peinlichen Situationen, aus denen das Kind gerettet werden muß –, und es erlebt natürlich auch, daß die Beziehungsperson auch durchaus ärgerlich auf das Weggehen reagieren kann, also zu einem enttäuschten, „bösen" Menschen wird. Möchte das Kind nun zurückkommen, dann muß die Beziehungsperson gut sein und sich bedingungslos freuen, damit es sich wieder auf sie verlassen kann. Das ist der Zwiespalt, in dem sich das Kind befindet, oder zumindest stellt man sich das so vor. Da für das Kind die Beziehungsperson alles Gute verkörpert, möchte es sich dieses Gute erhalten und sie nicht verlassen. Vom Entwicklungsdrang bzw. vom eigenen Individuationsdrang her, der ja im Laufe eines Lebens immer Selbständigkeit und mehr Autonomie will, muß die Beziehungsperson aber als auch „böse" gesehen werden, damit das Kind überhaupt wegkommt.

Dieses Dilemma wiederholt sich bei späteren Trennungsphasen immer wieder, also zum Beispiel auch in der Adoleszenz. So kann ein 12jähriges Mädchen von einer Woche zur anderen sagen: „Bis vor einer Woche glaubte ich, meine Mutter sei eine ganz liebevolle Frau, aber jetzt habe ich herausgefunden, daß sie eine ganz bösartige Hexe ist." Das Mädchen, das außerordentlich stark an die Mutter gebunden ist, projiziert die Trennungsaggression, die sie als „böse" erlebt, auf die Mutter. Deshalb kann sie sich jetzt auch trennen, denn von einer bösen Mutter kann man sich trennen.

In der späteren Separations-Individuationsphase stellt sich zudem die Entwicklungsnotwendigkeit, eine gut-böse Beziehungsperson zu internalisieren und so zu erleben, daß alle Menschen gut und böse, und damit auch zu akzeptieren sind, also auch das Kind selber. Und das heißt auf der Verhaltensebene, daß es die Freiheit hat zu bleiben, aber auch zu gehen und wieder zurückzukommen. Und wenn Menschen gut und böse sind, dann kann man sich auf sie verlassen, auch wenn man sie verläßt. Diese Erfahrung und Gewißheit sollte nach Mahler im 2. und 3. Lebensjahr gemacht werden, nach Stern ist diese Integration von Gut und Böse schon immer im Kind vorhanden, und erst unter emotionalem Druck gibt es die Spaltung in Gut und Böse.[38] Er hält diese Kategorisierung von Gut und Böse für eine Kategorisierung höherer Ordnung, die eigentlich erst mit dem Spracherwerb möglich wird. Das leuchtet ein: Bestimmt macht ein Säugling von Anfang an lustvolle und unlustvolle Erfahrungen. Es ist also durchaus denkbar, daß die Beziehungspersonen, angenommen sie kümmern sich gut um das Kind, von Anfang an als „gut-böse" Beziehungspersonen in der Psyche des Kindes internalisiert sind. Es ist aber auch denkbar, daß unter dem Druck des Lebensthemas: Selbständigkeit versus Abhängigkeit in der Tat eine Spaltung einsetzt und unter diesen neuen Bedingungen die „gut-böse" Beziehungsperson wieder integriert werden muß. Gut-böse könnte man auch spezifizieren: „gut" könnte in dieser Phase „sicher" heißen, „böse" angsterregend, gefährlich.

Sichtbar wird die Entwicklung zur Eigenständigkeit und der damit verbundenen Internalisierung der gut-bösen Beziehungsperson daran, daß die Abwesenheit der Mutter nicht mehr einfach mit Wut und Ärger beantwortet wird. Sie ist also nicht mehr einfach eine böse Mutter. Wenn die Mutter zeitweilig nicht da ist, kann ein Symbol der Mutter diese zumindest kurzzeitig ersetzen. Das ist dann ein sogenanntes Übergangsobjekt.[39] Es ist oft ein Teddybär, der sowohl die Mutter als auch die Beziehung zur Mutter symbolisiert. Dadurch ist die Mutter nicht mehr einfach die,

---

[38] Stern Daniel N. (1992) Die Lebenserfahrung des Säuglings, Klett-Cotta, Stuttgart, S. 346–352
[39] Winnicott Donald W. (1979) Vom Spiel zur Kreativität, Klett-Cotta, Stuttgart, S. 10ff.

die einen verläßt, sie ist also nicht mehr einfach nur böse und auch nicht mehr einfach nur gut. Übergangsobjekte stabilisieren also das Erleben von Objektkonstanz. Das ist aber nur dann möglich, wenn die Beziehungsperson auch wirklich lebendig in der Psyche des Kindes repräsentiert ist. Psychotherapeutische Konzepte postulieren immer wieder, daß wenn man nicht symbolisieren, also nicht intrapsychisch einen Menschen oder die Beziehung zu ihm oder zu ihr in der Fantasie am Leben erhalten kann, es im Grunde genommen auch nicht gelingt, gute und böse Bilder zusammenzubringen. Dann muß man spalten. Damit wird das Leben dann immer gut oder böse, die Menschen sind gut oder böse, man selbst ist gut oder böse. Gelingt es, eine Gut-böse-Gestalt oder mehrere Gut-böse-Gestalten sozusagen als innere Begleiter oder Begleiterinnen zu gewinnen, dann heißt das im Grunde genommen, daß ein Kind davon überzeugt ist, nicht im Stich gelassen zu werden, sogar auch selber für sich sorgen zu können, nicht mehr einfach ausschließlich angewiesen zu sein auf Beziehungspersonen. Es weiß, wie es sich einigermaßen mit Gefährdungen auseinandersetzen kann. Die Integration von gut und böse, das Wissen darum, daß dieselbe Person Befriedigung und Tröstung, aber auch Verwirrung und Verunsicherung bringen kann, führt dann zu der sogenannten Objektkonstanz. Werden Kinder durch Beziehungspersonen daran gehindert, die Schritte in die Welt hinaus in einer guten Weise zu tun, dann werden sie eine schlechte Objektkonstanz entwickeln.

Entwicklung von Autonomie und Beziehungsfähigkeit – die Bedeutung der Objektkonstanz

Der Ausdruck Objektkonstanz stammt von Hartmann[40]. Nur auf den ersten Blick ist das ein einfacher Begriff. Hartmann spricht dann von Objektkonstanz, wenn eine konstante psychische Repräsentanz, das heißt eine konstant zugängliche, abrufbare intrapsychische Vorstellung von der Beziehungsperson vorhanden ist.

---

[40] Hartmann Heinz, (1972) Ich-Psychologie. Studien zur psychoanalytischen Theorie, Klett, Stuttgart

Dies bedeutet, konstant zu wissen, daß es diese Beziehungsperson gibt und im Zusammenhang mit dieser Beziehungsperson die hauptsächlichen Gefühle, die in der Beziehung erlebbar sind, reproduzieren zu können, auch wenn diese Person nicht anwesend ist. Dies heißt weiter, daß die hauptsächlichen Gefühle auch dann reproduziert werden können, wenn gerade ein entgegengesetztes Gefühl vorherrscht, wenn etwa Wut auf die Beziehungsperson vorhanden ist: Es ist dann einigermaßen bewußt, daß dies nicht das durchgängige Gefühl ist, sondern daß es auch andere Gefühle gibt. Diese Beziehungsperson wäre also in der Fantasie präsent, und zwar unabhängig vom Bedürfniszustand des Kindes. Die Beziehungsperson wird so als eigenständige Person gesehen, nicht nur in der Gestalt der mütterlichen Bedürfnisbefriedigung. Diese Objektkonstanz erreicht ein Kind dadurch, daß es in den Zeiten, in denen die Mutter anwesend ist, jeweils das Mutterbild internalisiert. Bei dieser Internalisierung helfen unter anderem auch die sogenannten Übergangsobjekte. Dieses internalisierte gute Mutterbild oder das gute Bild einer Beziehungsperson bewirkt aber auch, daß das Kind das Gefühl entwickelt, für sich auch selber sorgen zu können. Gute Beziehungspersonen, schlechte Beziehungspersonen, gute Bilder dieser Beziehungspersonen, schlechte Bilder dieser Beziehungspersonen sind in einem Zusammenhang zu sehen.

Im Entwicklingsprozeß muß man lernen, Frustation zu ertragen, man muß lernen, daß es Situationen gibt, in denen es einem sehr gut geht, daß es aber auch andere gibt, in den man etwa Hunger hat oder die sonst in irgendeiner Weise unangenehm sind. Die Bilder von einer guten Beziehungsperson und einer schlechten Beziehungsperson zusammenzubringen würde heißen, daß das Ich weiß, daß es gute Situationen, daß es schlechte Situationen gibt. In einer schlechten Lebenssituation nicht die Erinnerung an die guten Situationen zu verlieren – und umgekehrt –, ist eine Form der Objektkonstanz. Objektkonstanz heißt also auch zu wissen, daß es Beziehungspersonen gibt, auch wenn sie nicht da sind, entweder weil sie tatsächlich abwesend sind oder weil sie sich unserer Vorstellung nach nicht so verhalten, wie wir es gerne hätten. Wenn wir Trennungsaggressionen haben, dann projizieren wir diese auf die anderen Menschen, und diese sind für uns dann lästig oder böse. Wenn aber eine Objektkonstanz vorhanden ist, dann wissen wir, daß wir diesen Menschen jetzt gerade vor Wut in der Luft zerreißen könnten, daß wir ihn oder sie aber auch lieben. Wir wissen, daß jeder Mensch sowohl gut als auch böse ist. Wenn ich den guten Menschen für einen Moment verliere, dann ist das nicht ein Totalverlust und muß nicht ungeheuer viel Angst auslösen. Anders herum: Haben wir keine Objektkonstanz, so löst ein Mensch, der mit uns nicht einverstanden ist oder ablehnend reagiert, das Gefühl aus, diesen Menschen ganz und gar verloren zu haben, für immer und ewig. Wir reagieren also mit dem Gefühl eines Totalverlustes. Das ist besonders in Hinblick auf das Problem der Angst von Nähe und Distanz wichtig.

Wer keine Objektkonstanz herstellen kann, wird das Bedürfnis nach diesen Beziehungspersonen nie in sich befriedigen können, da das Bedürfnis nach Beziehungspersonen an reale Mütter, Väter, Geschwister oder eben deren Substitute gebunden ist. Menschen, die große Angstprobleme haben, möchten in ihrer Situation eine reale Mutter haben. Erinnert man sie an die mütterlichen Seiten in ihnen selbst oder schlägt vor, sich Räume zu suchen, die eine mütterliche Atmosphäre haben, oder selber zu schauen, welche Situationen das Gefühl der Geborgenheit vermitteln, welche Bilder in der Seele aufsteigen, die ein gewisses Geborgenheitsgefühl geben können, dann können sie mit solchen Hinweisen überhaupt nichts anfangen. Für sie muß alles ganz konkret und real sein. Die Problematik bei fehlender oder schlechter Objektkonstanz ist also, daß das Mütterliche nicht als eine bestimmte Qualität gesucht und empfunden werden kann, sondern mit einer konkreten realen Mutterperson verbunden bleibt, allenfalls auf mütterliche Frauen übertragen wird. Bei Männern könnte dies in einer Mutterübertragung auf die Partnerin stattfinden. Die Partnerin muß dann diese anfängliche Mutter sein und wird dann auch entsprechend so behandelt, auch im Sinne der Bedürfnisbefriedigung.

Die Frage, wie diese Beziehungspersonen internalisiert werden, könnte man mit dem Konzept der „generalisierten Interaktionsrepräsentationen", den sogenannten RIGs (Representations of Interactions that have been Generalized; RIGs)[41] von Daniel Stern, der die Entwicklung der Säuglinge beobachtend erforscht, erklä-

---

[41] Stern, S. 143 ff

ren. Stern geht bei der Erklärung der RIGs vom „Episodengedächtnis"[42] aus, das Tulving beschrieben hat, Episodengedächtnis verstanden als Erinnerung an reale Erlebnisse und Erfahrungen. Diese erinnerten Episoden können ganz banale Alltagsereignisse betreffen, etwa das Frühstücken, oder aber auch wichtige emotionale Ereignisse, etwa unsere Reaktion auf die Nachricht der Geburt eines Kindes usw. Im Episodengedächtnis sind Handlungen, Emotionen, Wahrnehmungen usw. erinnert als an sich unteilbare Einheit, wobei man natürlich auf die einzelnen Aspekte, etwa die Emotion, fokussieren kann. Treten nun vergleichbare Episoden immer wieder auf – z. B. Brust, Milch, Sättigung – so werden diese Episoden generalisiert, das heißt, das Kind erwartet, daß sich auch in Zukunft diese Episode in dieser Art einstellen wird. Diese generalisierte Episode ist nicht mehr eine spezifische Erinnerung: Sie „enthält vielfältige spezifische Erinnerungen ... Sie stellt eine Struktur des wahrscheinlichen Ereignisverlaufs dar, die auf durchschnittlichen Erwartungen beruht."[43] Dadurch werden natürlich auch Erwartungen geweckt, die enttäuscht werden können. Diese RIGs entstehen nach Stern aus allen Interaktionen zwischen dem kindlichen Selbst und einem „bedeutenden Anderen". Sie sind für ihn Grundeinheiten der Repräsentation des Kern-Selbst und vermitteln dem Säugling das Gefühl, ein zusammenhängendes Kern-Selbst zu haben, was wiederum die Grundlage des Identitätserlebens ist. Werden nun einzelne Aspekte dieser RIGs in der Erinnerung belebt, dann werden diese „Anderen" im Sinne von inneren Gefährtinnen und Gefährten auch evoziert. Diese inneren Gefährtinnen und Gefährten müssen nun nicht nur steuernd sein im Umgang mit Weltbewältigung und Angst, sie sind dies aber auch, insbesondere sind sie auch Hilfe im Umgang mit Erregung. Fehlende Objektkonstanz würde in den Konzepten von Stern daher stammen, daß diese RIGs vor allem generalisierte Erfahrungen von einer unzuverlässigen Beziehungsperson wären. In der Jungschen Psychologie würde man in diesem Zusammenhang von einem ursprünglich negativen Mutterkomplex sprechen.[44]

---

[42] Tulving (1972) zitiert bei Stern, ebd.
[43] Stern, S. 142
[44] Kast, Vater – Töchter, S. 197 ff.

Komplexe in der Jungschen Psychologie sind Generalisierungen von konflikthaften Beziehungserfahrungen, die sich vor allem durch einen bestimmten Affekt auszeichnen. In diesen Beziehungserfahrungen gibt es immer das „Ich und den Andern". Es besteht eine große Ähnlichkeit zwischen den RIGs und den Komplexen, wobei es sich bei den Komplexen mehrheitlich um schwierige Lebenserfahrungen handelt. Sie bestimmen die Organisation von Erfahrung, die später auch auf neue Lebenssituationen übertragen wird, vor allem mit den damit verbundenen Affekten. [45]

Komplexe sind Energiezentren, die um einen affektbetonten Bedeutungskern aufgebaut wurden und werden. Jedes vergleichbare Erlebnis wird in der Folge im Sinne des Komplexes gedeutet und verstärkt den Komplex, das heißt, die Emotion, die diesen Komplex auszeichnet, wird verstärkt. [46] In der Folge werden immer mehr Lebensereignisse komplexhaft eingebunden und erlebt.

Die Komplexe bezeichnen die krisenanfälligen Stellen im Individuum. Als Energiezentren machen sie die Aktivität des psychischen Lebens aus. Sie bewirken einerseits eine Hemmung des Lebens dadurch, daß der Mensch emotional in stereotyper Weise überreagiert, nicht der aktuellen Situation angemessen, sondern mit einem lebensgeschichtlichen Überhang. Durch die Abwehr dieser Emotion entstehen stereotype Verhaltens- und Erlebensweisen. In den Komplexen liegen aber auch Keime neuer Lebensmöglichkeiten. [47] Der Komplex wird heute mehr als zu Zeiten Jungs als ein Ergebnis eines interaktionellen Prozesses aufgefaßt. Basierend auf der Entstehungshypothese von Jung, der Komplex „gehe offenbar hervor aus dem Zusammenstoß einer Anpassungsforderung mit der besonderen und hinsichtlich der Forderung ungeeigneten Beschaffenheit des Individuums" [48] wird argumentiert, diese Anpassungsforderung könne eigentlich nur von einer

---

[45] Kast, Dynamik der Symbole, S. 196ff., Vater – Töchter, S. 37ff.
[46] Vgl. Jung, Carl Gustav, Über die Psychologie der Dementia Praecox, besonders das Kapitel: Der gefühlsbetonte Komplex und seine allgemeinen Wirkungen auf die Psyche, in: GW 3, Par. 77–106.
und Kast, Dynamik der Symbole, S. 44ff.
[47] Jung Carl Gustav, Allgemeines zur Komplextheorie, in: GW 8, Par. 210
[48] Jung Carl Gustav, Psychologische Typen, in: GW 6, Par. 991

oder mehreren Bezugspersonen ausgehen, so daß in unseren Komplexen die schwierigen Beziehungsmuster unserer Kindheit und unseres späteren Lebens abgebildet sind samt den damit verbundenen Affekten und stereotypen Verhaltensweisen beziehungsweise Abwehrstrategien. In den Komplexen sind deshalb immer die Beziehungspersonen abgebildet und das jeweilige Ich, das mit dieser Beziehungsperson in einer meist schwierigen Beziehung gestanden hat.

Fehlende Internalisierungen und die damit verbundene fehlende oder schwache Objektkonstanz haben psychologisch weitreichende Konsequenzen. Betroffen ist das Vertrauen zu Menschen: Dazu gehören Konzepte wie Urvertrauen, Urmißtrauen. Betroffen ist auch das Vertrauen zu sich selbst: vertrauen zu können auf Hilfe von innen: Kann man die kreativen Bilder des Unbewußten aufnehmen, falls sie überhaupt vorhanden bzw. wahrnehmbar sind, oder muß man ihnen mißtrauen? Sie haben Einfluß darauf, ob wir eine Ich-Selbst-Achse etablieren können, ob wir ein sicheres Gefühl der Identität haben und damit auch in einen Individuationsprozeß eintreten können; ob wir autonom werden können und gleichzeitig eine Verbindung zu einem Gut-Bösen-Selbst aufrecht erhalten können. Auf einer viel pragmatischeren Ebene wirkt dies alles zurück auf die Akzeptanz von Schattenaspekten bei sich selbst und bei anderen. Denn ohne Objektkonstanz beurteilen und erleben wir entweder alles ganz gut oder ganz böse. Sind wir aber ganz böse, dann sind wir ein Nichts, fühlen uns total bedroht, dann können alle Leute alles mit einem machen. Das ist Zustand der größten Verzweiflung und Hilflosigkeit. All diese Implikationen sind verbunden mit der nicht hinreichenden oder fehlenden Objektkonstanz.

Nun geht die Psychologie vom Ideal einer totalen Ich- und Objektkonstanz aus, und das ist wohl nicht richtig. Wir wissen für uns selber sehr wohl, daß von Zeit zu Zeit der reale Mensch konkret wieder einmal erfahrbar sein muß, damit wir nicht das Gefühl von Verlust erleben und in diesem Zusammenhang leicht in Versuchung geraten, den Menschen, den wir real oder vermeintlich verloren haben, zu entwerten, ihn oder sie als „böse" zu bezeichnen oder ihn oder sie einfach zu vergessen. Trennung verunsichert uns, Trennung schafft Angst, und der Mensch, der sich trennt, ist eben der, der unser gutes Lebensgefühl bedroht. Deshalb bekommt er auch die Projektion des Bösen ab. Hat uns zum Beispiel jemand bösartig verlassen, dann ist ein Mensch, den wir 15 Jahre geliebt haben, zum Beispiel plötzlich nur noch böse. Wird man darauf hingewiesen, daß man diesen Menschen ja auch einmal geliebt hat, dann erklärt man das als die Vernarrtheit der Liebe. Erst ein langer Trauerprozeß bringt es mit sich, daß man wieder akzeptieren kann, daß dieser Mensch gut und böse war und daß man auch selber nicht etwa nur gut, sondern auch gut und böse ist. Der Sinn des Spaltens und der Verfügung über beide Teile der Spaltung auf der Entwicklungsstufe der Übungsphase wäre es also, dem Kind das Autonomiestreben zu erleichtern, das Kind könnte dann weggehen von der Beziehungsperson und wieder zu dieser zurückkommen. Es könnte also Abhängigkeit und Geborgenheit erleben ohne große Angst, daß diese mit einem Autonomieverlust bezahlt werden muß. Deshalb ist diese Wiederannäherungsphase, in der aus der bösen Mutter plötzlich wieder eine gute Mutter wird, auch so wichtig. Sie spielt auch für das Entstehen von Angst eine bedeutende Rolle. Für die Beziehungsperson ist diese Situation nicht ganz einfach, denn sie ist ja meistens glücklich darüber, daß das Kind nun endlich ein wenig selbständiger ist, und kaum ist es ein bißchen selbständiger, hängt es plötzlich wieder weinerlich am Rockzipfel, und man muß sich ständig mit ihm beschäftigen, und es hat noch mehr Angst als zuvor. Eine gutes Umgehen mit dem Kind in dieser Phase zeigt sich darin, daß die Beziehungsperson verfügbar bleibt, das Kind aufnimmt, auch in seinem Bedürfnis, noch frühkindlichere Beziehungsformen aufrecht zu erhalten, das Kind aber auch in keiner Weise zurückhält, wenn es wieder autonome Intentionen zeigt. Autonomie und Beziehung muß möglich sein, soll Leben gelingen.

Angst entsteht in diesem Zwiespalt zwischen Dazugehören-Wollen, vielleicht sogar ein Teil von einem anderen Menschen sein zu wollen und der Notwendigkeit, sich zu trennen, selbständig zu werden, sich abzugrenzen, letztlich sich binden zu wollen oder anders gesagt: im Dilemma zwischen Symbiose und Individuation. Diese zwei Aspekte der Angstentstehung wurden auch von den beiden großen Tiefenpsychologen gesehen. Der späte

Freud sah als Quelle der Angst vor allem die verschiedenen Trennungen.[49]

Er geht davon aus, daß Menschen eigentlich immer dazugehören möchten, sich binden möchten und alle Angst letzlich daher kommt, daß wir uns auch ständig trennen müssen. Das muß man sich aber nicht nur von Beziehungen her denken, sondern das betrifft auch das Sich-Trennen von Selbstbildern usw. Der Verlust von Zuneigung, der Verlust von Zugehörigkeit, der Verlust von Vertrauen, weil andere Menschen zum Beispiel neidisch reagieren, das alles kann man unter Trennungsangst subsumieren.

Jung sagt in seinem prägnantesten Satz zu Angst: „Der junge Persönlichkeitsteil, der am Leben verhindert und zurückgehalten wird, erzeugt Angst und verwandelt sich in Angst."[50]

Er sieht also mehr den Aspekt der Individuation, der Selbstwerdung, der Entwicklung zu mehr Autonomie. Wenn der junge Persönlichkeitsteil, der immer auch in uns lebt, nicht altersgemäß leben kann und zurückgehalten wird, wird Angst erzeugt. Bei Jung steht also mehr die Angst vor Selbstverlust im Zentrum, bei Freud mehr die Angst vor Liebesverlust. Beides gehört aber eigentlich unteilbar zusammen. Angst vor Liebesverlust und Angst vor Selbstverlust sind zwei Seiten der gleichen Medaille. Angst vor Trennung und Angst davor, nicht selbständig zu werden, gehören zusammen. Auch wenn eine erste Trennung im Leben des Kindes gut bestanden ist, geht es aber nie darum, daß man nur selbständig wird, sondern beides muß im Leben seinen Platz haben: Abhängigkeit und Selbständigkeit, Dableiben und Weggehen, Gehorsam und Eigeninitative. Herrschen in dieser Situation schlechte Bedingungen für ein Kind vor, dann kann es spalten und entweder die Selbständigkeit vermeiden oder die Flucht nach vorne in die Selbständigkeit antreten. Es bleibt dann entweder forciert abhängig oder forciert selbständig.

---

[49] Freud Sigmund (1971) (1926) Hemmung, Symptom und Angst, Studienausgabe Bd. VI, Fischer, Frankfurt/Main
[50] Jung Carl Gustav Symbole der Wandlung, in: GW 5, S. 383 Par. 457

Die Erprobung der Welt –
was steuernde Beziehungspersonen bewirken

Unter welchen Umständen es möglich ist, neben dem Verhalten der Beziehungsperson die beiden Aspekte, das Gute und das Böse, nebeneinander bestehen zu lassen, gute und böse Anteile der Beziehungsperson und von sich selbst zu internalisieren, hängt wesentlich davon ab, ob man sich eine gute schützende Beziehungsperson fantasieren kann, ob es dem Kind ermöglicht worden ist, auch Übergangsräume zu haben, in denen sich die Fantasie erproben konnte. Der Kreativität der steuernden Person in der Individuations-Separationsphase entspricht ein entsprechend gesteuertes Kind. Und je nachdem, wie diese beiden zusammen steuern, wird es dem Kind leichter gemacht, die Welt verhältnismäßig angstfrei zu erproben oder eben weniger angstfrei.

Hier setzen die auch klinisch sehr wichtigen Überlegungen von König zum Zusammenhang von der Separations-Individuationsphase mit der Angstkrankheit ein.[51] Die Art der Steuerung und die damit verbundenen Komplexe oder RIGs haben einen großen Einfluß auf die Dynamik der Panikstörungen. In dieser Separations-Individuationsphase geht es um die Expansion des Kindes. Die generalisierten Erfahrungen, die internalisiert werden können, sind Erfahrungen von der Beziehungsperson, wie sie sich mit den Expansionsdrängen des Kindes auseinandersetzt, dieses ermutigt oder etwa das Kind ängstlich in einen harten Griff nimmt, alles verbietet oder etwa resigniert alles erlaubt usw. König braucht dafür den Ausdruck der „steuernden Objekte". Das ist ein treffender Ausdruck, denn die Beziehungspersonen steuern das Kind in der Tat zwischen großen Gefahren, denen es ausgesetzt ist, und der Freude an der Welteroberung. Der Art, wie die Beziehungspersonen in dieser Phase gesteuert haben – und meistens hat man verschiedene Beziehungspersonen –, entsprechen unsere internalisierten Gefährtinnen und Gefährten, die in diesem Zusammenhang auch Steuerungsfunktion haben, uns also, meist unbewußt, behilflich sind, uns mit ängstigenden Situatio-

---

[51] König, S. 26 ff.

nen auseinanderzusetzen, unser Verhältnis von Expansion und Schutz in etwas richtig abzuschätzen.

Die grundlegende Entwicklungsthematik, die hinter der Entwicklung einer phobischen Struktur steht, gipfelt in der Frage: Wie ist es möglich, sich selbst zu werden und sich die Liebe der Mutter bzw. der Beziehungsperson trotzdem zu erhalten? Die prägende Beziehungsperson, die man hinter einer phobischen Struktur oder einem Menschen mit einer Panikstörung ausfindig machen kann, äußert selber Angst und wirkt deshalb einengend und anklammernd, ohne dem Kind viel Struktur geben zu können. Solche Personen geben dem Kind die Botschaft, bei ihr zu bleiben sei das Sicherste, die Welt sei gefährlich. Oder aber sie sind wenig interessiert am Kind, lassen das Kind zu früh und zu ausschließlich allein. Bei Beziehungspersonen, die selber Angst haben und deshalb einengend und anklammernd sind, kann man zum Beispiel beobachten, daß sie dem Kind gern alles aus der Hand nehmen, weil sie besorgt sind, daß das Kind die Dinge nicht gut genug machen könnte, daß es sich verletzen könnte usw. So werden Kinder sehr unselbständig. Sie bekommen auch den Eindruck vermittelt, daß es gar keinen Sinn hat sich anzustrengen, da es die Beziehungsperson doch besser kann.

Diese Prägesituationen kann man noch sehr viel später im Leben identifizieren, denn sie wiederholen sich auch im späteren Leben. Nimmt eine Beziehungsperson auch dem 18jährigen „Kind" immer noch alles aus der Hand nimmt, dann hat sie es mit ziemlicher Sicherheit auch beim zweijährigen Kind getan. Das muß aber nicht ausschließlich aus Angst heraus geschehen, sondern kann auch ganz andere Gründe haben.

Mit ängstlichen Beziehungspersonen, die wenig Struktur haben, sich in der Folge aber an die wenigen Strukturen, die sie haben, sehr klammern, kann man sich als Kind oder Jugendlicher wenig auseinandersetzen. Diese Beziehungspersonen haben die Aggression auf die Welt projiziert, sie haben selbst wenig steuernde Beziehungspersonen und Beziehungskonzepte internalisiert, und in Folge dessen wird entweder der Körper steuernd oder die Welt, im Sinne dessen, was man macht, denkt usw. Die Botschaft, die Kinder mitbekommen, heißt meistens, daß die Welt gefährlich ist, daß das Leben gefährlich ist und daß man deshalb am besten zu Hause bleibt, sich also nicht verändert, nichts wagt. Und die Folge davon ist natürlich, daß man weder lernt, mit den eigenen Impulsen zur Autonomie fertigzuwerden noch sich mit den eigenen Aggressionen auseinanderzusetzen. Und sogar dann, wenn man zuhause bleibt, bekommt man dort nicht den notwendigen Halt, der es einem ermöglichen würde, mit Wünschen und Aggressionen umzugehen, der später helfen würde, doch selbständig zu werden.

Man wird gehemmt, und dieses Gehemmtsein wird allenfalls idealisiert. Zu allem Übel kommt dazu, daß auch dieses Opfern der Autonomiebedürfnisse nicht notwendigerweise die Liebe der Beziehungspersonen garantiert.

Wenig steuernde Beziehungspersonen können Kinder auch zu früh allein lassen. Auch das löst Angst aus. Diese Menschen geben den Kindern das Gefühl, sie könnten sowieso schon alles allein bewältigen, sie sollten bloß nicht damit aufhören. Ihnen ist das eigene Leben und die eigenen Besorgtheit Last genug. Diese Problematik zeigt sich vor allem in der Separations-, Individuationsphase der Wiederannäherungskrise, wenn das Kind so um den 18. Monat herum das Gefühl der Trennung erlebt, vor seinem Mut Angst bekommt, sich zurücksehnt und an den Schürzenzipfel hängen will. Das wiederholt sich natürlich später im Leben immer wieder einmal. Diese Bewegungen finden nicht nur einmal statt. Menschen, die zu wenig steuern, aber gleichzeitig überfordern, können dem Kind zu verstehen geben, sie seien eigentlich auch früher nicht gebraucht worden, deshalb könnten die Kinder jetzt auch alles alleine machen. Das sind Beziehungspersonen, die eine Selbständigkeit fordern, die die Kinder gar nicht lernen konnten und in die sie sich auch nicht hineinentwickeln konnten. Hier wird die latente oder manifeste Aggression der Beziehungspersonen – auch die Aggression auf das Kind – direkt auf das Kind projiziert: Das Kind soll gehen, das Kind soll machen, obwohl das Kind noch nicht genügend Sicherheit besitzt, machen zu können, was es machen soll.

Wie sehr sich das Verhalten wenig steuernder Beziehungspersonen im Leben auswirkt, zeigt sich an zwei Herzphobikertypen. Dem Typus A werden die Menschen zugeordnet, die vor allem anklammern. Für sie ist das Anklammern die Garantie dafür, daß es eben zu keiner Panikattacke kommt. Weil sie aber den Menschen, an den sie sich anklammern dringend brauchen, entwickeln sie Wut, die aber nicht ausgedrückt werden kann, weil damit die Gefahr wächst, diesen Menschen zu verlieren. Und der Verlust würde ja Panik auslösen. Daraus ergibt sich die Bewegung des Sich-noch-mehr-Anklammerns. Es kommt zu einer Reaktionsbildung, die Wut wird nicht etwa als Ärger erlebt und zugelassen, sondern es wird immer wieder betont, wie dankbar man diesem Menschen ist.

Der Typus B ist der sogenannte Kontraphobiker. Es handelt sich dabei um einen Menschen, der einem das Gefühl vermittelt, er wisse überhaupt nicht, warum er eine Herzphobie habe. Er macht auch alles besser, er kann doch alles bestens, er hat sich doch immer Mühe gegeben, im Leben alles allein zu machen, und er war erfolgreich. Diesen Menschen darf man nicht schwach machen. Erlebt er sich als schwach, dann ist es möglich, daß er wie jeder andere Kontraphobiker dekompensiert und die vielen verdrängten unbewältigten Probleme durchbrechen. Dieser Typus kann seine Probleme sehr viel besser lösen, wenn man ihm zu verstehen gibt, daß er ja eigentlich fähig ist, Probleme zu lösen.

Der Typus B ist der Kontraphobiker, der alleingelassen worden ist, der überforderte, der unabhängig und stark sein muß. Diese Menschen haben in der Separations-Individuationsphase sich sehr schnell ein Idealselbst bilden müssen. Sie hatten keine Zeit, eine genügend stabile Objektkonstanz zu entwickeln. Erinnerungsmäßig wird man diese Entwicklung bei sich selbst meistens sehr viel später ansetzen, indem man auf Lebenssituationen zurückgreift, in denen einem ganz klar wurde, daß man das jetzt ganz allein machen muß, obwohl man dringend Hilfe nötig hätte. Aber das Thema, zu sehr sich selbst überlassen zu sein, dürfte bei der Erinnerung solcher Episoden schon immer im Leben eine Rolle gespielt haben. Die frühe Entwicklung eines Idealselbst – und das Beharren darauf – hängt damit zusammen, daß diese Menschen, weil sie sich selbst zu sehr überlassen wurden, sich vergewissern mußten, daß sie gute eigene Möglichkeiten haben, um damit das Leben bewältigen zu können. In der Folge brauchen sie andere Menschen gar nicht. Deshalb wird es für diese Menschen zum Problem, wenn man ihre eigenen guten Möglichkeiten, die aufgrund dieser Konstellation massiv überbewertet werden können, in Frage stellt. Im Idealfall nützen sie ihre Lebensmöglichkeiten optimal aus. Dieser Typus braucht gerade zunächst keinen Begleiter und wählt sogar eher oft eine schwächere Person, für die er oder sie der starke Begleiter, die starke Begleiterin ist. Er oder sie ist sich sicher, in der Welt alles allein machen zu müssen und dies auch zu können. Daraus resultiert eine ständige Überforderung, die, verändern sich diese Lebenshaltung und die damit verbundenen Beziehungsmuster nicht, in einen Zusammenbruch münden kann: Man kann nämlich auf dieser Welt nicht alles allein machen. Dies zeigt dann der Zusammenbruch.

Sowohl das anklammernde Verhalten von Beziehungspersonen als auch das zu große Freilassen bewirkt also, daß ein Kind Unsicherheit in bezug auf die Welt und in bezug auf sich selbst entwickelt. Im ersten Fall kommt es dazu, daß die Welt als gefährlich erlebt wird. Die eigenen Kompetenzen im Umgang mit der Welt werden nicht entwickelt, das heißt aber immer auch, daß man sich selber als inkompetent erlebt und nicht weiß, was man sich etwa zutrauen kann und was nicht. Bei der zu sehr freilassenden Beziehungsperson wird der Anspruch an sich selbst in bezug auf Autonomie viel zu hoch angesetzt, das Kind ist dann immer überfordert. Ist das Kind sehr begabt, wird ihm diese Überforderung nicht allzuviel ausmachen, ansonsten wird es sehr leiden.

Angststörungen

Zwangsstörungen

Stern und Cobb[52] haben als häufigste Zwangshandlungen den Wiederholungs-, den Kontroll-, Reinigungs- und Vermeidungszwang sowie zwanghafte Verlangsamung und übertriebene Genauigkeit beschrieben. Zwänge sind uns allen bekannt, wer hätte nicht schon einmal zurück in die Küche gehen müssen, um zu kontrollieren, ob der Herd auch wirklich ausgeschaltet ist? Krankhafte Zwangsphänomene sind vor allem durch ihre Hartnäckigkeit, Intensität und Häufigkeit und der damit verbundenen subjektiven Beeinträchtigung sowie den persönlichkeitsfremden Charakter gekennzeichnet.

Allgemein bekannt sind vor allem der Reinigungszwang, der Waschzwang, der Kontrollzwang oder der Grübelzwang. Eigentlich kann alles, was man auf der Welt tun kann, zu einem Zwang ausarten. Der Zwang ist dadurch definiert, daß wir – absolut zwingend – etwas gegen unseren Willen und gegen unsere Überzeugung tun oder denken müssen. Absolut zwingend ist dies, weil sonst etwas Ungeheuerliches geschehen würde. Die Befürchtungen sind konkret, oft bildhaft empfunden: Es sind Befürchtungen, sich oder andere zu schädigen, Unfälle zu verursachen und dafür schuldig gesprochen zu werden. Aber auch drohender Kontrollverlust wird befürchtet, etwa daß man jemanden töten könnte usw. Solche Zwangsimpulse werden praktisch nie realisiert. Werden Zwangshandlungen unterbunden, enstehen panikartige Ängste. Die Zwangsstörung ist eine Angststörung und unter diesen die Kontrollkrankheit par excellence. Menschen mit

---

52 zitiert in Strian, Angst, S. 227

Zwangsstörungen haben allerdings nicht den Eindruck, in ihrer Kontrolle effektiv zu sein.

Ein Beispiel:
Ein 22jähriger Mann kommt in die Praxis. Er sagt von sich, er habe eine Depression. Er gibt mir nicht die Hand, sondern streckt mir den Ellenbogen hin und sagt: „Entschuldigen Sie, ich habe da ein Problem." Er macht auch die Türe nicht auf, sondern wartet, bis ich die Türe öffne, und sagt: „Ich hab' da halt ein Problem." Er erzählt mir, mit einer blühenden Fantasie ausgeschmückt, wie viele Bazillen sich an den Händen der Menschen befinden und an meinen ganz speziell, weil ich ja so vielen Menschen im Laufe des Tages die Hand gebe, und er erzählt weiter, wie viele Bazillen an den Türklinken „sich aufhalten". Das alles sei ausgesprochen ängstigend, weil man ja jederzeit krank werden könnte. Das sagt er mit einer Stimme, aus der außerordentlich viel Angst zu spüren war, panische Angst sogar. Er vermittelt mir den Eindruck, daß für ihn die alltägliche Welt lebensbedrohlich ist. Wenn er jemanden die Hand gibt oder die Türklinke anfaßt, dann könnte er krank werden oder auch sterben. Diese Vorstellung hat er immer, er muß immer daran denken, andere Gedanken haben keinen Platz mehr.

Das ist eine Zwangsvorstellung. Er konnte die Gefährdung so lebendig schildern, daß ich mich für einen Moment wunderte, wie ich ein Leben lang eigentlich immer alle Türklinken anfassen konnte, Hände und auch anderes, und mir eigentlich nicht viel dabei gedacht habe.

Zwangsvorstellungen bedingen Zwangshandlungen. Eine Zwangshandlung ist ein Ritual, das vollzogen werden muß, damit das, was man in der Zwangsvorstellung so sehr befürchtet, nicht eintritt. Der junge Mann vermeidet die Situationen, die Angst auslösen, er hat es sich angewöhnt, immer nur den Ellenbogen zu berühren. Das ist eine hochinteressante Ersatzhandlung, besonders deshalb, weil dort die Bazillen ja doch auch noch zahlreich sein dürften, immerhin berührt er aber andere Menschen. Er muß auch immer warten, bis ihm jemand die Türe öffnet. Dabei braucht er viel Fantasie. Bei elektronisch sich öffnenden Türen ist das kein Problem, bei anderen Türen muß er sich aber immer so benehmen, als hätte er einen Schlüssel am Boden verloren, bis dann jemand kommt, der die Türe aufmacht, und er schnell hindurchwischen kann. Das ist eine mühsame Art der Alltagsbewältigung. Sie braucht sehr viel Zeit, und er muß sich immer wieder überlegen, wie er für andere Menschen ganz alltägliche Situationen meistert.

Die eindrücklichste Zwangshandlung bei ihm ist das Waschen der Hände. Er muß die Hände nach einem ganz bestimmten Ritual waschen, denn würde er am Schluß den Wasserhahn wieder anfassen, dann wäre er ja eigentlich soweit wie zuvor. Er entwickkelt also komplizierte Rituale, eben Zwangshandlungen. Mit diesen Waschritualen wird Angst für einige Zeit gebannt, aber eben nur für einige Zeit. Die Zwangsrituale führen in der Regel in einen größeren Angstzirkel hinein. Wenn der junge Mann sich die Hände dreißig- bis fünfzigmal am Tag wäscht, wird natürlich die Haut beschädigt. Die Vorstellung, daß unter eine beschädigte Haut die Bazillen noch leichter schlüpfen können, er sich also noch mehr waschen muß, ist naheliegend.

Die Zwangsvorstellung quält, ist angstauslösend. In der Zwangshandlung, in einem Ritual, wird versucht, diese Angst zu bannen. Dabei wird magisch gehandelt.

Es gibt in der Kindheit eine Phase, in der man sehr magisch mit der Angst umgeht. Da macht man etwa einen Pakt mit dem lieben Gott: wenn man zum Beispiel den Fußgängerstreifen erreicht hat, bevor man auf zwanzig gezählt hat, dann wird es nicht herauskommen, daß man zu Hause Schokolade gestohlen hat. Dieses magische Handeln, das meistens so etwa ab fünf Jahren auftaucht und auch in der frühen Schulzeit noch wirksam ist, ist ein Bestandteil der Zwangsrituale. Was geschieht psychodynamisch?

Es ist klar, daß sich die Ansteckungsgefahr nicht wirklich auf Bazillen bezieht. Diese Ansteckungsgefahr droht vom Schmutz ganz allgemein und von dem, was Menschen unter Schmutz verstehen, was sie also alles auf den Schmutz projizieren und was sie bei sich selbst als schmutzig empfinden. Das sind häufig schmutzige Fantasien. Hinter einer Zwangsvorstellung kann aber recht konkret der Wunsch verborgen sein, einmal schmutzig sein zu wollen, noch einmal das kleine Kind sein zu wollen, das schmutzig ist. Von den Abwehrmechanismen her gesehen, erfolgt nun eine Reaktionsbildung: Zunächst kommt es zu einer Verkehrung ins Gegenteil. Weil diese Verkehrung ins Gegenteil zu einer habituellen Haltung wird, führt dies zu einer Reaktionsbildung. Das heißt: Weil man schmutzige Fantasien hat, muß man besonders sauber sein. Was nun geschieht, ist sehr interessant. Denn was der unter ihren leidende Mensch eigentlich verdrängen will, bleibt ständig dennoch vorhanden. Der Schmutz ist ständig in der Fantasie vorhanden, und zwar als etwas zu Bekämpfendes. Die schmutzige Fantasie, die man an sich hat, darf man nicht genießen, sondern die muß man – verschoben auf die Hände – sofort mit Wasser wieder abwaschen. Die Fantasie wäre also vorhanden, doch sie kann keine Energie geben, denn sie muß sofort bekämpft werden. Reaktionsbildungen nun sind Abkömmlinge der Spaltung, und zwar mehr im Verhalten als im Erleben. Spaltung kommt ja sonst mehr im Erleben vor: Also statt sich den Wunsch nach Schmutz, nach Sexualität, nach Aggressivität und auch nach Reichtum einzugestehen, wird gesagt: Wonach ich strebe, das ist absolute Reinheit, absolute Armut. Daß eine Spaltung vorliegt, sieht man auch sehr leicht in der Therapie mit Menschen die eine Zwangsstörung haben: In Übertragung und Gegenübertragung sind diese beiden Pole der Spaltung gut erlebbar. Der Analysand idealisiert und ideologisiert normalerweise seine Abwehr. Er ist dann der ganz tolle Mensch, der eben hohe Grundsätze hat, ganz rein, und die ganze Askese leben will. Der Analytiker oder die Analytikerin wird sehr leicht zum Rebell oder zur Rebellin, zum Vertreter, zur Vertreterin einer Schicht von Menschen, die sich eben nicht so sehr um das Gute bemühen. Da fallen dann etwa Sätze wie: „Mit Ihrer Ideologie (der Psychotherapie), bei der der Schatten akzeptiert werden muß, da werden Sie nie Menschen erreichen, die wirklich hohe Ideale haben." Damit meinen sie sich selbst. Die Reaktionsbildung wird dazu benutzt, um die Angst abzuwehren. Hinzu kommt nun ein zweiter Abwehrmechanismus, der der Identifikation mit dem Angreifer. Psychodynamisch kann man sich das so vorstellen, daß in der Psyche dieser Menschen ein Kampf tobt zwischen einer machtvollen Gestalt, die Reinheit fordert und einem Kind, das kindgemäß sein möchte, vielleicht schmutzig, aggressiv, lustvoll, Freude am Körper haben möchte. Auf dieses Kind wird dann im wesentlichen der Schatten projiziert und in die Gestalt, die Reinheit fordert, das Über-Ich. Mit dieser Gestalt, die das Absolute fordert, ist der Mensch mit einer Zwangsvorstellung in der Regel identifiziert. Und so kann in der therapeutischen Situation der Analysand, die Analysandin so etwas wie ein Über-Ich darstellen, und der Analytiker, die Analytikerin gerät in die Rolle des rebellischen Kindes.

Man nimmt an, daß die Prägesituation für solche Zwänge von Eltern ausgegangen ist, die sehr hart Gehorsam gefordert haben, die das Kindliche sehr deutlich unterdrückt haben und denen Kontrolle äußerst wichtig war. Die Identifikation mit dem Angreifer bedeutet, daß das Ich nun selber die Position dieser Beziehungsperson mit den harten Forderungen übernimmt. Dieser Angreifer wäre hier eine innere Gestalt, die Reinheit und das Absolute fordert. Das sind ursprünglich meistens Erfahrungen an den Beziehungspersonen, die dann übertragen werden auf eine Gottheit. Deshalb ist es einfach, aus dieser Abwehr eine Ideologie zu machen. Es ist sozusagen ein absolutes Gesetz.

Zwar sind es meistens ursprünglich die Eltern, die sehr fordernd waren. Doch gibt es auch das Gegenteil: Stellen Eltern keine Forderungen und haben ihrerseits zu wenig Struktur, können die Kinder sozusagen als Kompensation auch eine sehr harte Über-Ich-Figur entwickeln. Wie immer die Genese sein mag, in der Psyche bleibt es ein Kampf zwischen einer Gestalt, die unerbittliche Reinheit fordert, unerbittlich etwas Absolutes fordert und einem ganz normalen kleinen Kind, das schmutzig, neugierig, welterobernd sein möchte. Das alles bedeutet auch, daß es autonom sein möchte, eigene Erfahrungen machen möchte, also nicht kontrollierbar sein will, nicht ganz so wie die Eltern es haben wollen. Daraus wird dann später zunächst der Schatten, also das, was dem Ich-Ideal widerspricht.

Man stellt sich vor in diesem Zusammenhang, daß in der Prägesituation, in der Separations-Individuationsphase zu einem eher späteren Zeitpunkt mit Liebesentzug, Kontrolle, Strenge und Disziplinierung gearbeitet wurde: Es geht also um eine zu frühe, zu harte Domestizierung. Als steuernde Begleiter sind dann diese hart fordernden Beziehungspersonen internalisiert, die es aber nicht ermöglichen, Lust und Last des Lebens in einer sinnvollen, befriedigenden Weise zu verbinden. Auch bleibt eine Spaltung: Hier die hart steuernde Beziehungsperson, dort das Kind, das so schlecht unter Kontrolle zu bringen ist. Expansion und Zurückhaltung können nicht ausgewogen gelebt werden, die Expansion wird geopfert, allenfalls in der Expansion der Zwänge gelebt.

Möglicherweise haben wir heute alle eher die Tendenz, die Kinder zu früh zu domestizieren. Problematisch wird dabei intrapsychisch der Kampf zwischen der Autoritätsperson und dem Kind. Nun wird jeder und jede sich sagen, diesen Kampf habe ich doch auch und dennoch bin ich nicht zwanghaft. Das ist richtig, den Kampf zwischen der Autoritätsperson in uns und dem Kind in uns kennen wir alle. Das ist etwas sehr Menschliches. Der Unterschied zu einem Mensch mit einer Zwangsstörung ist der, daß wir üblicherweise nicht durchgängig mit dem Angreifer oder der Angreiferin identifiziert sind, sondern daß wir uns wechselnd identifizieren können. Wir können normalerweise einmal unsere Kindseite sehr deutlich ins Kraut schießen lassen, und dann werden irgendwann wieder unsere Angreiferseiten oder Autoritätsseiten in uns bewegt. Dann finden wir, ganz so ins Kraut schießen lassen müßten wir uns doch auch wieder nicht. Und dann jammert wieder das Kind in uns, und wir geben dem Kind wieder mehr Platz. Diese Bewegungen kann man auch in der psychologischen Literatur beobachten: 1996 sind wir wieder eher in einer Phase, in der die Autoritätsperson Oberhand hat, in der es um Struktur geht, in der es darum geht, die Dinge ordentlich zu machen. Mitte der achtziger Jahre konnte man mit dem Kind in sich alles erklären und alles entschuldigen. Man hätte sogar so argumentieren können, daß man einen wichtigen Vortrag absagt, weil das Kind in einem jetzt gerade spielen müsse. Man hat also kollektiv dem Kind recht viel Raum gegeben, und jetzt ist kollektiv eine Gegenbewegung zu spüren.

Für den Menschen mit einer Zwangsstörung ist es nicht möglich, sich wechselnd einmal mit dem Kind, dann wieder mit dem Erwachsenen zu identifizieren. Er oder sie ist identifiziert mit dem Angreifer, muß eine Reaktionsbildung machen. Und das bedeutet natürlich, das Kind in sich unter Kontrolle zu halten. Die Folgen des Tuns werden außerordentlich wichtig. Die Autoritätsperson in ihnen gibt ihnen Struktur, allerdings zuviel Struktur, sie steuert und hat harte Forderungen, harte Bestrafungen bereit, wenn man diese Forderungen nicht erfüllt. Das Kind, das gezwungen und kontrolliert wird, ist also gefährdet. Bei einem Menschen mit einer Zwangsstörung ist sein Lebendigsein, seine Fähigkeit, sich zu wandeln, seine Kreativität, aber auch die Fähigkeit zur Hingabe an die Welt, vielleicht sogar das Affektiv-Emotionale insgesamt in Gefahr. In dieser Dynamik liegt auch die Grundlage für Sadismus und Masochismus. Diese Menschen haben eine große Härte gegen sich selbst und oft auch eine große Härte gegen andere. Nicht selten haben sie asketische oder auch fanatische Züge und einen ziemlich tiefgehenden Haß oder zumindest eine Verachtung gegenüber allem Unperfektem.

Zwangsstruktur

Struktur in diesem Zusammenhang meint die hervorstechende Art, wie ein Ich das Leben wahrnimmt und gestaltet. Man spricht von Zwangsstruktur, von hysterischer Struktur, von depressiver Struktur und von schon schizoider Struktur.[53] Es ist nun kein Mensch nur zwangsstrukturiert, jeder Mensch hat auch andere Strukturanteile, wobei die eine oder andere Struktur eben als vordringlich imponiert. Hat jemand eine ausgeprägte Zwangsstruktur, dann kann er oder sie bei entsprechenden kritischen Lebensereignissen mit einer Zwangsstörung reagieren.

Hat man eine ausgeprägte Zwangsstruktur, dann umgibt einen, und dies ist nun die Folge der Prägesituation und des damit verbundenen habituellen intrapsychischen Konfliktes, eine Atmosphäre von Kontrolle, Gesetz, Verhaltenheit und Einengung. Diese Menschen können starr erscheinen, ernst, gelegentlich humorlos, pedantisch und rechthaberisch, sie sind autoriär, einem gewissen Perfektionismus verpflichtet, der das Absolute, das Endgültige will. Und damit haftet ihnen auch ein großer Ernst an. Man kann auch umgekehrt formulieren: Ist das Absolute nicht im Leben zu erfahren, dann werden die Personen zwanghaft und

---

[53] Rieman Fritz (1976) Grundformen helfender Partnerschaft, Pfeiffer, München

versuchen zum Beispiel über Ordnung, über Strukturen oder über Sachzwänge dieses Absolute sichtbar und erlebbar zu machen. Menschen mit einer ausgeprägten Zwangsstruktur haben große Mühe, Entscheidungen zu fällen, aber auch eine Arbeit zu Ende zu bringen. Oft beginnen sie erst gar nicht damit, denn wenn eine Arbeit perfekt sein soll, dann lohnt es sich gar nicht anzufangen, weil wir Menschen ja nicht perfekt sind. Aus diesen Gründen sind Menschen mit einer ausgeprägten Zwangsstruktur oft von Verstimmungen, vor allem von Schuldgefühlen und eben von Angst heimgesucht. Begegnet man ihnen, dann bekommen wir den Eindruck, sie würden unter einer eigentümlichen Verantwortungsschwere leiden, und es wird einem selbst alles Leichtsinnige, das man hat, drastisch bewußt.

Im Zusammenhang mit Zwangsstruktur und Zwangsstörung spricht man oft von analer Schmutzangst, denn die späte Phase von Indivdiuation und Separation fällt mit der sogenannten analen Phase zusammen. Aus diesem Blickwinkel kann man das Zwangsgeschehen noch einmal gut erklären. Anale Schmutzangst meint, daß man vor allem Angst hat, was aus einem herauskommt, man muß alles zurückhalten. Und das bewirkt, daß man kontrolliert wird, unspontan, am liebsten hätte man alles steril. Man kann in diesem Zusammenhang auch von Geiz und von Sparsamkeit sprechen. Der anale Charakter war über Jahrzehnte hinweg als der geizige Charakter bekannt, wobei es ein Geiz aus Angst ist. Man kann aber auch das ganze Thema der Zurückhaltung unter dem Aspekt dieser analen Schmutzangst sehen, etwa wenn man sich zurückhält und aufpaßt, daß man nie „einen Mist" erzählt. Geiz und Sparsamkeit drücken sich aber auch in mangelndem Interesse für eine Sache oder in mangelnder Energie für etwas aus. Angst zu haben vor allem, was aus einem herauskommt, heißt auch Angst zu haben vor den eigenen Interessen, Angst davor zu haben, sich in die Welt zu verwickeln. Interesse ist ebenfalls eine Emotion, Interesse entwickeln wir dann, wenn wir als Kind die Nase in alles hineinstecken dürfen. Wird einem Kind schon früh klargemacht, daß es seine Nase nicht nur nicht in alles hineinstecken darf, sondern nur in sehr wenige Sachen hineinstecken darf, dann wird Interesse nicht stimuliert, sondern verboten. Dies führt dann zusätzlich oft zu einem Arbeitsproblem. Menschen mit einer Zwangsstruktur können häufig nur dann gut arbeiten, wenn sie eine Erfolgsgarantie haben. Einfach von sich aus etwas zu geben, ohne zu wissen, ob es auch gelingt, fällt ihnen schwer. Es stellt sich natürlich auch die Frage, wie hingabefähig Menschen sind, bei denen diese Struktur ausgeprägt ist. Gezwungen, kontrolliert wird nicht nur die Angst, sondern auch die Aggression. Das bewirkt, daß Menschen mit einer ausgeprägten Zwangsstruktur selten einen gesunden Zorn haben oder eine befreiende Wut, sie haben verklemmte Wutanfälle.

Zum Zwangsmechanismus gehören dann weiter die Intellektualisierung und die Rationalisierung, und deshalb können Menschen mit einer Zwangsstruktur statt wütend zu werden mit zynischem Sarkasmus reagieren, gelegentlich sind es auch einfach die ewigen Stänkerer. Und diese stänkern so geschickt, daß man sie nicht einmal richtig packen kann. Oft zeichnet sie einfach eine intellektuell ironische Kritik ohne Emotion aus. Das kann in eine kleinliche sture Rechthaberei übergehen. Aggressions- und Destruktionsdurchbrüche sind aber durchaus möglich. Wenn wir ständig Kontrolle über das Lebendige und Dynamische ausüben, ständig auf eine vermeintliche Sicherheit aus sind, andauernd diese umfassende Gefahrenkontrolle ausüben, dann werden bestimmte Realitäten wie Zeit, Gesetz, Ordnung eindeutig überwertig. Diese haben ja die Funktion, das Leben zu strukturieren. Und damit versuchen Menschen mit einer Zwangsstruktur, Struktur ins Leben zu bringen. Solange sie Zeit, Gesetz, Ordnung für sich gepachtet haben, solange wähnen sie sich in Sicherheit.

Doch das Irrationale wird nicht auf Dauer gebannt. Schon bei den Zwangshandlungen haben wir gesehen, daß sie irrational sind. Sie korrespondieren mit den kindlichen Allmachtsfantasien. Menschen mit einer ausgeprägten Zwangsstruktur haben oft ein ausgeprägtes Interesse an Spuk und Geistergeschichten. Fromm sagt von ihnen, sie wären ausgesprochen nekrophil.[54] Nekrophil zu sein meint, mehr Freude am Toten als am Lebendigen zu haben. Die Freude am Toten drückt sich auch in der Liebe zu Gesetzen aus, in der Liebe zu Theorien, überhaupt in der Liebe zu

---

[54] Fromm Erich (1989) (1973) Aggressionstheorie, GW 7, dtv, München, S. 295 ff.

allem, was nichts Unvorgesehenes produziert. Es ist eine Liebe zum Nicht-Lebendigen. Denn alles, was lebendig ist, ist auch für Überraschungen gut. Natürlich haben wir alle diese Liebe zum Toten. Der Unterschied zu jemanden mit einer ausgesprochenen Zwangsstruktur ist die, daß wir zugleich die Liebe zum Lebendigen haben und daß beides in einem Ausgleich steht. Mit einer ausgeprägten Zwangsstruktur hat man also Angst vor den lebendigen Impulsen des Lebens, Angst vor dem Lebendigen, vor der Hingabe. Das Liebesleben von Menschen mit ausgeprägter Zwangsstruktur wird denn auch als unemotional beschrieben, es soll systematisiert werden, und Partnerschaft läuft unter einem Treuegarantieschein. So wird es – ziemlich boshaft – in der pychologischen Literatur beschrieben. Ich selber habe gemerkt, daß bei der Arbeit mit Menschen mit einer relativ ausgeprägten Zwangsstruktur von lustvoller Sexualität und Liebesleben sehr wenig die Rede ist, mehr von Sicherheit in der Partnerschaft. Indem sie ihr Leben sichern, festhalten wollen, auch das Liebesleben, erstarrt es, wird es wie tot, wird es unlebendig. Der Preis dieser Angstbewältigung durch Kontrolle ist Erstarrung, ist Tod. Sie versuchen zu vermeiden, daß das Leben unvorhergesehene Folgen hat, daß es überhaupt Folgen hat. Damit kann aber eine Partnerschaft nur immer dasselbe sein und hat keine Entwicklungsmöglichkeiten.

Unsere Gesellschaft kennt recht viele Zwangsstrukturen. Meistens lassen wir gerne alles beim alten, übernehmen kein Risiko: Man könnte ja kritisiert werden, eine Katastrophe könnte eintreten. Die Angst vor der Bestrafung wird ins System integriert, indem man sich sagt, wir erlauben uns kein unnötiges Risiko, wir sind fürs Bewahren, wir sind nicht für Wandel. Wobei das beste Bewahren ja wohl darin besteht, einen vernünftigen Wandel zuzulassen. Es geht also um das Thema Sicherungen. Vorsicht, Voraussicht versus Risiko und Wandel, Vergänglichkeit und Sicherungen. Vorsicht, Voraussicht ist in unserer Gesellschaft sicher sehr viel besser angesehen als Risiko. Wir sprechen auch oft von Zwängen, denen wir unterliegen und denen gegenüber wir sehr ambivalent sind: Da sagen wir etwa, man könne halt nichts machen, man sei gezwungen, das und das zu tun, und es ist nicht auszumachen, ob man sich jetzt eigentlich freut darüber oder traurig ist. Oder denken wir an die berühmten Sachzwänge, die uns daran hindern weiterzudenken, etwas zu riskieren, etwas zu wagen. Solch ein Sachzwang bedeutet, daß man gar nicht mehr zu denken braucht, weil schon alles klar ist. Das Neue, das Fließende, das, was Risiko bringt, bringt Unruhe und wird deshalb gern vermieden.

Panikstörungen

Generalisierte Angst

Von generalisierter Angst spricht man dann, wenn die Menschen nervös sind, unruhig, rastlos, angespannt, das heißt unfähig, sich zu entspannen. Es geht dabei um unbestimmte Angstgefühle, die einen Menschen ergreifen, aber auch um eine bestimmte Erwartungsangst. Diese Menschen sind ängstlich angespannt, und sie zeigen auch vielfältige körperliche Angstsymptome. Sie haben den Eindruck, daß immer das absolut Schlimmste eintreffen wird und wirken übertrieben besorgt. Noch häufiger sieht man diese Ängstlichkeit in generalisierten pessimistischen Erwartungen. Die generalisierte Ängstlichkeit kann sich aber auch in einer ängstlich angespannten Überwachheit zeigen: So können Menschen andauernd und ängstlich gespannt ihre Umgebung überprüfen, sie sozusagen immer vermeintlich unter Kontrolle halten wollen und damit ausschließen, daß etwas Schlimmes passieren könnte. Diese Störung imponiert durch eine überwertige Besorgtheit. Panikattacken kommen dabei nicht vor.

Generalisierte Angst muß keine Angststörung sein; ansatzweise kommt sie immer wieder vor im Laufe des Lebens. In Krisen und Übergangszeiten ist die Disposition zu generalisierter Angst größer und besonders dann erlebbar, bevor man Entschlüsse faßt, um diese Situation zu verändern. Nur wenn die generalisierte Angst andauert und vor allem subjektiv das Gefühl von Beengung, Beeinträchtigung oder Krankheit auslöst, wird man von einer Störung sprechen. Auch bei der generalisierten Angst wird deutlich, daß die Aggression projiziert ist, hinausverlagert in die Welt, vielleicht sogar in ganz unbestimmte Objekte und Situationen, die dann, aufgeladen noch mit der eigenen Aggression, das Gefühl vermitteln, daß das Leben bedroht ist. Das wird am deutlichsten bei der ängstlichen Überwachheit, wo man im Grunde genommen immer den Eindruck hat, daß die Menschen ständig erwarten, daß etwas passieren könnte, was sie beeinträchtigt.

Panikattacken und Panikstörungen

Panikattacken und Panikstörungen, früher wurden diese angstneurotische Erkrankungen genannt, sind häufig. Die Erkrankung beginnt meistens im jüngeren Erwachsenenalter, es wird immer wieder angegeben, daß vor allem Frauen betroffen sind. [55] Ich formuliere dies so vorsichtig, weil es denkbar ist, daß es einen geschlechtsspezifischen Umgang mit der Angst gibt, daß Männer zum Beispiel Angst eher durch Selbstgefährdung und Fremdgefährdung abwehren.

„Die Panikattacken stellen oft die Wellengipfel in einem ‚Meer von Angst' dar." So schreibt Strian. [56]

Panikattacken sind akut überwältigende, vollkommen unvorhersehbare Angstattacken, eine tödliche Bedrohung wird erlebt, der man nichts entgegenzusetzen hat und der man hilflos ausgeliefert ist.

Wie sieht nun ein Angstanfall, eine Panikattacke aus? Die Angstanfälle werden in den Grundsymptomen sehr ähnlich geschildert, wobei dann weitere Symptome jeweils noch hinzukommen können. Die Menschen sagen nicht, sie hätten Angst, sondern es ist zunächst ein psychosomatisches Erleben. Das Herz fängt an zu klopfen wie wahnsinnig, meistens ist es stark im Hals und in der Brust zu spüren. Es kommt zu Schweißausbrüchen, Zittern am ganzen Körper, Verkrampfungen, Schwindel. Es entsteht das Gefühl, ohnmächtig zu werden, es kommt zur sogenannten Hyperventilation im ganz schnellem Atmen usw. Patientinnen und Patienten haben den Eindruck, sie hätten einen Herzanfall, weil Herzanfälle eine ähnliche Symptomatik haben.

---

[55] Strian, Friedrich (1995) Angst und Angstkrankheiten, S. 35
[56] Ebd., S. 34

Deshalb rufen sie auch oft den Notarzt. Diese Angstanfälle wirken sehr beängstigend, auch auf andere Menschen. Deshalb versuchen Menschen mit Angstanfällen, diese zu vermeiden, doch die Angst vor der Angst lähmt sie dann ganz.

Diese Panikattacken binden sich oft an Situationen, in denen sie zum erstenmal aufgetreten sind. In diesem Zusammenhang sprechen wir dann von Phobien. Ist die Angstattacke ein erstes Mal in der Straßenbahn aufgetreten, kann sich sehr leicht eine Straßenbahnphobie entwickeln. Phobien haben den großen Nachteil, daß aus ihnen ein Vermeideverhalten folgt. Bestimmte Situationen werden gemieden, und je generalisierter Phobien werden, je multipler sie werden, je mehr Phobien also auftauchen, um so mehr Situationen werden vermieden. Auch bei den Phobien wird man zunächst nicht einfach von Pathologie sprechen. Wenn zum Beispiel jemand eine Spinnenphobie hat, dann wird man das noch kaum unter Pathologie einordnen. Spinnenphobien oder Mausphobien sind Phobien, unter denen sehr viele Menschen leiden – und die ja neben dem Leiden auch zu viel Heiterkeit Anlaß geben – zumindest für die, die sie nicht haben. Man kann diese Phobien so verstehen, daß frei flottierende Angst in solch einer Phobie, der Angst oder Furcht vor einem Objekt, gebunden und daher viel besser angehbar ist, als eine „frei flottierende", unbestimmte Angst. Die Phobie könnte also bereits eine Form der Verarbeitung von einer zunächst diffusen Ängstlichkeit sein. Aus Angst vor Panikattacken entsteht dann die Angst vor der Angst. So ist es dann möglich, daß man aus Angst vor der Angst nicht mehr auf die Straße geht, weil die erste Angst eben auf der Straße erlebt wurde. Es gibt die bekannten Phobien, die Agoraphobie, die Platzangst oder die Angst vor dem Eingeschlossensein, die Angst vor Erröten, die Angst vor Tieren, die soziale Angst usw. Es gibt außerordentlich viele Phobien.[57] So können auch phobische Ängste vor Krankheiten bestehen, vor irgendwelchen, aber auch vor bestimmten Krankheiten. Es gab früher z. B. die Krebsphobie, heute ist es eher die Aidsphobie, und diese findet sich bei Menschen, die nicht direkt zu den gefährdeten Gruppen gehören. In der Aidsphobie drückt sich eine panische Angst vor dem Verlust des Lebens

---

[57] Ebd., S. 44 ff.

aus, und das ist auch ihr Hintergrund: Leben wir zuwenig, sind wir zuwenig lebendig, haben wir zuviel Angst vor den Komplikationen, die zum Leben gehören, dann kann sich das z. B. in einer Aidsphobie ausdrücken. Die Angst vor dem Tod ist dann eigentlich Ausdruck für die Angst vor dem Leben. Viele Phobien haben diesen sehr ernsten Hintergrund: Vor lauter Aufpassen, daß bloß nichts Gefährliches geschieht, wird das Leben nicht mehr gelebt, und das kann sich dann in einer Phobie äußern.

Panikstörungen sind nicht nur gekoppelt mit Phobien, sondern oft auch mit Depressionen, mit Hypochondrie oder auch mit Zwangsymptomen. Angststörungen entwickeln sich meistens zwischen dem 20. und 40. Lebensjahr. Menschen, die an Angstkrankheiten leiden, suchen allerdings meistens sehr spät Therapie auf. Auch dann sprechen sie nicht notwendigerweise über ihre Angst. Sehr oft haben sie schon über lange Zeit Selbstheilungsversuche unternommen, der bekannteste davon ist der Selbstheilungsversuch mit Alkohol: So können etwa Menschen, die an einer leichteren Sozialphobie leiden, etwa nicht vor anderen Menschen sprechen können, von sich sagen, nach zwei Gläsern Alkohol wären sie nicht mehr so „gehemmt". Und aus den zwei Gläsern werden dann möglicherweise immer mehr.

Genese, Ausdruck und Entwicklung einer Panikstörung

Eine Frau war 33 Jahre alt, als sie einen ersten Panikanfall bekam. Sie hat sich selber als vorher unauffällig beschrieben. Sie fand, sie sei eher eine unproblematische Frau gewesen. Ihr Mann sprach von einer „pflegeleichten Frau", praktisch begabt und mit gutem Organisationstalent, beste Mutter usw. Diese Beschreibung wirkt etwas idealisierend, man fragt sich, ob da vielleicht auch etwas nicht gesehen werden wollte.

Als der jüngste Sohn 9 Jahre alt war – das Paar hat drei Kinder –, wurde die Mutter in die Schule zitiert und vernahm zu ihrem großen Erstaunen, daß ihr Sohn die Schule schwänzt. Das war bei den anderen Kindern noch nie vorgekommen, und in dieser Familie war dies ungeheuerlich. In diesem Zusammenhang wurde ihr plötzlich schwarz vor Augen, sie spürte einen Schwindel, sagte, es sei wie eine Ohnmacht gewesen, sie hatte Herzrasen, bekam keine Luft, fühlte Angst und Panik, sie hatte das Gefühl, „die Welt gehe unter". Sie wurde zu einem Arzt gebracht; die Panikattacke war bereits abgeklungen. (Panikattacken haben einen Angstgipfel nach einigen Minuten und klingen in der Regel nach 10 bis 20 Minuten wieder ab). Der Hausarzt hat sie dann auf eine Herzerkrankung hin untersucht. Da sie immer wieder Panikanfälle hatte, ohne daß diese als solche erkannt wurden, weil ihr Herzklopfen, die Enge, der Schwindel, Brustschmerzen so sehr im Vordergrund standen, suchte sie nach verschiedenen Lösungen. So ließ sie sich die Zähne sanieren, verschiedene Ärzte wurden mit mäßigem Erfolg eingeschaltet. Nach zwei Jahren hatte sie den Eindruck, sie müsse nun wirklich etwas unternehmen, sie war immer öfter zu Hause, hatte Angst vor der Angst, Angst vor den Panikanfällen, die immer wieder einmal in sehr sonderbaren Situationen auftraten und die sie gar nicht mehr mit irgend etwas in Verbindung bringen konnte. Sie konnte zum Beispiel im Bus sitzen und hatte dann einen Angstanfall, oder sie konnte am Abend vor dem Fernseher sitzen und bekam auch einen Panikanfall. Das war dann nicht so beängstigend, weil Menschen dabei waren, die ihr helfen konnten. Vor der Angst aber auf der Straße oder vor der Angst im Theater hatte sie sehr große Angst. Typischerweise engte sich ihr Lebenskreis aus Angst vor der Angst immer mehr ein. Es setzte ein großes Vermeideverhalten ein. Eigentlich sah es so aus, als hätte sie eine Agoraphobie entwickelt, eine Platzangst, in der letzlich zum Ausdruck kommt, daß sie in ihrem Leben keinen Platz nehmen darf, daß sie nichts tun darf.

Bei Menschen mit Angsterkrankungen wird der Partner oder die Partnerin sehr wichtig. Sie sind da zum ständigen Schutz und zur ständigen Begleitung, Helfer und Helferinnen, meist wider Willen. Diese Frau konnte nichts mehr unternehmen, ohne den Partner oder andere Personen, die sie begleiteten. Sie selber war mit sich ganz zerfallen und fragte sich, wo denn eigentlich die selbständige Frau geblieben sei, die sie einmal gewesen ist. Bei ihr hatte sich die Angst vor der Angst generalisiert, sie entwickelte aber keine generalisierte Ängstlichkeit. So wurde sie im Alltag auch im Umgang mit ihren Kindern nicht etwa übertrieben ängstlich, sondern entwickelte diese Phobie. Sie suchte dann einen Therapeuten auf. In einer tiefenpsychologisch orientierten Therapie wurde sehr bald deutlich, daß sie sich in ihrem Leben immer wieder sehr angepaßt hatte, um Ärger zu vermeiden. Sie hatte also alle Aggressionen, Trennungsaggressionen, Selbstbehauptungsaggression verdrängt. Sie wollte es allen anderen immer recht machen.

Wir haben es mit einer depressiv strukturierten Frau zu tun. Und hier muß noch ein Abwehrmechanismus angeführt werden, der erst in den letzten Jahren beschrieben wurde und den ich für sehr wichtig halte: Es ist der Abwehrmechanismus der projektiven Unterwerfung. Die projektive Unterwerfung ist meines Wissens von Erman[58] das erste Mal formuliert worden: Man projiziert das Ich-Ideal auf einen anderen Menschen und versucht, sich diesem Ich-Ideal zu unterwerfen. In der Praxis sieht das so aus, daß wir uns vorstellen, was unser Partner, unsere Partnerin von uns möchte, und das tun wir dann auch für ihn oder für sie. Stellt es sich aber dann heraus, daß der Partner oder die Partnerin „das" gar nicht möchte, es zumindest nicht honoriert, dann sind wir sehr enttäuscht. Diese projektive Unterwerfung machen wir, um Angst abwehren zu können. Projizieren wir das Ich-Ideal, so bedeutet das letztlich, daß wir unsere Bedürfnisse und unsere Wünsche auf den Partner projizieren und sie uns dort in der Partnerschaft auch erfüllen. Das ist aber nicht bewußt; bewußt meinen wir, uns den Bedürfnissen unserer Partner und Partnerinnen anzupassen und unterzuordnen. Wir reagieren dann auch entsprechend sauer, wenn es sich herausstellt, daß unsere Bedürfnisse nicht den Bedürfnissen des Partners oder der Partnerin entsprechen.

Das Ich-Ideal dieser Frau war, für andere alles zu sein und für sich selber nichts. Sie versuchte, allem Ärger und damit auch allen Situationen aus dem Weg zu gehen, in denen sie sich „getrennt" hätte vorkommen können, ausgestoßen, nicht dazugehörig. Vermeidet man allen Ärger, dann vermeidet man kleine Trennungsschritte; Trennungsschritte, von denen wir wissen, daß sie notwendig sind, um zu sich selbst zu kommen. Mit die-

---

[58] Ermann Michael (1987) Die Persönlichkeit bei psychovegetativen Störungen. Klinische und empirische Ergebnisse, Springer, Berlin, Heidelberg, New York, S. 11

sem Verhalten können wir nicht lernen, daß Trennungsaggression keineswegs heißen muß, daß eine Beziehung zerbricht, sondern daß Trennungsaggression einfach eine Rückbesinnung auf sich selbst ermöglicht.

Die projektive Unterwerfung dient also dazu, die konfliktträchtige Eigenständigkeit zu verleugnen und Verselbständigungsängste, aber auch die Angst, nicht in Ordnung zu sein, abzuwehren. Damit wird im Grunde genommen das Selbstsein in der Fantasie delegiert. Um den Ärger zu vermeiden, hat diese Frau sehr viele Dinge bagatellisiert. Bagatellisieren ist ebenfalls ein Abwehrmechanismus. So hatte sie zum Beispiel eine schwere Krankheit ihres Mannes bagatellisiert nach dem Motto: „Krankheiten gehören halt zum Leben, und das bißchen Mehrarbeit macht mir überhaupt nichts aus." Es ging in diesem Falle aber nicht um Mehrarbeit, sondern um die berechtigte Angst vor dem Tod des Partners. Die ganze Angst, die damit und mit dieser Krankheit verbunden war, hatte sie genauso wie die Angst vor der Zukunft nicht zugelassen.

Als sie nun aber in die Schule zitiert wurde, konnte sie den Ärger nicht mehr bagatellisieren, auch nicht verschieben, ihm nicht aus dem Weg gehen. Sie wurde voll mit ihm konfrontiert. Sie reagierte mit einer Panikattacke, aus der sich eine Herzphobie entwickelte. Wie bei allen Panikstörungen wurde auch hier dem Partner eine wichtige Rolle zugedacht. Weil die Angst vor der Angst auftritt, wird das Leben der meisten Menschen mit Panikstörungen immer mehr eingeengt. Sie sind deshalb darauf angewiesen, daß ihnen ein Mensch hilft, mit diesen Angstanfällen umzugehen. Sie klammern sich in der Folge ausgesprochen an den Partner oder an die Partnerin, der oder die sie begleiten muß. Sie ersetzen damit die steuernden Objekte der Kindheit, die nicht als innere Begleiter und Begleiterinnen internalisiert werden konnten. Diese wichtige Rolle als „steuernde Objekte" ist insofern problematisch, weil gerade die Angststörungen psychodynamisch sehr viel damit zu tun haben, daß Konflikte verdrängt werden, insbesondere auch Trennungskonflikte. Sind nun Angstpatienten ohne diesen Partner, zu dem sie eine hochambivalente Beziehung haben, hilflos, dann haben sie keine Möglichkeit, sich von ihm zu trennen, sie können ohne ihn nicht mehr existieren, sind abhängig, und das erfüllt sie oft auch mit Wut.

Herzphobie – Geborgenheits- und Trennungswünsche

Die Herzphobie ist eine organbezogene Phobie. Ein Herzstillstand wird befürchtet, ohne daß organisch eine Erkrankung am Herzen feststellbar wäre. Daß die Panikstörung sich am Herzen festmachen kann, leuchtet ein, ruft man sich die Symptome einer Panikattacke noch einmal in Erinnerung, denn sie gleichen einem Herzanfall. Bei der Herzphobie ist allerdings weniger die Furcht dominierend, man könne ohnmächtig werden, sondern die Furcht, es passiere irgend etwas mit dem Herzen, man könne einen Herzstillstand bekommen oder ein Herzinfarkt drohe. Dabei ist jedoch nicht so sehr die Todesangst im Vordergrund, wie man vielleicht denken könnte, sondern es ist ausgesprochen die Angst, man könne durch den Anfall hilflos sein, die Kontrolle über sich verlieren, und niemand wäre da, der einem helfen könnte oder würde.

Das wirft nun bereits ein erstes Licht auf die Prägesituationen, in denen solche Angststörungen auftreten. Die Angst besteht also davor, hilflos zu sein, keine Kontrolle mehr über sich und die Situation zu haben, allein zu sein und ohne einen Menschen, der sagt, wie und was man in dieser Situation machen muß. Es ist eine Angst, von einem Chaos überflutet zu werden. Letzlich ist es natürlich dann doch die Angst zu sterben.

Während beim Zwang eine überaus steuernde Beziehungsperson auszumachen ist, die sehr deutlich sagt, wo es entlang geht, fehlen bei der Panikstörung, bei den Herzphobien und den Phobien überhaupt die Internalisierungen von steuernden Personen bzw. von Personen, die man als steuernd erlebt hätte. Deshalb sind die Betroffenen ihrer eigenen Ängstlichkeit ausgeliefert.

Die Beziehungspersonen von Menschen, die Panikstörungen entwickeln, sind in der Regel selber ängstlich und anklammernd, können dem Kind zu wenig Bestimmtheit vermitteln. Sie geben als Eltern sehr wenig Struktur, sehr wenig Halt, und haben eher die Tendenz, das Kind in eine Symbiose einzubauen, es übertrieben zu beschützen oder aber es viel zu früh allein zu lassen nach dem Motto: „Das machst du schon." Weil den Menschen mit Panikstörungen wenig Halt geboten wurde, wenig Steuerung, sind sie auf der Suche nach „steuernden Personen"[59], sie suchen Begleiter und Begleiterinnen, sie suchen Ratschläge und weniger die Autonomie.

Beispiel für eine Herzphobie:

Ein 37jähriger Mann wird von seinem Hausarzt überwiesen. Der Mann sagt, er habe seit drei Jahren Herzanfälle: „Ich habe einfach Herz-Kreislauf-Beschwerden." Er war in ständiger ärztlicher Behandlung, sein Zustand hat sich in letzter Zeit rapide verschlechtert. Als er kommt, hat er etwa drei Anfälle pro Woche, zuvor etwa einen Anfall in 14 Tagen. Diese Verschlechterung hängt damit zusammen, daß sein fünfter (!) Arzt ihm sagt, er halte eigentlich nichts von den Medikamenten, die er schlucke (Betablocker, Benzodiazipine). Er meine, hinter seinen Beschwerden stecke Angst, er solle doch einen Psychotherapeuten aufsuchen. Der Hausarzt hat mit dieser Mitteilung eine Krise heraufbeschworen. Das lange dahinschleichende Problem kann nun angegangen werden. Der Mann kam und sagte, er sei unheimlich froh, daß er kommen könne. Er hielt mich bei der Begrüßung mit beiden Händen fest und ließ meine Hände lang nicht los. Gleichzeitig trat er mir dabei auf den Fuß. Mein Schmerzensausruf und das Wegziehen des Fußes bemerkte er nicht. Ich erlebte ihn als mit Händen und Füßen recht zupackend. Dieses Zupacken steht in einem Gegensatz zu seiner geäußerten Erleichterung, endlich bei jemandem zu sein, der ihn verstehen soll. Seine Beziehungsangebote sind widersprüchlich, anklammernd und gleichzeitig „tretend".

Zu Beginn unseres Gesprächs erwähnt er, er habe keinen Grund, krank zu sein, er habe eine gute Stellung, sei privat glücklich, habe einen dreijährigen Sohn und auch sonst viel Freude. Nach Ärger gefragt meint er, er habe normal viel Ärger. Doch am meisten ärgerten ihn die Sportclubkollegen, die meinten, er sei ein Hypochonder. Dann beschreibt er seine Herzanfälle. Oft habe

---

[59] Der Ausdruck „Steuernde Objekte" stammt von Karl König.
König Karl (1981) Angst und Persönlichkeit. Das Konzept und seine Anwendungen vom steuernden Objekt, Verlag für medizinische Psychologie, Vandenhoeck und Ruprecht, Göttingen

er heftiges Herzklopfen, gefolgt von Druck und Beklemmungsgefühlen auf der Brust. Er fühle sich ohnehin immer abgeschlagen und müde, auch ohne Anfall. Im Anfall dann aber habe er Atemnot, Schweißausbrüche und Angst, das Herz stehe still. In der Folge werde er dann natürlich immer aufgeregter, bekomme überhaupt keine Luft mehr, und dann komme diese Panik und Angst über ihn, es könnte ein Herzinfarkt sein. Auf meine Frage hin bestätigt er, daß er dann auch ans Sterben denke, daß er aber vor allem auch panische Angst habe, es sei dann niemand da, der helfen könne. Der Notarzt komme aber eigentlich immer rasch. Die Medikamente, so findet er, würden in letzter Zeit nicht mehr so gut helfen, gerade jetzt, wo es mit den gehäuften Anfällen sehr viel schlimmer geworden sei. Man habe ihn auch körperlich wieder einmal untersucht, aber nichts gefunden. Und dann sagt er wörtlich: „So kann mein Leben einfach nicht mehr weitergehen. Nichts freut mich mehr, ich bin eine unzumutbare Belastung für meine Frau." Eine unzumutbare Belastung, weil er körperlich geschwächt sei, sich nichts mehr zumuten könne, seine Frau müsse immer Rücksicht nehmen, und sie müsse ihn auch sehr oft und immer öfter begleiten. Auslöser für die Verschlimmerung seiner Situation war die Bemerkung des Arztes, er halte in seinem Falle von den Medikamenten nicht mehr so viel. Ich fragte nach dem Auslöser der ersten Panikattacke, die drei Jahre zurücklag. Er meinte, es wäre da vor allem viel Streß am Arbeitsplatz gewesen, einer hätte auch einen Herzinfarkt gehabt, und er fügt locker hinzu: „Wissen Sie, in einem so großen Betrieb hat immer einer einen Herzinfarkt."

Ich will mehr und genaueres über den Streß von damals wissen. Er sei damals in Konkurenz zu einem sehr dynamischen, aggressiven Kollegen gestanden. Dann erzählt er genüßlich, dieser hätte inzwischen eine eigene Firma gegründet, sei ein furchtbar ehrgeiziger Kerl, aber der werde schon noch „auf die Welt kommen". Das Thema Rivalität könnte also hinter der Krise stecken. Ich sage darauf: „Es kann schwierig sein, sich neben so einem ehrgeizigen Menschen zu behaupten, das hat Sie wohl gestört?" Er: „Nein, nein, so schlimm war das nicht. Das fordert auch heraus." Mir fiel ein, daß es damals noch einen weiteren Stressr gegeben haben mußte, weil seine Frau damals das Kind bekommen hatte. Auf diese Situation der Geburt des Kindes habe ich ihn dann angesprochen und ihn gefragt, wie es denn für ihn gewesen sei, als seine Frau ein Kind bekommen habe. Er antwortet, er sei sehr stolz gewesen, auch daß es ein Sohn sei. Dann begann er, sich unruhig auf seinem Stuhl hin und her zu bewegen, und ich formuliere: „Es ist doch eine große Umstellung, wenn plötzlich ein Kind da ist, auch wenn man sich freut." Er: „Meine Frau wollte unbedingt ein Kind haben." Ich: „Das Kind ist für Ihre Frau." Er: „Ja, das mußte unbedingt sein, ich wollte eigentlich keine ... keine Kinder, ich bin nicht ... egoistisch, nicht eigentlich, aber ich finde es gibt genug ..., aber jetzt liebe ich meinen Sohn schon sehr ..." Ich: „Manchmal macht man etwas einem anderen Menschen zuliebe, und es ist dann nicht nur einfach." Da platzt er heraus: „Ich hatte doch keine Wahl. Sie hätte mich sonst bestimmt verlassen." Ich: „Hat sie das so gesagt?" Er: „Nein, aber ich habe es gemerkt, sie hätte mich bestimmt verlassen." Ich: „Da standen Sie wirklich unter Druck. Die Verunsicherung am Arbeitsplatz mit dem ehrgeizigen Kollegen und die Angst, daß Ihre Frau Sie verlassen könnte." Er: „Ja, das hätte ich nicht überlebt." Ich: „Ihre Frau ist wichtig für Sie." Er: „Das ärgert mich ja gerade, weil ich so abhängig bin. Ich habe ja mehr Angst, meine Frau zu verlieren, als zu sterben."

Durch dieses Gespräch, in dem ich versuchte, ihn sowohl in seinem Selbstwert zu stabilisieren als auch immer an die zum Teil verdrängte Emotion heranzukommen[60], sind wir an einen ganz wesentlichen Angstinhalt gestoßen: seine große Angst vor dem Verlust der Frau, Trennungsangst also. Das Hauptproblem hinter der Krise wird deutlich: Die Angst vor der Abhängigkeit von seiner Frau, die Angst, von ihr verlassen zu werden. Noch ist allerdings sehr unklar, ob es sich in diesem Zusammenhang um eine reale Befürchtung oder um eine projektive Unterwerfung handelt. Die projektive Unterwerfung finden wir sehr oft bei Angstkranken. Der Patient projiziert ein Verhalten, das er befürchtet, vielleicht auch wünscht, in einen anderen Menschen hinein. Er unterwirft sich diesem Verhalten, ohne abgeklärt zu haben, ob es wirklich gewünscht wird. So hat der Patient nicht nur nicht abgeklärt, ob seine Frau ihn wirklich verlassen würde,

---

[60] Kast, Der schöpferische Sprung, S. 22 ff.

sondern er hat dieses Thema nie angesprochen. Er verhält sich einfach so, als ob sie es tun würde, wenn er nicht das tut, was er meint, das sie nicht möchte. Ein weiteres Problem scheint die Angst zu sein, einen eigenen Standpunkt zu beziehen. Der Ich-Komplex dieses Mannes hat sich nicht altersgemäß aus dem Mutterkomplex herausgebildet.[61] Dadurch hat er bedeutende Symbiosetendenzen und wenig offene Aggression, hingegen viel verdeckte oder auch passive Aggression. So werden übrigens Herzphobiker und Herzphobikerinnen immer wieder beschrieben, zum Beispiel von Richter und Beckmann.[62] Sie haben Angst davor, den geschützen Raum zu verlassen, den die Mutter oder der Mensch, auf den man die wichtigste Beziehungsperson projiziert hat, bietet. Dieser Patient hat Angst, verlassen zu werden, er hat aber auch Angst, das Gesicht zu verlieren (Situation in seiner Firma), und er hat gleichzeitig Angst zu rivalisieren. Er kann also seine Aggression nicht wirklich einsetzen.

Er erwähnt dann, er habe vor der Herzgeschichte viel mehr Angst gehabt als in der jetzigen Situation, und zwar so eine diffuse Angst, das Leben nicht zu bewältigen: die Stelle nicht ausfüllen zu können, den Aufstieg nicht zu schaffen. Die Frau habe ihn jeweils getröstet, mit ihr zusammen habe er den Eindruck gehabt, es gehe etwas besser. Sie habe sich aber auch immer über ihn lustig gemacht, und dann sagt er wörtlich: „Und überhaupt störte mich an meiner Frau, daß sie immer irgendwelche Aufträge an mich hatte. Das Auftragswesen hat ja jetzt aufgehört, ich muß mich ja schonen."

Auch hier wird deutlich, wie Aggression vermieden wird. Statt die Angelegenheit mit dem „Auftragswesen" zu klären, statt seine Frau damit zu konfrontieren, wird sie jetzt durch das Herzproblem konfrontiert. Die Aggression, die eine Trennung brächte und das Selbstsein stützen würde, wird vermieden. Er fantasierte eine Bedrohung seiner Existenz, wenn er seine Aggression leben würde. Das nun entstandene Symptom hat aber zwingende Kraft, das Symptom gibt nun seinerseits Aufträge an die Frau.

---

[61] Kast, Vater – Töchter, S. 13 ff.
[62] Richter, Horst E., Beckmann Dieter (1969) Herzneurose, Thieme, Stuttgart

Wenden wir uns nun der Prägesituation zu, die ein wichtiger Aspekt bei der Entwicklung einer solchen Krankheit ist. Sind Eltern sehr steuernd, muß das Kind sich nie fragen, was sie von ihm wollen. Das Kind kann sich eigentlich nur entweder mit dem Angreifer oder der Angreiferin identifizieren oder zu einem richtig guten Rebell werden. Steuern Beziehungspersonen aber zu wenig und sind ganz offen in dem, was sie eigentlich vom Kind erwarten, oder sagen sie schon in einem sehr frühen Stadium „du mußt eigentlich selber wissen, was du tust", dann entsteht eine große Unsicherheit. Menschen, die eine solche Prägesituation erlebt haben, müssen sich immer wieder überlegen, was denn eigentlich von ihnen gewollt wird: denn das wollen sie erfüllen, damit sie gefallen, damit sie bloß nicht verlassen werden. In diesem Zusammenhang ist sowohl die projektive Unterwerfung als auch die Hemmung der Aggression zu sehen.

Zu einer Therapie eines Menschen mit Angststörungen gehört immer auch *das aktive Umgehen mit angstauslösenden Reizen.* Im Zusammenhang damit gibt es den Satz von Richter: „Was früher die Mutter übel genommen hat, nimmt jetzt das Herz übel." Ich erwähnte diesen Satz einfach einmal und fragte ihn, ob es auf sein Erleben zutreffe. Er: „Ja, Mutter wollte immer, daß ich der Beste bin." Er hat dann erzählt, wie seine Mutter traurig wurde, weil er aus der Schule nicht das beste Zeugnis nach Hause brachte. Es kam ihr nicht auf die Noten an, sondern er sollte der Beste sein – so hat er es zumindest erlebt. Gleichzeitig sagte die Mutter aber sinngemäß: „Du kannst machen, was du willst, es ist alles in Ordnung." Er sagte von sich: „Ich bin aber nicht der Beste, ich bin zu wenig zupackend, ich weiß auch nicht, was man so alles tun müßte, um der Beste zu sein." Er spricht dann weiter von seiner Situation in der Firma. Seine Kollegen seien zupackender, hätten auch keine Flugangst. Er könne wegen seiner Flugangst gewisse Aufträge gar nicht wahrnehmen, und er sagt dann von sich aus: Seine Stärke sei es, in Ruhe zu planen und Ideen zu bringen. Ob das nicht genug sei, frage ich ihn. Er findet es zu wenig, und vielleicht wolle man ja von ihm auch etwas ganz anderes.

Wir überlegten uns, wie er in der Firma klären könnte, ob seine Leistung gut genug sei. In fantasierten Gesprächen bereitet er sich auf dieses Gespräch vor. Das Schicksal kam ihm dann zuvor. Es sollte ein neuer Mitarbeiter ins Leitungsgremium eingestellt werden, dazu haben sich alle, auch er, an einen Tisch gesetzt. Einer seiner Vorgesetzten sagte dort ganz deutlich, daß er (der Patient), für Planung und Ideen zuständig sei, daß er das hervorragend mache, und daß nichts weiter von ihm erwartet werde, als daß er dies weiterhin so hervorragend mache.

Ich bat ihn dann, damit er sich weiter mit angstauslösenden Inhalten konfrontierte, mit seiner Frau ein Gespräch über seine Angst, verlassen zu werden, zu führen. Dieses Gespräch war wesentlich problematischer, weil seine Frau ihm mitteilte, es könne durchaus sein, daß sie ihn verlassen würde. Da auch ihm durch einen Traum deutlich geworden war, daß er viel Wut auf seine Frau hatte, sich gleichzeitig an sie klammerte und sie verlassen wollte, entschlossen sich die beiden zu einer Paartherapie.

In der Therapie konnten wir herausarbeiten, daß seine von ihm als so unangenehm erlebte Trennungsaggression im Dienste der Entwicklung zur Autonomie und des Selbstseins steht, also unabdingbar wichtig ist, um eine Beziehung zu gestalten. Die Krisenintervention bei diesem Mann fand in acht Sitzungen in dichter Folge statt, dann folgten ihr 15 Sitzungen über ein Jahr verteilt. Das erste Gespräch beruhigte den Patienten, die Anfälle wurden weniger, er ging allerdings auch weniger besorgt mit seinem Herzstolpern um. Er lernte die angstauslösenden Themen zu konfrontieren, allerdings nach langer Vorarbeit und jeweils zunächst in der Fantasie. Sehr deutlich im Vordergrund war das Angstthema mit dem Entwicklungsthema von Abhängigkeit und Autonomie, damit aber auch die Entwicklung zu mehr Selbstbehauptung. In der parallel verlaufenden Paartherapie, die ein Kollege von mir übernommen hatte, konnten diese Themen in der Beziehung bearbeitet werden.

Sowohl bei der Panikstörung als auch bei der Organphobie besteht die Angst darin, hilflos zu werden. Es ist die Angst, das Leben brause unkontrollierbar über einen hinweg. Es ist eine Angst vor Selbstverlust, die darin besteht, sich besonders dann selbst zu verlieren, wenn man die Abhängigkeit von dem aktiv steuernden Menschen, die man eigentlich aufsprengen möchte, auch wirklich aufsprengt. Weil wenig steuernde Instanzen in der Individuations-Seperationsphase da waren, hat man diese auch nicht intrapsychisch internalisiert. Diese steuernden Personen bleiben in der Delegation, sie werden projiziert. Es kann dann nicht erlebt werden, daß man sich, obwohl man sich von jemandem trennt, selber nicht verliert; zwar vielleicht vorübergehend unter einer Identitätsdiffusion leidet, sich dann aber auch wieder selber gewinnt.

Bei der Panikstörung haben wir das genaue Gegenteil von der Zwangsstörung. In der Zwangsstörung kann man sich ja mit dem steuernden Angreifer identifizieren. Der Phobiker, die Phobikerin, identifiziert sich aber mit dem furchtsamen Kind, die Angreifer sind jeweils außen. Dieses furchtsames Kind braucht vor allem den Abwehrmechanismus der projektiven Unterwerfung. Dabei wird alles, was nur im entfernten mit Trennen zu tun hat, verdrängt, alle Ängste vor Verselbständigung werden abgewehrt. Daraus ergeben sich dann im wesentlichen zwei Konsequenzen. Auf der einen Seite stehen sehr große Geborgenheitswünsche, sehr große Wünsche nach jemandem, der steuert, der einem sagt, wie es geht, was zu tun ist. Gleichzeitig entstehen aber sehr belastende aggressive Todeswünsche. Trennungswünsche, die immer verdrängt werden, können schließlich zu Todeswünschen werden. So werden diese steuernden Personen in einer großen Ambivalenz erlebt. Einmal klammern Phobiker und Phobikerinnen sich an diese Menschen, weil sie als die Garantie dafür erscheinen, daß es einem nicht schlecht geht, daß die Panikattacke entweder nicht kommen wird oder man zumindest nicht total hilflos ist. Auf der anderen Seite macht diese Abhängigkeit ausgesprochen wütend. Es ist eine Wut darauf, daß man diesen Menschen so sehr braucht, existentiell braucht und ihm so sehr ausgeliefert ist. Diese Wut nun darf aber wiederum nicht ausgedrückt werden, denn sonst würde man ja gerade den Menschen verlieren, den man so dringend braucht. In der Folge wird die Wut abgewehrt, und man wird noch anklammernder. Die Reaktionsbildung besteht also im Anklammern.

Auch hier wird deutlich, daß sich die Abwehrmechanismen intrapsychisch, körperlich und psychosozial überformen. Psychosozial äußert sich dies so: Der Partner, die Partnerin, wird eigentlich zum steuernden Objekt. Er ist der Sicherheit bietende Mensch, und das soll das Auftreten von panischer Angst verhindern oder zumindest dazu verhelfen, daß die zu befürchtende Panikattacke nicht das Ende von allem ist. Das führt aber bereits zu einem psychosozialen Arrangement. Der jeweilige Partner ist sehr sehr wichtig als Helfer, ist unentbehrlich. Er muß immer mehr zur Verfügung stehen, besonders deshalb, weil dieses psychosoziale Arrangement das Problem nicht löst.

Die phobische Charakterstruktur

Sprechen wir davon, daß Menschen eher eine phobische Charakterstruktur haben, so sprechen wir von einer als normal geltenden Ausprägung des Menschlichen.[63] Sie sind aber mehr disponiert als andere, bei einschneidenden Verlusterlebnissen mit einer Panikstörung zu reagieren.

Es geht dabei um Menschen, die sehr vorsichtig sind, wenig initiativ, aber sehr zuverlässig auf Anweisung hin arbeiten. Sie können sich aber durchaus auch in leitenden Positionen wohlfühlen; die berufliche Rolle ist auch so etwas wie ein „steuerndes Objekt". Die berufliche Rolle kann also die Rolle des inneren Begleiters, der inneren Begleiterin übernehmen. Menschen mit einer phobischen Struktur haben es gern, wenn ihre Position ganz klar definiert ist, wenn sie ein Pflichtenheft haben, an das sie sich halten können. Diese Personen sind oft eingebunden in eine Familie, denn auch dies gibt eine Struktur. Sie sind auch an kollektive Werte gebunden, denn auch diese haben eine steuernde Funktion. Die Beachtung der kollektiven Werte vermitteln das Wissen, wie man sich in etwa zu verhalten hat. Im heutigen Wertepluralismus ist es für Menschen mit einer phobischen Struktur sehr schwierig zu wissen, woran sie sich halten wollen. Für sie ist die konkrete Begleitung um so wichtiger, denn diese Begleiter und Begleiterinnen steuern: Das können Partner und Partnerinnen sein, Freunde, Arbeitskollegen, aber auch – am liebsten hierachisch gegliederte – Institutionen. Menschen mit einer ausgeprägten phobischen Chrakterstruktur fühlen sich darin sehr wohl. Ihre aggressive

---

[63] König, Angst, S. 34 ff.

Seite ist meistens unterdrückt, und so bekommen sie nicht sehr viele Autoritätsprobleme. Es kann allerdings zu aggressiven Durchbrüchen kommen. Bei diesen Menschen steuert die Außenwelt, da sie wenig steuernde Beziehungspersonen verinnerlichen konnten.

Menschen mit einer ausgeprägten phobischen Struktur entwikkeln auch eine sehr typische Arbeitsstörung. Sie haben nicht gelernt, selbständig zu handeln. Selbständig sein zu müssen löst Angst aus. Die Arbeitsstörung besteht deshalb darin, daß diese Menschen durchaus den Impuls haben, etwas zu tun, dann ergreift sie aber die Angst, es eben nicht tun zu können. Die Angst wird dann mit irgendwelchen Rationalisierungen abgewehrt. Diese Menschen äußern also viele Absichtserklärungen, ohne viel davon zu verwirklichen. Diese Absichtserklärungen nehmen sie aber durchaus ernst, sie leiden darunter, wenn sie sie nicht verwirklichen können, weil sie Rückzüge machen müssen, da die Angst sie lähmt.

Diese Arbeitsstörungen haben eine Ähnlichkeit mit der depressiven Arbeitsstörung. Während Personen mit einer depressiven Arbeitsstörung jedoch eine Antriebshemmung haben, also keinen Impuls, etwas zu machen, hat der phobisch Strukturierte zwar einen Impuls, aber die Ausführung wird dann vermieden. Diesen Menschen geht es vor allem darum, etwas zu tun, zu erledigen und hilfreich zu sein. Ein depressiver Mensch ist perfektionistisch ausgerichtet und will es besonders gut machen. Zwar haben Phobiker und Phobikerinnen auch zusätzlich depressive Verstimmungen, und depressive Menschen haben auch meistens sehr viel Angst. Die Angst und und der depressive Affekt sind Emotionen, die in einem gemeinsamen Emotionsfeld vorkommen, die aber dennoch voneinander unterschieden werden können und therapeutisch auch unterschieden werden müssen. Die angstneurotischen Arbeitsstörungen sind allerdings leichter zu beeinflussen als die depressiven. Menschen mit angstneurotischen Zügen können zum Beispiel arbeiten, wenn man ihnen dabei zusieht, wenn also jemand anwesend ist, der sich für sie interessiert und ihnen klar macht, daß die Arbeit so doch eigentlich möglich ist. Für einen Depressiven wäre dies jedoch die Hölle.

Traumatische Ängste
und die posttraumatische Belastungsstörung

Traumatische Ängste sind besondere Ängste. Sie übersteigen bei weitem unsere alltäglichen Ängste, aber auch die Ängste bei Panikstörungen. Bei traumatischen Ängsten geht es um Ängste in Situationen von Überbelastung, wie z. B. dem Erleben von Gewalt, Krieg, aber auch Vergewaltigung, sexuellem Mißbrauch, der Erfahrung von lebensbedrohlichen Krankheiten (z. B. bei überlebten Hirnblutungen, Verbrennungen 3. Grades), der Diagnose einer möglicherweise lebensbedrohlichen Krankheit wie Krebs oder Aids, dem plötzlichen Tod eines geliebten Menschen, bei Schuld am Tod oder Schuld an schwerer Schädigung eines geliebten Menschen. Diese Situationen können Krisen auslösen, ein kritisches Lebensereignis mit einer beachtlichen Belastung darstellen, oder sie können eine traumatische Wirkung haben.

Unter psychischen Traumata versteht man die Wirkung von äußerst schmerzlichen Erlebnissen auf einen Menschen, die wegen ihrer Intensität und/oder ihrer Plötzlichkeit nicht verarbeitet werden können. Die normalen Selbstregulationsmechanismen der Psyche sind für diese Situationen nicht geschaffen, sie funktionieren nicht mehr. Das heißt, das Ich kann mit der Situation überhaupt nicht umgehen, hat Mühe, die Situation adäquat wahrzunehmen, kann mit den Gefühlen von Angst z. B. nicht mehr umgehen, ist also total orientierungs- und hilflos, ohnmächtig, überwältigt von Gefühlen der Angst, Demütigung, Wut, Verzweiflung, und zwar in einer Situation, in der Handeln notwendig wäre. Diese Menschen sind und waren in einem großen Ausmaß real bedroht, sind Opfer von Gewalt und Zerstörung in einem ganz weiten Sinne. Das Trauma verändert das Selbst- und Weltverständnis radikal.

Der Zusammenbruch der Selbstregulation bringt es mit sich, daß diese Menschen auch befürchten, daß es nichts Gutes mehr in dieser Welt gibt: Es erfolgt ein grosser Vertrauenseinbruch ins Leben. Alles, worauf man sich zuvor verlassen hat, scheint nicht mehr zu stimmen. Man muß auf eine neue Weise lernen, die anderen Menschen und das Leben zu verstehen, weiterzuleben trotz der Schrecklichkeit.

117

Es gibt die Möglichkeit der Traumaverarbeitung. Das Trauma wird zunächst verleugnet, dann wird es nach und nach im Erleben wieder zugelassen und immer wieder im Erleben wiederholt. Die Erfahrungswelt ist wesentlich auf das traumatische Erleben fixiert. In diesem emotionalen Wiederholen der traumatischen Erfahrung werden auch die Selbstanteile wieder bewußt, die durch die Verleugnung zunächst abgespalten waren, und die zum Teil zu der Person gehörten, bevor die traumatische Situation eingetroffen ist. Im besten Falle wird die Verbindung der posttraumatischen Identität mit der prätraumatischen Identität möglich.

Als Beispiel einer solchen Traumaverarbeitung kann der Prozeß des Trauerns gelten [64], wobei nicht jedes Verlusterlebnis eine traumatische Wirkung hat.

Der Trauerprozeß und die Trauerphase

Der Trauerprozeß verläuft nach einer gewissen Typik. Dabei ist natürlich daran zu denken, daß jede Frau, jeder Mann ihrem/seinem Wesen gemäß trauert. Wer schon immer Mühe hatte, sich zu trennen, der oder die wird auch bei einem großen Verlust mehr Mühe haben, loszulassen. Wer die Trennungsphasen fast überspringt – ebenfalls aus Angst vor Trennungen – wird auch bei einem Verlust in Gefahr sein, den Trauerprozeß zu überspringen. Weiter hängt der jeweilige Trauerprozeß auch davon ab, wen wir auf welche Weise verloren haben.

Die erste Phase der Trauer nenne ich die Phase des Nicht-Wahrhaben-Wollens.
Erhalten wir die Nachricht vom Tod eines mit uns nahe verbundenen Menschen, dann denken wir zunächst, daß das doch gar nicht wahr sein kann. Aber sogar dann, wenn wir noch am Totenbett gesessen sind, fragen wir uns hinterher: Stimmt das wirklich, ist es wirklich kein Traum? Wir Menschen reagieren auf Krisen

[64] Kast Verena (1982) Trauern. Phasen und Chancen des psychischen Prozesses, Kreuz, Stuttgart

mit einer großen Abwehr – es kann nicht wahr sein, weil es nicht wahr sein darf. Wir reagieren mit einem Totstellreflex, weil die Veränderung uns zuviel abverlangt. Was wir Menschen aber nicht wahrnehmen, ersetzen wir durch Fantasien. Das heißt, wir dissoziieren uns von dem Verlusterlebnis zunächst und verleugnen es. Deshalb ist der Anblick des Leichnams wichtig; er erinnert uns daran, daß der Tod wirklich eingetreten ist. Dann beginnen wir zu klagen. Wir treten damit in die zweite Phase des Trauerns ein, in die Phase der

Aufbrechenden chaotischen Emotionen.
Nach außen wirken Menschen in dieser Phase als von Gefühlsstürmen übermannt; sie weinen, sind zornig, zeigen Angstausbrüche, sind überhaupt generell ängstlich, beteuern die Liebe zum Verstorbenen, wollen diese oder diesen sofort zurückhaben, klagen das Leben an, Gott, die Mitmenschen. Sie leiden unter Schuldgefühlen: Jetzt wird ihnen plötzlich bewußt, was sie alles in der Beziehung zum Verstorbenen versäumt haben, was sie noch alles an Zuwendung hätten geben wollen und geben müssen. Unter dem Verdikt des „zu spät" fällt die ganze Schuld auf die Trauernden zurück. Die Schuldgefühle können in diesem aufgelösten Zustand schlecht ertragen werden, also sucht man Sündenböcke, wälzt die Gefühle der Schuld auf andere Menschen ab. Chaotisch nenne ich diese Emotionen deshalb, weil die verschiedenen Emotionen, die sich auch widersprechen, durcheinander erlebt werden. So kann etwa Wut auf den Verstorbenen, Wut darauf, daß er einfach weggegangen ist und ein intensives Gefühle der Liebe für ihn oder für sie fast gleichzeitig und miteinander erlebt werden. Grundsätzlich wird hier viel Ambivalenz erlebt: Liebe und Haß, die normalerweise in der Liebe gebunden sind, fallen auseinander. Das Ich ist fragmentiert.

Diese Phase ist schwer zu ertragen; wir bilden uns ja normalerweise etwas darauf ein, daß wir unsere Gefühle kontrollieren können. In dieser Situation ist uns das aber kaum mehr möglich, sollen wir es auch gar nicht um jeden Preis versuchen. Denn der Fortgang der Trauerarbeit hängt wesentlich davon ab, ob es uns gelungen ist, die verschiedenen emotionalen Färbungen der Trauer auch zuzulassen und auszudrücken. Dabei ist es auch wichtig, daß die Gefühle, die wirklich erlebt sind, aus-gedrückt werden, daß wir emotional echt sind, also nicht nur die Gefühle zeigen, von denen wir denken, daß sie von der Umgebung akzeptiert werden, aber auch nicht Gefühle der Trauer ausdrücken, die wir gar nicht mehr spüren. Viele Menschen tun sich leicht mit dem Klagen, mit dem Weinen, sind aber der Ansicht, sie dürften ihre Gefühle der Wut nicht äußern. Natürlich kann der Verstorbene nichts dafür, daß er gestorben ist, aber wir Menschen reagieren auf eine Verletzung unseres Selbstwertgefühls mit Ärger und Wut und suchen irgendeinen Adressaten, um sie anzubringen. Die feindseligen Gefühle zu äußern ist wesentlich, weil sie uns innerlich – vielleicht sogar äußerlich – in Bewegung bringen und uns weniger in der Melancholie versacken lassen. Die Chance in dieser Trauerphase besteht darin, daß die Menschen in Kontakt mit ihrem emotionalen Selbst kommen, sich echt und lebendig, trotz des Schmerzes, fühlen können.

In dieser Phase der aufbrechenden chaotischen Emotionen sind wir auch körperlich labil: Die meisten Menschen sind appetitlos, haben Schlafschwierigkeiten, sind anfälliger für Infekte als sonst. Dazu kommt, daß Bedürfnisse nach Trost durch die körperliche Anwesenheit eines anderen Menschen, Bedürfnisse nach Zärtlichkeit und nach Sexualität, die gerade in diesem Zustand der Trauer deutlich erlebbar sind, unter Umständen aber nicht mehr befriedigt werden können. Wir trauern nicht nur seelisch, wir trauern als leib-seelische Ganzheit. Diese Phase ist aber auch Ausdruck für das Gefühl eines deutlichen Alleingelassen- und Getrenntseins, das Ich ist fragmentiert. Der Verlust kann aber nicht mehr verleugnet werden, er wird in vielen Varianten immer wieder erzählt und im Gefühl erlebt.

Das Zulassen und das Ausdrücken der verschiedenen Emotionen führt in die dritte Phase der Trauer, der Trauerarbeit im engeren Sinne. Ich nenne diese Phase die Phase des Suchens, Findens und Sichtrennens.

Diese Phase wird meistens dadurch eingeleitet, daß die Trauernden sagen, sie könnten an nichts anderes denken als an den Verstorbenen oder an die Verstorbene. Sie halten das für falsch, ist es aber nicht. Jetzt geht es darum, das Leben, das man miteinander gelebt hat, in der Erinnerung sozusagen auferstehen zu lassen. Das tut man, indem man Geschichten aus dem gemeinsamen Leben erzählt, indem man – nicht zuletzt auch mit Hilfe der Träume – herausfindet, welche eigenen Probleme man dem Partner oder der Partnerin angelastet hat, aber auch, welche Lebensmöglichkeiten durch das Leben mit diesem Partner oder dieser Partnerin in unserem Leben zum Tragen gekommen sind. Was ein Mensch in uns geweckt hat, das gehört zu uns, und das müssen wir nicht verloren geben, auch wenn der Mensch, der diese Seiten – gute und böse – aus uns herausgeliebt hat, gestorben ist. In diesen Lebensmöglichkeiten, die durch das Zusammenleben mit dem Partner oder der Partnerin zu den unseren geworden sind, lebt ein verstorbener Mensch durch uns und mit uns weiter. In dieser Phase werden also Projektionen und Delegationen zurückgenommen, und es werden die Wirkungen der Beziehung auf das eigene Selbst bewußter erlebbar als in anderen Situationen.

Werden in einer ersten Zeit eher die nur guten Eigenschaften erinnert und diese guten Erinnerungen sehr gepflegt, dies im Dienste einer Wiederannäherung an den verstorbenen Menschen, von dem man jetzt allerdings „weiß", daß er oder sie in einem „anderen" Bezugsrahmen als zuvor steht, so werden dann nach und nach auch die Erinnerungen wach, die weniger angenehm sind. Es kommt zu einer sogenannten Wiederannäherungskrise, die wieder mehr im Dienste der Ablösung vom Verstorbenen steht. Dabei wird zunehmend deutlich, daß das Leben ohne diesen Menschen weitergelebt werden muß. Das löst in der Regel immer wieder Angst und Entsetzen aus, aber auch viel Besorgnis.

Am Ende dieser Phase erleben die Menschen, daß sie wieder Mut haben, sich auf das Leben, allenfalls auch auf Beziehungen, einzulassen.

Die Phase des neuen Selbst- und Weltbezugs:
Die Trauernden haben wieder zu einer hinreichend stabilen Identität gefunden, zum eigenen Selbst, abgelöst vom verstorbenen Menschen, und damit besteht auch die Möglichkeit, sich wieder vermehrt und neu auf die Welt einzulassen.

Allenfalls bleibt hier noch die Aufgabe, den Schmerz zu opfern; viele Menschen kommen sich treulos vor, wenn sie einfach wieder weiterleben, und sie meinen, den Schmerz behalten zu müssen, als Ersatz sozusagen für den verstorbenen Menschen. Sie glauben dann, ihr neuerwachtes Interesse am Leben opfern zu müssen. Dieser über die Zeit hinaus „zurückbehaltene" Schmerz ist einer, der quält, der aber keine Entwicklung mehr in Gang setzt. Viele Träume, die sich mit der Frage der Treue einem Verstorbenen gegenüber auseinandersetzen, geben letztlich die Botschaft: Man muß nicht den Toten treu bleiben, sondern dem Leben, dann ist man den Verstorbenen am ehesten treu.

Ist ein Trauerprozeß durchgestanden – und er wird immer einmal wieder, allerdings in immer abgekürzterer Form, zu wiederholen sein, dann nämlich, wenn uns das Gefühl des Verlusts, auch noch nach Jahren, erneut übermannt –, dann hat der Trauernde einen neuen Bezug zu sich selbst, er hat die posttraumatische Identität wiederum der prätraumatischen Identität verbunden. In der ersten Phase des Trauerprozeßes haben wir die Verleugnung des Traumas. In der zweiten Phase, in der wir, wenn der Verlust als Trauma erfahren wird, mit viel Angst, Panik und Alpträumen zu rechnen haben innerhalb der verschiedenen Emotionen, die erlebt werden, werden allerdings die Emotionen wieder zugelassen. In der dritten Phase wird sowohl das Erlebnis des Verlusts als auch die Erinnerung an das prätraumatische Leben erlebt, und dadurch wird wiederum eine kohärente Identität erlebt. Darüber hinaus findet eine Ablösung von dem Beziehungsselbst auf das individuelle Selbst statt, das ist die spezielle Funktion eines Trauerprozeßes. Die Rückorganisation auf das individuelle Selbst heißt auch, daß der trauernde Mensch sich selbst neu gefunden hat. Er oder sie hat gelernt, daß der Trauerprozeß ein sehr harter, emotional sehr fordernder Prozeß ist, daß er einen aber nicht umbringt, sondern auch von einer geradezu eigentümlichen Lebendigkeit ist.

Mit diesem Wissen kann man sich etwas getroster wieder auf das Leben einlassen, man weiß: Hat man den Preis der Bindung, die Trauer, bei einem Verlust zu leisten, so kann man das durchstehen, auch wenn es ein sehr schmerzhafter Prozeß ist. Man hat gelernt, loszulassen. Bei einem neuerlichen Verlust besteht aber auch die Bereitschaft, zunächst sehr stark darauf zu reagieren, als würden alle Verlusterlebnisse des Lebens wieder anklingen.

Ist es gelungen, ein solches Trauma oder ein kritisches Lebensereignis so zu verarbeiten, daß wieder ein einigermaßen vertrauensvolles Selbst- und Weltverständnis vorhanden ist, so ist das ein großer psychischer Gewinn. Diese Menschen können mit kritischen Situationen anders umgehen als zuvor, sie haben aber auch einen Blick dafür gewonnen, was wichtig und was unwichtig ist im Leben.

Dabei ist auch hier anzumerken: Das, was für den einen Menschen schwer traumatisierend ist, ist für einen anderen ein sogenanntes kritisches Lebensereignis und eben kein Trauma, wenn auch noch schwierig genug. Im Bereich der Verlusterlebnisse scheinen überraschende, plötzliche Verluste traumatisierender zu wirken als vorhersehbare, auf die man sich einstellen kann. Für die einen ist es dann auch in einer traumatischen Trauersituation möglich, das Trauma zu verarbeiten, für andere nicht. Im Zusammenhang mit der Trauer scheint es so zu sein, daß Menschen, die deutlicher ihre eigene Identität entwickelt haben und nicht das gelebt haben, was der Partner oder die Partnerin ihnen verschrieben hat, es leichter haben, den Verlust zu verarbeiten.

Aber ein Verlust muß nicht als Trauma erlebt, kann aber als Trauma erlebt werden. Das gilt zum Beispiel auch bei der Diagnose einer lebensbedrohlichen Krankheit. Was für den einen ein Trauma ist, ist für einen anderen Menschen eine Krise. Es haben auch nicht alle Traumata die gleichen Auswirkungen. Sexueller Mißbrauch im Kindesalter und Folter traumatisieren zweifellos beide, und dennoch werden die Folgen andere sein. Die verschiedenen möglichen Traumata müssen studiert werden, und es ist auch wichtig, daß unterschieden wird zwischen Traumata und Krisen zum Beispiel. Im Moment besteht eine Tendenz, alles Schwierige des Lebens unter die „Traumatologie" zu subsumieren. Der Vorteil dieser Einseitigkeit liegt darin, daß damit deutlich gemacht wird, daß es äußerst schwierige Lebenssituationen gibt, die man nicht selber verursacht hat, die man auch nicht hätte vermeiden können, wenn man sich „besser" verhalten hätte. Diese Sichtweise, weist deutlich darauf hin, daß es äußerst belastende Situationen aus der äußeren Welt gibt und daß ein Mensch nicht einfach fähig ist, diesen Belastungen standzuhalten. Sie bewirkt in der therapeutischen Arbeit, daß man genau hinsieht, was denn einem Menschen geschehen ist, daß man nicht zu schnell fragt, was denn das „Opfer" beigetragen zu der ganzen Situation hat. Werden jedoch zu viele kritische Situationen unter dem Aspekt der Traumatologie gesehen, dann kommt gerade dieser Aspekt zu kurz. Die Menschen fühlen sich dann als Opfer der äußeren Umstände – was sie immer einmal auch sind – und verlieren damit ein Gefühl dafür, daß Dinge auch verändert werden können.

Im Zusammenhang mit traumatischen Erfahrungen ist zu beobachten und zu beschreiben: Was ist dem Opfer ganz konkret widerfahren? Davon zu unterscheiden ist die unmittelbare Reaktion des Opfers wie etwa Dissoziation der Angst, Depersonalisierungserfahrungen, das Eintauchen in eine Fantasiewelt und allenfalls die Langzeitfolgen, die sich z. B. in einer Persönlichkeitsveränderung zeigen können, etwa in einem Vermeideverhalten, das dann wieder an Menschen mit einer phobischen Struktur denken läßt, oder in einem Abgespaltensein von den Emotionen usw.

Wenn ein Trauma nicht verarbeitet werden kann – die posttraumatische Belastungsstörung

Kann ein Trauma nicht verarbeitet werden oder muß das Trauma immer wieder real erlebt werden, wie etwa bei einem sexuellen Mißbrauch, der über Jahre hinweg anhält, dann versucht das Ich in der Regel mit dem Abwehrmechanismus der Dissoziation die furchtbare Erfahrung abzuspalten. Gelegentlich können diese Menschen auch aus ihrem Körper, der gerade eine so demütigende Erfahrung macht, aussteigen und in eine Fantasiewelt fliehen. Damit existieren zwei vollkommen verschiedene, sich eigentlich widersprechende Ich-Zustände nebeneinander, ohne daß ein Konflikt entsteht. Diese Erfahrung hört man zum Beispiel von Mädchen, die dem sexuellen Mißbrauch ausgesetzt waren. Es geht eigentlich um einen Depersonalisationsvorgang, wie man ihn häufig im Erleben von Traumata hört, das Körper-Selbst, das doch eigentlich die Grundlage unseres Identitätserlebens ist, wird abgespalten, statt dessen wird eine Welt der Fantasie äußerst wichtig und lebenserhaltend, eine Welt der Fantasie, die allerdings mit niemandem geteilt wird. Das heißt aber auch, daß eine große Identitätsunsicherheit entsteht. Wer ist man denn eigentlich wirklich? Das Mädchen in der Fantasie, die sich z. B. beim Erleiden eines sexuellen Übergriffs vorstellt, weit weg auf einem Berg zu sein, umgeben von schützenden Tieren und Zwergen, die es trösten? Oder das Mädchen, das in die Schule geht, als wäre nichts geschehen? Oder das Mädchen, das nachts immer ängstlich auf die Schritte hört? Diese Form der „Bewältigung" des Traumas durch Abspaltung und Verleugnung des Schrecklichen durch Flucht in die Fantasie erlaubt dem Mädchen zwar, zunächst zu überleben und allenfalls auch weiter zusammen mit dem Menschen zu leben, der ihm soviel Schwieriges zumutet, es bedeutet aber auch, daß „Gutes" und „Schlechtes" im Leben gespalten ist, daß das Selbst kein wahres Selbst sein kann, daß kein eindeutiges Gefühl von sich selbst existiert und daß damit aber viele Lebensmöglichkeiten nicht gelebt werden dürfen, daß ein hoher Preis an Angst, Aggressions- und Energieverlust zu bezahlen ist, wenn nicht noch mehr.

Das Trauma ist aber nicht einfach vorbei, wenn die traumatische Situation vorüber ist. Das hat man an den Holocaust-Opfern, aber auch an den Vietnam-Soldaten festgestellt, das sieht man an Opfern von sexuellem Mißbrauch. Kann das Trauma nun nicht verarbeitet werden, dann sprechen wir von einer posttraumatischen Belastungsstörung. Dabei sind kurz nach der traumatischen Erfahrung ängstliche Erregung, Angst, Wut, Erstarrung, Rückzug auf das traumatische Erleben mit Panikanfällen im Vordergrund. Auch Alpträume spielen in diesem Zusammenhang eine große Rolle. Im späteren Verlauf sind dann eher eine resignative Grundhaltung auszumachen, eine Vermeidehaltung, die phobisch wirken kann. Menschen mit einer PTSD (Post Traumatic Stress Disorder) wirken depressiv und etwas stumpf, sie bezeichnen sich als müde und freudlos, haben unbestimmte Angst- und Schuldgefühle, sind distanziert von den Emotionen, ziehen sich aus den Beziehungen zurück, als wären sie letztlich Opfer dieser an sich abgekapselten traumatischen Erfahrung geblieben.[65] Es

---

[65] Vgl. auch Strian, Angst und Angstkrankheiten, S. 92 ff.

ist, als ob sie den Aggressor oder die Aggressorin verinnerlicht hätten, der oder die sie dazu verdammt, immer Opfer bleiben zu müssen, vielleicht noch zu überleben, aber nicht mehr zu leben. Wir haben es mit einer Persönlichkkeitsveränderung aufgrund außergewöhnlicher Belastungen zu tun, wobei Angst und Panik und deren Abwehr eine wesentliche Rolle spielen und offenbar auch zu Veränderungen in den Hirnstrukturen führen. Strian sagt dazu:

„Bei PTSD (Post Traumatic Stress Disorder) treten also aufgrund außergewöhnlicher Erlebnisse (Bedrohungswahrnehmungen) ähnliche bis identische Symptome auf, wie sie auch bei abnormer Aktivität im mediobasalen Schläfenlappen selbst vorkommen. Diese klinische Evidenz läßt wenig Zweifel daran, daß bei der PTSD tatsächlich Änderungen, ‚Festschreibungen' in den für Angst und Gedächtnis bedeutsamen Hirnstrukturen erfolgen."[66]

Traumatische Ängste scheinen alle Ängste, die wir sonst so kennen, bei weitem zu übersteigen. Es wird an vielen Orten im Moment daran gearbeitet, sinnvolle Therapieformen für Trauma-Opfer zu entwickeln.[67]

Zur Therapie von Panikstörungen

Was ist das Besondere an den Beziehungen zwischen Therapeutinnen und Angstpatienten, was läßt sich zu Übertragung-Gegenübertragung sagen?

Nach all dem Gesagten ist klar, daß der Therapeut, die Therapeutin leicht zum Begleiter, zur Begleiterin wird. Man gerät also schnell in die Rolle einer überbeschützenden, etwas ängstlichen Beziehungsperson, ist verwöhnend und gewährend. Man wird also meistens mit der Mutter identifiziert, gelegentlich auch mit

---

[66] Ebd., S. 97
[67] Reddemann Luise (1995) Imaginative Psychotherapieverfahren zur Behandlung in der Kindheit traumatisierter Patientinnen, Vortrag auf dem 7. Internationalen Kongreß für Katathym-Imaginative Psychotherapie in Würzburg

dem Vater des ursprünglichen Mutterkomplexes.[68] Menschen
mit Panikstörungen können sich zum Beispiel auf eine spezielle
Art ungeschickt anstellen, so daß man sehr viel mehr für sie tut
als für andere. Da steht dann etwa in einer Fallbeschreibung, daß
eine Analysandin immer wieder so ungeschickt nach der Türklinke greift, daß der Analytiker ihr jeweils die Türe aufmacht,
obwohl er das sonst nie tut. Oder da hilft die Analytikerin plötzlich jemandem aus dem Mantel, obwohl sie das sonst nie tut,
und fragt sich natürlich, warum sie das gerade in diesem Fall
macht. Traut man diesen Menschen nicht einmal das Alltägliche zu, oder ist es einem einfach zu umständlich, was da vor
sich geht? Wird man vielleicht sogar provoziert, so überaus hilfreich zu sein? Übereinstimmend wird von Therapeutinnen und
Therapeuten im Umgang mit Menschen mit Panikstörungen
von einer gewissen Irritation, von unterschwelliger Gereiztheit
und Ärger berichtet, die zunächst aber nicht geäußert werden.
Bleibt man in der überprotektiven ängstlichen Mutterbeziehung
stecken, dann wird die Therapie keinen Erfolg zeigen. Der Therapeut, die Therapeutin ist dann eine nur mäßig gute Begleiterin,
ein mäßig guter Begleiter, denn eigentlich würde der Mensch
mit einer Panikstörung den Therapeuten, die Therapeutin rund
um die Uhr brauchen. Bleibt man in dieser überprotektiven
ängstlichen Mutterbeziehung, dann können Therapien sich über
Jahre hinwegziehen, und diese Analysandinnen, die Analysanden sagen einem höflich und säuerlich, daß sie keine Fort-
schritte machen, leider. Im nächsten Atemzug äußern sie dann
aber, daß dies natürlich nicht am Therapeuten liege, sondern an
ihnen selbst oder an der Erkrankung. Es ist im übrigen auch so,
daß Menschen mit einer Panikstörung in der Therapie zunächst
oft ihre Phobien oder auch ihre generalisierten Ängste ver-
schweigen. Es wird der Therapeutin dann vielleicht eine Spinnenphobie angeboten, aber andere, mehr beeinträchtigende Phobien werden nicht angesprochen. Ist die Angst verdrängt, dann
werden die Eltern meistens idealisierend verkannt und auch so
beschrieben, wobei das Verhalten der Eltern vermutlich recht
kongruent beschrieben wird, also so, wie es wirklich erlebt wur-

---

[68] Kast, Vater – Töchter, S. 89ff.

de. Doch die einengende Funktion dieses Verhaltens wird nicht erkannt.

So hat zum Beispiel einmal ein Mann mit einer ausgeprägten Angstsymptomatik geschildert, was für eine gute Mutter er gehabt habe: Sie hätte, als er zwischen acht und fünfzehn Jahre alt gewesen sei, jeden Tag mindestens zwei Stunden mit ihm über die Schule gesprochen. Zusammen hätten sie „verdaut". Das äußerte er auf eine Weise, die besagte: Schauen Sie einmal, was für eine tolle Mutter ich hatte, und jetzt hab ich trotzdem diese Ängste. Daß er nicht einmal „ein eigenes Verdauungssystem" hatte, sondern zusammen mit der Mutter bis in die Pubertät hinein verdaut hatte, fiel ihm nicht auf. Auf meine Frage, ob er denn nicht lieber Fußball gespielt hätte, schaute er mich ganz groß an, er konnte diese Frage gar nicht verstehen.

Diese idealisierten Elternfiguren werden meistens auf den Therapeuten oder die Therapeutin übertragen. Die stark aggressive Komponente – unterschwellig ist die lange verdrängte Trennungsaggression, die recht eigentlich eine Entwicklungsaggression ist, zu spüren – äußert sich unterschwellig etwa in einem komplizierten Redeschwall, mehr noch in langwierigen komplizierten Erklärungen, in ängstlich getöntem klärenden Nachfragen, in Umständlichkeiten usw. Diesen unterschwelligen Ärger spürt der Analytiker oder die Analytikerin recht oft in der Gegenübertragung. Die Erwartung, die der Angstpatient an den Therapeuten hat, ist die, daß er sowohl gute Mutter als auch guter Vater sei. Gute Mutter, guter Vater heißt aber in der Vorstellung eines Angstpatienten oder einer Angstpatientin, daß man sagen würde, wo es langgeht, daß man mit diesen Menschen die nächsten, sie gerade besonders ängstigenden Tage durchstehen müßte, daß man ihnen sagt, wie sie sich entscheiden müßten usw. Ein Angstpatient sagte mir einmal: „Wenn Sie eine gute Mutter wären, würden Sie mich jeden Abend anrufen und fragen, wie es mir ergangen ist, Sie wären ängstlich um mich besorgt, Sie würden mir Ratschläge geben, Sie würden eigentlich mein Leben von außen steuern, und dann ginge es mir gut." Diese Wünsche entsprechen der Psychodynamik der Panikstörungen. Die Wunschfantasie liegt darin, eine etwas überprotektive, ängstliche, verwöhnende, gleichzeitig aber alles bestimmende Mutter zu haben. Und Therapeuten geraten gelegentlich auch in Versuchung, dies zu sein, weil Angstpatienten und Angstpatientinnen oft so ungeschickt und umständlich sind. Manchmal ist es auch nicht die reine Hilfsbereitschaft, die da zum Zuge kommt, sondern gelegentlich ist es auch die Ungeduld, die diesen Menschen voreilig Hilfe anbieten läßt: Sie verführen andere geradezu dazu, ein wenig „Kleinkind und Mutter" zu spielen. Die deutliche Kehrseite für den Therapeuten oder die Therapeutin besteht darin, daß er oder sie selber immer mehr eingeengt wird. Sinnvoll wäre natürlich, daß der Therapeut als ein vernünftig steuernder Mensch in dieses Leben des Analysanden hinein wirken würde, das heißt, weder überprotektiv noch ausstoßend, zwar Halt gebend, aber auch zu ermöglichen, eigenen Halt zu entwickeln: eine hinreichend gute Steuerung also, wie man sie sich in der Individuations-Separationsphase eigentlich wünscht.

Wie in anderen therapeutischen Situationen auch, wenn auch sehr viel radikaler, ist Hilfe zur Selbsthilfe gefragt. Schrittweise muß es möglich werden, sich der Angst zu stellen, das Bedrohliche zu konfrontieren und dabei das Vermeideverhalten aufzugeben, und zwar aufgrund des möglichen Vertrauens in den Therapeuten bzw. die Therapeutin. Dieses Vertrauen kann dann wachsen, wenn der Therapeut oder die Therapeutin zwar Hilfestellung leistet, sich aber nicht zu einem vollkommen unverzichtbaren Helfer emporstilisiert. Hat nun der Helfer, die Helferin selber das Gefühl, unentbehrlich zu sein oder sogar Angst, verlassen zu werden oder auch selber zu verlassen, dann kann er oder sie vordergründig sehr leicht in eine Situation kommen, in der er oder sie eben sich zur nur guten Mutter emporstilisieren läßt. Vordergründig wird man leicht von Menschen mit Panikstörungen idealisiert. Da wir aber wissen, daß sie die Trennungsaggression verdrängen, wissen wir auch, daß die Aggression sehr oft mit Idealisierung überdeckt wird. Dies läßt das Gefühl von etwas Falschem entstehen, von etwas, worauf man nicht vertrauen kann, von einer etwas künstlichen Welt.

Menschen, die an Panikstörungen leiden, haben oft gewisse Spracheigentümlichkeiten. Sie reden meistens sehr viel und eher wenig strukturiert, also ziemlich ohne Punkt und Komma. Es ist kein aggressiver Redeschwall, aber es ist trotzdem sehr viel Rede, manchmal auch Gerede. Das Reden ist umständlich verworren, manchmal auch verwirrt, vor allem aber kompliziert. Oft sind es Menschen, die drei bis vier Minuten brauchen, bis man überhaupt weiß, worum es bei ihrem Sprechen eigentlich geht. Ich denke, daß sich in diesem besonderen Kommunikationsverhalten auch eine frühkindliche Situation wiederholt. Die Beziehungsperson wird damit festgehalten, sie muß aufpassen und aufmerksam sein, damit sie überhaupt etwas versteht, wird aber gleichzeitig ganz eigentümlich auf Distanz gehalten. Die einengende Mutter wird sozusagen auf Distanz und gleichzeitig in Atem gehalten. Klammern und Trennung sind so gleichzeitig erlebbar. Es besteht auch keine Gefahr, daß die Verbindung zu dieser Mutter verlorengeht. In diesem Redeverhalten drückt sich aus, daß man zwar ein bißchen Loslösen übt: Die Beziehungsperson kann in dieser Situation nicht in ein normales Gespräch eintreten, die normale Beziehung ist ruhiggestellt. Dennoch verliert man die Beziehungsperson nicht. Das ist der Versuch, einen Kompromiß zwischen soviel Eigenleben wie möglich und dennoch einer total gesicherten Umgebung zu bilden. Für den Therapeuten heißt dies zum Beispiel, daß dieses Verhalten noch an der Tür weitergeht. Bei Menschen mit großer Angstproblematik kann man sehr schlecht die Stunden pünktlich beenden. Und ist diese gelungen, wird an der Türe dann noch einmal irgend etwas Kompliziertes geäußert. Möglicherweise erfolgt dann nachträglich auch noch ein Telefonanruf.

Im Gespräch fallen noch weitere Eigentümlichkeiten auf. Menschen mit Panikstörungen sagen oft die Sätze nicht zu Ende, und der Therapeut, die Therapeutin beendet dann den Satz. Oder sie ergehen sich in langen Andeutungen, bis der Analytiker, die Analytikerin mit einer klärenden Annahme reagiert: „Meinen Sie das so oder so?" Oft bringen sie die Träume mit, ohne irgendwelche Assoziation damit zu verbinden, und legen sie vertrauensvoll auf den Tisch. Die Endarbeit – so ist es damit ausgesagt – soll der Analytiker, die Analytikerin machen. Die Verantwortung, die sie damit übergeben – und sie übergeben einem sehr viel Verantwortung –, kann zu einem Stolperstein für diejenigen werden, die gerne Verantwortung übernehmen: Man soll klären, ordnen, den Weg weisen.

Die wirkliche Aufgabe des Therapeuten oder der Therapeutin ist es jedoch, Anleitung zu geben, zu klären helfen, helfen, den Weg zu finden. Dazu ist es wichtig, mit diesen sprachlichen Eigentümlichkeiten umzugehen. Der Gebrauch von Sprache ist ja schon ein Trennungsvorgang. Das Kind, das spricht, ist schon ein bißchen mehr getrennt von den Beziehungspersonen und kann über Sprache neu in Beziehung zu diesen treten. Die Verständigung geschieht nicht mehr ohne Worte, sondern man sagt etwas, man klärt etwas. Mit Worten schaffen wir aber auch Konflikte. Werden Sätze etwa nicht zu Ende gesprochen, dann vermeidet der Mensch mit der Panikstörung damit, konkret zu werden. Er oder sie ist darauf bedacht, keinen Konflikt entstehen zu lassen. Solange Therapeuten und Therapeutinnen mitspielen und die Sätze brav zu Ende führen, solange kann eigentlich nichts Böses passieren, allerdings auch nichts Gutes.

In diesen sprachlichen Eigentümlichkeiten des Menschen mit Panikstörungen zeigt sich ebenfalls eine Form des Anklammerns, die in den Therapeutinnen und Therapeuten oft eine ärgerliche Gegenübertragung hervorruft. Sie empfinden dann den Analysanden oder die Analysandin als lästig, klebrig, mühsam. Diese Gegenübertragung kontrastiert deutlich zum Wunsch, diesen Menschen endlich einmal eine „hinreichend gute Mutter" zu sein, auch einmal gewährend und verwöhnend zu sein, sie zu ermutigen, in die Welt hinauszugehen, sie zu ihrem Selbstsein zu ermutigen. Im klaren Wissen darum, daß man diese Menschen ins Leben hineinführen möchte, spürt man unterschwellig Ärger und Ungeduld. Vom Analytiker oder von der Analytikerin ist in diesem Zusammenhang gefordert, selber eine gute Objektkonstanz zu haben, sie müssen sich selber als gut-böse akzeptieren können. Es muß ihnen klar sein, daß in der Gegenübertragung zu den warmen Gefühlen eben auch diese Trennungsaggression gehört.

Genau dies ist der wichtige Punkt in der Gegenübertragung: Sowohl dieses Zugewandte, das man spürt, den Willen, diesem Menschen zu helfen im Umgang mit den unerträglichen Ängsten, als auch das Sich-abwenden-Wollen, der Ärger, sind vorhanden, berechtigt und müssen beide akzeptiert werden. In der Gegenübertragung erlebt man, wie schwierig es ist, diese beiden Seiten zusammenzubringen. Und das ist ja auch die Aufgabe, vor die ein Mensch mit einr Panikstörung gestellt ist. Zusätzlich erleben wir einen gewissen Wertedruck von den jeweiligen Angstpatienten: Eine Analysandin sagte einmal mit ganz großen Augen zu mir: „Ja, sind Sie denn auch böse?" Ich habe sie dann ebenso groß angeschaut und gefragt: „Ja, wußten Sie das denn nicht?" Typisch an der Gegenübertragung ist also, daß man einerseits hilfreicher sein will, als man eigentlich ist und als man es normalerweise auch innerhalb einer therapeutischen Beziehung ist, weil man meint, daß diese Menschen diese Haltung brauchen würden. Auf der anderen Seite besteht ein unterschwelliger Ärger, eine Ungeduld, daß diese Person, in deren Behandlung man soviel Energie investiert, doch endlich einmal selber aktiv werden sollte. Gefragt ist warme Trennungsaggression. Es geht darum, die warmen Gefühle sowie die Gefühle des Loslassenwollens und Anstoßenwollens miteinander zu vereinen.

In ihrer Entwicklung zu früh ausgestoßene Analysanden reagieren allerdings anders: Sie lassen einen nicht helfen, sie wollen alles selber machen, sie wollen bloß nicht in eine Abhängigkeit geraten. Der Therapeut, die Therapeutin ist nicht eigentlich gefragt. Diese Menschen steuern alles selber und doch sind sie in Not. Die Gegenübertragung sieht dann so aus, daß der Therapeut, die Therapeutin Interesse abzieht, weil ja nichts zu tun ist. Es kann das Gefühl auftauchen, schläfrig zu werden, oder es kann sich großer Ärger entwickeln.[69]

Wenn Therapeuten der Projektion der nur guten Mutter erliegen, geschieht in der Therapie wenig. Diese ist eigentlich zum Scheitern verurteilt, weil immer noch eine bessere gefordert ist. Die Analysanden werden dann abhängig, die Therapien dauern ewig. Der Analytiker oder die Analytikerin wirken wie ein Übergangsobjekt, im Verhältnis zu dem aber keine Veränderung eintritt[70], und das immer wieder gleichermaßen benötigt wird. Erfor-

---

[69] Zwiebel Ralf (1992) Der Schlaf des Analytikers, Verlag Internationale Psychoanalyse, Stuttgart
[70] Vgl. auch Schlierf Christa (1984) Vom Übergangsobjekt zur Objektbeziehung. Therapie mit einer Angstneurosepatientin, in: Mentzos Stavros (Hg)

derlich ist hingegen ein langsames, freundliches Sichverweigern auf der Basis des Vertrauens. Dies ist nun gar nicht so einfach zu erreichen. Denn es ist das, was Bruno Rutishauser konstruktive Frustration nennt.[71] Ob eine Frustration konstruktiv oder destruktiv wirkt, ist nicht machbar, sondern hängt letzlich von der Beziehungsqualität zwischen den Beteiligten ab. Die konstruktive Frustration ist aber notwendig für Wachstums- und Reifungsprozesse. Es gibt Kriterien, die anzeigen, ob eine Frustration konstruktiv ist. Basis ist immer die schon erwähnte vertrauensvolle Beziehung. In einer konstruktiven Frustration wird diese prägnant und deutlich benannt. Es gibt keine bloßen Andeutungen, keine mißverständlichen Mitteilungen. Es werden Bedingungen formuliert, die zu bewältigen sind. So etwas klärt natürlich auch die Beziehungsverhältnisse. Der Frustrator versagt sich, aber er stellt keine Zusatzbedingungen. So darf er nicht etwa sagen: „Ich rufe Sie nicht mehr an. Aber grämen Sie sich nicht darüber." Es darf also keine Anweisung gegeben werden, wie man mit dieser eindeutig benannten Versagung umzugehen hat.

Nicht die Frustration selbst ist dabei das Ziel, sondern das übergeordnetes Ziel ist, die altersgemäße Autonomie zu erreichen. Im Sinn dieses übergeordneten Ziels ist die Frustration notwendig. In der Regel kommt auch von der Seite des konstruktiv Frustrierenden eine Leistung, ein Verzicht, ein aktiver Beitrag. Bei einer destruktiven Frustration profitieren die Frustrierenden in der Regel heimlich von ihrem Tun. In der konstruktiven Frustration werden die gute Intention und die als eigentlich schlecht erlebte Handlung gleichzeitig erlebt. Dem Analysanden wird dadurch sehr klar, daß der Analytiker ihm gegenüber gute Gefühle hat, daß er gerne mütterlich wäre, daß aber gewisse Verhaltensweisen nicht im Dienste der anstehenden, notwendigen Entwicklung stehen und deshalb unterbunden werden müssen. Dies von der Seite des Therapeuten so zum Ausdruck zu bringen, daß es nicht kränkend wirkt, ist außerordentlich schwierig. Gelingt es aber,

Angstneurose. Psychodynamische und psychotherapeutische Aspekte, Fischer, Frankfurt/Main

[71] Rutishauser Bruno (o.J.) Konstruktive Frustration, in: Die Psychologie des 20. Jahrhunderts, Kindler, Zürich

ist es möglich, daß die Betroffenen auf diesem Weg lernen, eine gewisse Objektkonstanz zu entwickeln. Für den Therapeuten, die Therapeutin gilt es also, in der Therapie von Menschen mit Panikstörungen die Ambivalenz auszuhalten. Sie müssen auf der einen Seite spüren, daß diese Menschen eine sichere mütterliche Geborgenheit und auch ein gewisses Maß an Steuerung brauchen. Zum anderen müssen sie sie im richtigen Maße in die eigene Autonomie hineinstoßen.

Im analytischen Prozeß geht es dann darum, diese Ambivalenz auszudrücken, den Betroffenen gegenüber also zeigen zu können, daß man sie mag, daß einen aber auch etwas ärgert, daß einem irgend etwas zu viel wird, daß man an mehr Entwicklung glaubt. Man zeigt damit, daß man sich abgrenzen und die Trennungsenergie einsetzen kann, ohne die Beziehung dadurch zu gefährden. Das allerdings ist schwierig, insbesondere deshalb, weil sich Menschen mit einer Panikstörung sehr rasch zurückgestoßen fühlen und Therapeuten aus dem Gefühl heraus, eine gute Mutter sein zu müssen, den Ärger oft zu lange verdrängen und sich dann zu plötzlich und zu heftig abgrenzen. Sie spüren auf einmal die Macht der Angst, die Kontrolle, die diese Menschen damit über den therapeutischen Prozeß haben.

Wenn bestimmte Symptome vorhanden sind, können diese Symptome beide Seiten steuern, und die Abgrenzung ist dann sehr oft auch eine Abgrenzung, die zu hart wird. Etwa in dem Sinne, daß der Therapeut oder die Therapeutin nichts mehr vom Symptom wissen will, der Analysand oder die Analysandin das Symptom nur noch zum praktischen Arzt bringen will.

Es ist wichtig, hart an der Angstgrenze zu steuern, daß also gerade immer noch Mut zur Angst möglich ist. Hier hat auch die Verhaltenstherapie ihren Platz oder verhaltenstherapeutische Techniken. Sie helfen auf der einen Seite zu entspannen, also eine Situation der Geborgenheit herbeizuführen. Auf der anderen Seite werden gleichzeitig angstauslösende Momente geprobt.

Besonders wichtig zu sein scheint mir, während der Therapie, einen inneren Begleiter, eine innere Begleiterin aufzubauen. Auch das geschieht – wenn es geschieht – über die therapeutische Beziehung und in der Übertragungs-Gegenübertragungsdynamik.

Menschen mit einer Panikstörung kann man nicht einfach auf innere Bilder ansprechen. Da die inneren Begleiter, die innere Begleiterin eben nicht erlebbar sind, werden sie auf ganz konkrete reale Hinweise und Antworten warten. Erst wenn die Objektkonstanz aufgebaut ist, in diesem Hin und Her von Vertrauen und dem Zulassen von konstruktiver Frustration und von Aggression, kann langsam das Bild vom inneren Begleiter, von der inneren Begleiterin freigelegt werden. Diese Gestalt kommt dann recht oft auch in Träumen vor, wird aber zunächst nur in der Übertragung gesehen, also wieder auf den Therapeuten, auf die Therapeutin übertragen. Das ist ein Zeichen, daß diese jetzt zu tauglichen Begleitern geworden sind. Es wäre therapeutisch falsch, diese Projektionen zu rasch zurückzugeben. Träumt ein Analysand zum Beispiel davon, daß ein wunderschöner Engel erscheint und ihm einen Hinweis gibt oder ihn in einer Angstsituation schützend bei der Hand nimmt und er sich dadurch besonders wohl fühlt, dann sagt er bei der Besprechung des Traumes mit hoher Wahrscheinlichkeit: „Das sind Sie" und meint damit den Analytiker, die Analytikerin. Hier kommt also noch einmal die Idealisierung zum Tragen, und es ist dann sehr schwer, den ängstlichen Menschen z. B. diesen Engel als ein auch inneres Bild zurückzugeben, sie darauf hinzuweisen, daß es auch ein Bild und eine Wirkkraft in ihrer eigenen Psyche ist, auf das sie auch in schwierigen Situationen rekurrieren können. Diese inneren Begleiter können als Menschen des alltäglichen Lebens in den Träumen auftauchen, nicht selten sind es aber klassische Helfergestalten, wie sie in der menschlichen Geschichte und Kultur schon immer einmal beschrieben wurden, wie z. B. ein Engel.

Der innere Begleiter, die innere Begleiterin wird in den Träumen oft schon früh angesprochen. Diese inneren Begleiter können immer mehr zu einer inneren Gestalt werden, die auch gute väterliche oder mütterliche Aspekte hat, eben das, was in der Situation des jeweiligen Analysanden notwendig ist. Sie können auch als hilfreich im Umgang mit Angstsituationen erlebt werden, indem sie das richtige Maß von Expansion und Zurückweichen mitbestimmen helfen.

Aufschlußreich ist der folgende Traum einer Angstpatientin, den sie mitbrachte, kurz bevor wir die Therapie beendeten. Es ist ein Traum, der meiner Ansicht nach sehr typisch ist und noch einmal zeigt, was im Zusammenhang mit der Angstbearbeitung wichtig ist:

„Ich bin in der Analysestunde, aber es sieht nicht so aus wie bei Ihnen. Sie machen einen sehr abweisendes böses Gesicht." Der Traum endet hier, und nun kommt eine neue Szene: „Ich sitze unter einem Baum in der Nähe Ihres Hauses. Da ist ein Tisch. Auf dem Tisch unter dem Baum hat es Äpfel, gute und wurmstichige durcheinander. Ich esse einen Apfel, er hat leider einen Wurm. Ich esse um den Wurm herum. Ein älterer Mann sagt zu mir: Hier ist es doch viel schöner als im Zimmer drin. Ich schaue ihn an, ich bin nicht so sicher, ob er recht hat."

Die Träumerin meint, daß sie im Traum nicht so sicher ist, ob der ältere Mann recht hat, weil sie denkt, daß sie im Zimmer drin geschützter wäre. Der Baum sei zwar auch ein Schutz, aber doch nicht ein so guter Schutz wie ein Zimmer. Was der Träumerin gut gefällt, sind die Äpfel. Die Würmer findet sie eigentlich nicht so schlimm, weil man ja um die Würmer herum essen kann. Für mich ist das ein Zeichen, wie Gutes und Schlechtes in der Erfahrung von Welt und auch in der Erfahrung von sich selbst vereint werden kann. Man muß einen Apfel nicht mehr wegwerfen, weil er einen Wurm hat. Eine gewisse Objektkonstanz ist erreicht. Und hier kann man auch bildhaft verstehen, was eigentlich damit gemeint ist, gute und schlechte Objekte zu vereinen. Der ältere Mann kommt immer wieder in ihren Träumen vor und ist eine Lehrergestalt. Er hat sich ganz klar zu einem inneren Begleiter entwickelt, er weiß etwas. Was typisch ist, sowohl für die Angst als auch für die Ablösesituation ist, daß der innere Begleiter eine zunehmend größere Bedeutung bekommt. Ich, die Therapeutin, mache ein abweisendes, böses Gesicht, die Analysandin will also weggehen, und ich bin wütend. Wir haben hier die Projektion der Trennungsaggression auf mich. Wenn die Mutter „schon böse ist", dann hat sie doch ein Recht, mich zu verlassen, und der innere Begleiter, der Lehrer, sagt auch, daß es außerhalb des Therapiezimmers im Grunde genommen schöner ist. Da ist auch ein lebensgrüner Baum, der typi-

scherweise noch in der Nähe des Hauses der Therapeutin ange-
siedelt ist. Die Analysandin geht also schrittweise von mir weg.
Der Baum bietet Schutz und gibt Äpfel. Wenn wir mehr symbolisch deuten, kann man sagen, als Therapiemutter habe ich hier
abgedankt, ich mache ja auch ein böses Gesicht. Draußen im Leben ist aber sozusagen die Natur-Mutter, also die archetypische
Mutter: Es ist der Baum mit seinen Äpfeln der schützt und mit
seinen Äpfeln nährt. Vielleicht lassen die Äpfel auch ein wenig
an Eros denken. Erinnern wir uns an den Apfelbaum im Paradies, mit einer Schlange, die ja vielleicht doch auch ein Wurm
ist – man kann sich vorstellen, daß durch die Therapie archetypisch Mütterliches evoziert worden ist. Damit wird deutlich,
daß hinter den gut-bösen Muttererfahrungen dann eben noch die
archetypischen Erfahrungen geweckt werden müssen, Erfahrungen, die in jedem Menschen vorhanden sind, wenn sie lebensge-
schichtlich evoziert worden sind.[72] Der ältere Mann als innerer
Begleiter versucht, Werte umzuwerten. Das ist ja immer eine
Möglichkeit, mit Angst umzugehen. Es geht dabei eigentlich um
Sicherheit versus Freiheit, um die Verlockung, mehr Raum und
Spielraum zu haben, mehr Möglichkeiten zu haben, sich zu öffnen.

Diese Analysandin hat sich schrittweise abgelöst. Das ist nicht
immer so. Menschen mit Panikstörungen können oft sehr treulos
sein, wenn sie eine gewisse Autonomie erreicht haben. Menschen, um die man sich therapeutisch lang bemüht hat, können
dann ohne weiteres sagen: „Sie haben doch immer von Autonomie geschwärmt! Ich hab' jetzt das Gefühl, ich brauch Sie nicht
mehr, ich komme nächste Stunde nicht mehr." Es bleibt dann
keine Zeit, die therapeutische Arbeit miteinander abzuschließen
und zu bedenken. Die Autonomie wird also unter Umständen
recht forciert ergriffen. Hat man zu viel Energie investiert und
dies nicht wahrgenommen, kann man nachträglich eine ganz
schöne Wut entwickeln: „Jetzt habe ich soviel Energie hineinge-
legt, und was ist der Dank? Ich werde verlassen." Wenn wir diesen Satz tatsächlich sprechen oder fühlen, dann hören wir einen
Satz von Eltern, die vielleicht ebenfalls zuviel Energie in ihre Be-

---

[72] Kast, Dynamik der Symbole, S. 114 ff.

ziehung zu den Kindern hineingesteckt haben und aus diesem Grunde möglicherweise die notwendigen Ablöseschritte zu sehr gehemmt haben.

Beziehungsängste

Verlustängste – und die dahinter stehenden Werte

Beziehungen helfen, mit Ängsten umzugehen. Geteilte Angst ist halbe Angst. Zu zweit oder in einer Gruppe sind wir meistens mutiger, als wir es allein wären, zu zweit fällt uns auch mehr ein, um der Hilflosigkeit zu entgehen. Doch in Beziehungen entstehen auch viele Ängste, einige von ihnen will ich näher beleuchten. Entsteht in der Beziehung Angst, dann bedeutet das, daß die Beziehung und was in ihr erlebt werden kann, einen wichtigen Wert darstellt, der auf keinen Fall verloren gehen sollte. Diese Beziehungsängste sind Verlustängste, die zu differenzieren sind. Es gibt Trennungsängste und Ängste um die Autonomie, Nähe-Ängste, Ängste um das Selbstsein in der Beziehung usw. Dann gibt es die Selbstwertängste innerhalb einer Beziehung und die Ängste um den Verlust der Liebesgefühle.

Trennungsängste sind Ängste, verlassen zu werden, verlassen zu sein oder selber zu verlassen. Sie haben immer eine aktive und eine passive Komponente. Es droht die Einsamkeit, das Alleinsein. Es droht ein Verlust, der betrauert werden muß.

Ein Beziehungswert, der in diesen Ängsten als bedroht erlebt wird, ist der Wert der Dauer. Eine Beziehung soll nicht abbrechen, sie soll dauern, dauerhaft Sicherheit geben und Vertrauen stiften, so daß man sich wirklich darauf einlassen und verlassen kann. In diesem Zusammenhang ist dann auch zu sehen, daß man – durch die Dauer – miteinander etwas gestalten kann, so daß neben der Befriedigung von gegenseitigen Bedürfnissen etwas Drittes aus einer Beziehung heraus entstehen kann. Man möchte zusammen wachsen und zusammenwachsen. Wird dieser Prozeß unterbrochen, dann erleben wir ein Verlusterlebnis, möglicherweise sogar ein traumatisches Verlusterlebnis, das verarbeitet werden muß.[73]

Ängste vor Nähe, Ängste um die eigenen Autonomieentwicklung oder auch Bindungsängste, sehen zunächst ganz anders aus als Trennungsängste, und doch gehören sie zusammen. Da werden die Ängste genannt, sich selbst untreu zu werden. Es geht also nicht um die Angst, den anderen Menschen zu verlassen, sondern um die Angst, sich selbst zu verlassen. In diesem Zusammenhang kennen wir die Angst vor „Verschlungenwerden", aber auch die Angst vor dem eigenen Verschlingen des Partners oder der Partnerin, Angst davor, überfahren zu werden, aber auch die Angst, andere zu überfahren. Wobei die Angst vor dem Verschlungenwerden bis hin zu der Angst gehen kann, „aufgelöst" zu werden. Dies gilt ganz besonders im Zusammenhang mit der Sexualität. Gibt man sich einem Menschen ganz hin, kommt man sich also ganz nah, verschmilzt man mit ihm oder ihr sexuell, dann – so die Angst – könnte man hinterher vielleicht gar nicht mehr der oder die sein, die man einmal war. Man könnte sich ganz verlieren, das eigene Leben aufgeben wollen, hörig werden. Meistens wird dieses Thema des Selbstverlusts unter dem Aspekt abgehandelt, einem Menschen sexuell zu verfallen oder sexuell abhängig zu werden. Das sind heftige Ängste, Ängste um die Existenz, Ängste, im eigenen Leben zerstört zu werden, auch den ganzen Halt zu verlieren, wenn man liebt. Die Beziehungswerte, die in Gefahr sind und auf die durch diese Angst hingewiesen wird, sind die, daß in einer Beziehung beide Partner lieben dürfen, eine enge, intime Beziehung haben dürfen, in der sie sich ineinander entgrenzen können, und dennoch auch sich selbst bleiben dürfen, sich nicht aufgeben müssen. Auch das Thema von optimaler Nähe und Distanz ist mit dieser Angst angesprochen.

Innerhalb von Beziehungen sind außer diesen Ängsten auch die Selbstwertängste von großer Bedeutung. Sie liegen in der Angst, nicht gesehen zu werden oder den anderen Menschen nicht zu sehen: den geliebten Menschen nicht als das zu sehen, was er oder

---

[73] Kast, Trauern

sie wirklich ist, ihn nicht um seiner selbst willen zu lieben, ihn nicht für gut genug zu erachten. Oder umgekehrt: Angst zu haben, selbst nicht um seiner selbst willen geliebt zu werden, nicht gut genug zu sein, besser sein zu müssen für einen Partner oder eine Partnerin. Hier werden die Menschen auch mit ihren Abgründen konfrontiert und mit der Frage, ob sie mit all den Ecken und Kanten, die sie ja auch ausmachen, wirklich geliebt werden können. Sehr oft ist die Angst vorhanden, ein schlimmes Urteil über sich selbst durch den geliebten Menschen bestätigt zu sehen. Dabei besteht natürlich die Hoffnung, daß wir gerade mit allen Abgründen von einem geliebten Menschen gesehen werden und dennoch für ihn oder sie liebenswert bleiben. Die Werte, die hinter dieser Angst stehen, sind wiederum Beziehungswerte: in diesem Zusammenhang die Hoffnung, daß an einem Du immer auch das Ich sichtbar wird, die eigene Existenz, die eigene Identität auch durch die Beziehung immer mehr erfaßbar wird, die Hoffnung, daß durch eine Liebesbeziehung zu einem Du die eigene Existenz transparenter und liebenswerter wird. Deshalb gehört in diesen Zusammenhang auch das biblische Wort des einander „Erkennens". Erkennen meint nicht nur erkennen im Sinne der Sexualität, sondern im Sinne der Wortbedeutung wirklich einen anderen Menschen in seiner Einzigartigkeit kennen zu lernen, ein Gefühl dafür zu bekommen, wer der andere Mensch eigentlich ist. Dazu gehört dann auch, daß nicht nur die schönen sondern auch die abgründigen Seiten gesehen werden. Zwar bleibt unsere Sehnsucht, daß ein Mensch uns mit unseren strahlenden Seiten und mit unseren Abgründen sieht und sich dennoch nicht abwendet, immer ein Stück weit Sehnsucht. Denn dies ist nicht ganz und gar zu verwirklichen. Dennoch bleibt es ein Wert. Die Selbstwertängste beziehen sich deutlich auf den Beziehungsaspekt, voneinander gesehen und geachtet zu werden, und damit auf das Bewußtwerden und Wertschätzen unserer Identität durch eine Beziehung.

Ängste um den Verlust der Liebesgefühle äußern sich etwa in der Angst, sich gegenseitig gleichgültig zu werden. Die Angst davor, mit einem Menschen, den man einmal geliebt hat, so zusammenzuleben, daß er oder sie durch fast jeden andern oder jede andere ersetzt werden könnte, und die Angst, daß emotionelles und sexuelles Fasziniert- und Inspiriertsein verschwinden und nicht wieder gefunden werden können. Diese Emotionen des Fasziniert- und Inspiriertseins sind Emotionen wie alle anderen Emotionen auch. Sie kommen und gehen, und die Hoffnung ist natürlich, daß sie immer einmal wiederkommen und nicht immer nur gehen. Die Beziehungswerte, die hinter dieser Hoffnung stecken, sind die der Fortdauer eines angeregten Interesses aneinander und die Erfüllung der romantischen Liebessehnsucht, der Wunsch nach möglich langem und intensiven sexuellen und emotionellen Fasziniert- und Inspiriertseins in der Liebe. Gegen diese sogenannte romantische Liebessehnsucht wird von paartherapeutischer Seite immer wieder heftig polemisiert: Man solle dieses Liebesideal aufgeben, um die Probleme im Alltag besser lösen und um realistischer sein zu können. Es stimmt natürlich, daß dieses romantische Liebesideal die Beziehung in seinen Ansprüchen überfordert. Allerdings kann es auch nicht eine wirkliche Lösung sein, nur realistisch sein zu wollen und alle Idealisierungen aufgeben zu wollen. Denn irgenwie muß in der Liebe Himmel und Erde zusammenkommen, und zuviel Erde oder nur Erde macht das Ganze nicht faszinierender.

Trennungsangst – verborgene Aggressionen

Trennungsangst ist eine Angst davor, verlassen zu werden, und zwar entweder grundsätzlich verlassen zu werden, daß also allein zu bleiben, den Partner oder die Partnerin z. B. durch den Tod zu verlieren, oder in einer bestimmten Situation der Beziehung verlassen zu werden, sich innerhalb einer Beziehung einsam zu fühlen. Oder man sieht, daß Menschen, von denen man meinte, sie gingen mit einem, auf einmal nicht mehr mit einem gehen: Entweder gehen sie schneller oder weniger schnell, interessieren sich für andere Dinge, andere Menschen. Auch dann fühlen wir uns verlassen.

Trennungsängste sind real begründet: Es gibt ja schließlich nicht nur die Liebe, es gibt auch den Tod. Aber auch wenn wir jemanden nicht konkret verlieren, das Thema der Trennung steht an in einer Beziehung immer wieder einmal an.

Im Zusammenhang mit der Prägesituation von Angst in der Loslösungs- und Individuationsphase habe ich darauf hingewiesen, daß Menschen immer wieder sehr nah zueinander hingehen und dies im Dienste der Bindung oder der Symbiose geschieht. Wenn dann aber zuviel Nähe erreicht ist, dann erfolgt der Anruf zur Individuation, dann müssen sie zueinander mehr Distanz nehmen, dann geschieht Trennung. Sei es, daß wir dann weniger Interesse füreinander haben oder viel dramatischer, daß man sich für jemanden anderes zu interessieren beginnt. Bei der Trennungsangst geht es also um den Rhythmus zwischen Symbiose und Individuation. Oder anders ausgedrückt, es geht darum, daß man zwar an einem gemeinsamen Selbst arbeitet, daß man gemeinsam eine Beziehung pflegt, daß man sich aber auch um sein individuelles Selbst kümmert.[74] Wie wichtig diese psychische Bewegung und Abstimmung ist, wird deutlich, wenn man die jeweiligen Reaktionen auf konkrete Verlusterlebnisse und die damit verbundenen Trauerprozesse vergleicht.[75] Im Vollzug der Trauerprozesse wird sehr deutlich, ob jemand in seinem Leben schon früher diese Bewegungen mitvollzogen hat oder eben nicht. Wer nur das gemeinsame Selbst gepflegt hat, für den oder die ist es ausgesprochen schwierig, sich vom Verstorbenen abzulösen und sich auf das eigene Selbst zurückzuorganisieren – das ist eine der Funktionen des Trauerprozesses. Wer diese Bewegung zwischen der Pflege des Beziehungsselbst und des individuellen Selbst[76] aber immer wieder einmal im Leben durchgemacht hat – und das bedeutet oft auch eine „etwas schwierigere Beziehung", eine etwas stürmischere Beziehung mit mehr Angstentwicklung –, hat es einfacher im Trauerprozeß.

Weil zuviel Angst vor Trennung besteht, wird in der Regel der Anruf der Individuation verpaßt: der Anruf an die Entwicklung des Selbstseins, an die Entwicklung des Seins als eigenständiger Mensch. Das wird natürlich nicht so formuliert. Nach außen

---

[74] Kast Verena (1984) Paare. Oder Wie Götter sich in Menschen spiegeln, Kreuz, Stuttgart
[75] Kast Verena (1994) Sich einlassen und loslassen. Neue Lebensmöglichkeiten bei Trauer und Trennung, Herder/Spektrum, Freiburg, S. 27 ff.
[76] Ebd.

wird vielmehr formuliert, daß man allein gewisse Probleme nicht lösen könne, das man sich hilflos ausgeliefert fühle und deshalb den anderen Menschen unbedingt brauche. Das Klammern, das dann einsetzt, ist gleichzeitig aggressiv unterlegt. Der Partner, die Partnerin ist dann so etwas wie die Mutter eines Kleinkindes, die man unbedingt zu brauchen meint. Bleibt man aber bei dieser Kleinkindmutter, dann wird man immer ängstlicher, immer unsicherer. Die Trennungsaggression, die man hat und die zur Individuation führen würde, wird dann gegen den Partner, die Partnerin gerichtet. Das geschieht allerdings nicht offen, sondern unterschwellig und äußert sich oft in Sticheleien oder ähnlichem. Gelegentlich werden sie auch gegen sich selbst gerichtet.

Beispiel:

Eine 38jährige Frau sucht einen Berater auf, weil sie von ihrem Mann geschlagen wird. Der Mann schlägt auch die Kinder. Sie sagt, daß sie das alles nicht mehr aushält. Auch ihr Arzt hat ihr nahegelegt, eine Beratung aufzusuchen. Der Berater macht ihr den Vorschlag, für eine Zeit ins Frauenhaus zu ziehen. Auf diesen Vorschlag hin reagiert sie mit allen Zeichen des Erschreckens und der Angst, sie wird panisch und widerruft alles, was sie gesagt hat. Sie sagt nun, es sei alles gar nicht wahr, was sie erzählt habe, ihr Mann sei ein sehr guter Mann, das blaue Auge habe sie, weil sie hingefallen sei, und überhaupt solle man ihr doch nicht glauben, sie sei Alkoholikerin usw. In ihrer Panik versucht sie damit, den Mann zu idealisieren und sich selber dabei zu entwerten. Sie ist keine Alkoholikerin. Warum entwertet sie sich? Das Angebot einer vorübergehenden Trennung hat in ihr Panik ausgelöst. Sie formulierte dann sogar den Satz: „Trennen will ich mich auf gar keinen Fall, ich will lieber sterben." Sie will nicht ins Frauenhaus, sie will auch keine Aussprache, sie möchte, daß jemand ihrem Mann hilft, so daß er nicht mehr schlagen muß. Aber sie selber möchte nichts sagen. Sie möchte auch nicht, daß der Mann erfährt, daß der Appell nach Hilfe von ihr ausgeht. Nun ist dies natürlich eine vollkommem verfahrene Situation, Ausdruck einer eskalierenden Trennungsangst. Im weiteren Gespräch stellt sich dann heraus, daß es diese Frau nie wagt, anderer Ansicht zu sein als ihr Mann. Sie setzt ihm nie ein Nein entgegen – zumindest nicht verbal, averbal natürlich schon: So verweigert sie sich ihm sexuell, sie kocht ihm nicht das Essen, das er haben möchte. Der Mann wagt es aber seinerseits ebenfalls nicht, ihr verbal ein Nein entgegenzusetzen. Er schlägt sie, wenn er nicht mehr anders kann, und er schlägt die Kinder: Das ist seine Form des Neinsagens.

An diesem Extrembeispiel wird deutlich, was passiert, wenn zwei Menschen ihre Trennungsaggressionen nicht konstruktiv einbringen können. Es wird deutlich: Beide brauchen einander, beide sind so etwas wie verwahrloste Kinder, beide brauchen ein warmes Haus, die Sicherheit, daß der Partner sie nicht verläßt. Wird die Trennungsaggression aber so sehr ausgespart, dann kann es lebensgefährlich werden.

Angst vor Nähe – Dynamik und Auswege

Das Gegenstück zur Trennungsangst ist die Angst vor Nähe.[77] Ich möchte dies ebenfalls an einem Beispiel zeigen.

Ein 24jähriger Mann sagt, er habe sehr große Schwierigkeiten mit Freundinnen, habe aber ein großes Bedürfnis, eine Freundin zu haben. Dabei spiele weniger die Sexualität eine Rolle als das sehr große Bedürfnis, als „normal" zu gelten sowie auch das Bedürfnis, endlich einen Menschen zu haben, der ihn verstehe, ihn auch begleite, zu ihm stehe und zu ihm gehöre. Es geht ihm ganz wesentlich um auch sichtbare Zugehörigkeit zu einem anderen Menschen. Dies ist seine ihm sehr bewußte Sehnsucht. Es ist für ihn aber sehr schwer, diese in die Realität umzusetzen: Zuerst habe er nicht gewußt, wie er eine Frau ansprechen könne. Das hat er in einem Kontakttraining nun mit Erfolg gelernt. Er hat gar keinen so schlechten Erfolg bei den jungen Frauen. Die finden ihn auch gar nicht so „garstig", wie er sich selber vorkommt. (Er muß eine Froschkönigfantasie haben.) Es kommt jeweils zu einer zweiten oder dritten gemeinsamen Unternehmung, und dann wird es schwierig. Er hat ein Programm im Kopf: Er soll zunächst ein biß-

---

[77] Vgl. auch Rohde-Dachser Christa (1994), Im Schatten des Kirschbaumes, Huber, Bern, S. 47 ff.

chen zärtlicher werden, ein bißchen mehr Nähe zu den Frauen zulassen und zeigen. Wird er aber zärtlicher, dann verliert er schlagartig das Interesse an der jeweiligen Frau. Er fängt an, sie innerlich zu kritisieren: Bei der einen ist der Rock zu lang, bei der anderen ist er zu kurz, die Haare sind zu lang, falsch gefärbt, nicht gefärbt und so weiter. Er spürt ein Unbehagen, das er nicht ausdrücken kann und das sich im Mäkeln äußert. Dieses Kritisieren geht bis hin zu Empfindungen von Ekel; er hat dann den Eindruck, er müsse sich erbrechen. Sehr oft fühlt er sich von diesen Frauen dann körperlich total abgestoßen und macht selbstverständlich einen Rückzug. Meistens muß er sich aber gar nicht von sich aus zurückziehen; seine Begleiterinnen spüren, daß in ihm etwas abläuft, das sie entwertet, sie spüren, daß sein Interesse erloschen ist, daß da vielleicht sogar Feindseligkeit ist. So entfernen sie sich selber oder sorgen für mehr Distanz. Zu einem gewissen Zeitpunkt der Beziehung erfaßt ihn offenbar eine sehr große Angst, die er aber als solche nicht wahrnimmt. Er nimmt nur wahr, daß er das Interesse verliert, aggressiv wird, physisches Unbehagen spürt bis hin zu Ekel, sich körperlich abgestoßen fühlt. Wenn die Frauen sich zurückziehen beginnt er wieder zu fantasieren, was für eine Frau er eigentlich haben möchte. In der Fantasie ist diese Frau jeweils ganz anders als die, die er gerade gehabt hat. Manchmal sind es Frauen, mit denen er schon einmal ausgegangen ist, manchmal sind es Frauen vom identisierten Typus der Maria, manchmal Zigeunerinnentypen. Er versucht dann, eine neue Frau für sich zu gewinnen, aber dieselbe Beziehungserfahrung wiederholt sich. Er leidet darunter und versteht nicht, was in ihm eigentlich abläuft. Deutlich ist, daß dann, wenn Nähe möglich würde und wirklich angesprochen wird, ihm offenbar eine Gefahr droht. Er muß Angst haben, daß seine Identität bedroht ist, und er projiziert in der Tat eine verschlingende Gestalt auf die potentielle Partnerin. Auf die Frage, was denn eigentlich so gefährlich würde, wenn er jetzt einer Frau wirklich näher käme, antwortet er: Er hätte dann keine Freizeit mehr, keine Freiheit mehr, die Frauen könnten ihm das Blut aussaugen, das Geld und die sexuelle Kraft rauben. Das hat er natürlich nicht so eins nach dem anderen erzählt, sondern das ist das Ergebnis eines ganz langen Gesprächs. Verbunden mit der Angst, nicht zu genügen, bedeutet diese Angst vor dem Verschlungenwerden, daß er seine ganze Identität und Vitalität verlieren würde, vor allem aber auch seine Autonomie. Ein umfassender Potenzverlust wird fantasiert, und zwar in einer Situation, die gerade zu einem Potenzgewinn führen könnte, weil man sich nahekommt. Dieser Potenzverlust wird fantasiert, weil durch die Erfahrung von Nähe im Unbewußten offenbar Bilder eines verschlingenden Ungeheuers aktiviert werden. Es ist wichtig, diese Bilder im Zusammenhang mit der Angst zu sehen und sie nicht einfach auf reale Personen zu projizieren. [78] Es ist also unzulässig zu meinen, daß dieser junge Mann Partnerinnen gefunden hat, die es alle so sehr auf sein Geld, auf sein Blut und auf seine Sexualität abgesehen haben; hier wird vielmehr eine tiefe Angst um den Verlust der Potenz in einem weiten Sinne reaktiviert und auf die Frauen projiziert. Auch die Erklärung, daß da ein Mann wieder einmal mehr seine verschlingende Mutter auf die Partnerin projiziert, ist schon zu sehr auf eine konkrete Person bezogen. Diese Bilder des Verschlungenwerdens sind Bilder der Angst, sind keine realen Abbilder weder von Elterngestalten noch von aktuellen Partnerinnen. Es sind Kindergespenster, aus der Angst und aus der Aggression geboren. So waren die realen Mütter nie, das wird in sie projiziert, weil es ja die Angst des Kindes ist, daß die Individuation verhindert werden könnte. Möglicherweise hat es ein wenig mit der persönlichen Erfahrung der eigenen Mutter zu tun, aber sehr vieles davon ist archetypisch. Es hängt mit dem Drang zur Selbständigkeit und der Angst vor der Selbständigkeit generell zusammen, die in jedem Menschen angelegt ist.

Wir kennen ja auch die verschiedensten verschlingenden Gestalten aus den Märchen, den Mythen, auch aus den neuen Mythen; sie waren schon immer und sind es noch: Elemente unserer Phantasie. So gibt es in Science-Fiction-Romanen zum Beispiel verschlingende Raumschiffe, schwarze Löcher, die die Menschen einsaugen und sie rasant in ihrer Lebenszeit „rückwärts" laufen lassen usw. Dieses Motiv geht weit über die persönlichen Erfahrungen in einer bestimmten Lebenssituation hinaus. Daher

[78] Rohde-Dachser, Christa (1991) Expedition in den dunklen Kontinent, Springer, Berlin, S. 137 ff.

denke ich, daß man sie auch nicht einfach als Eigenschaften auf Personen projizieren kann, sondern daß es sich um psychische Bilder handelt, die mit einer gewissen Gesetzmäßigkeit dann auftreten, wenn die Identität in ihrem Streben nach Eigenständigkeit bedroht ist.

Läßt man diese Bilder malen oder darstellen, dann fällt auf, daß sehr selten ganze Personen gezeichnet oder gemalt werden, sondern zum Beispiel oft nur ein Mund mit Zähnen. Es geht also niemals um eine ganze Person oder um das Erleben einer ganzen Person, sondern nur um einen Teil eines Menschen, um ein Teilobjekt. Auch deshalb kann man diese verschlingenden Gestalten nicht einfach mit der Mutter gleichsetzen, sondern wenn schon, eher mit einer Funktion der ursprünglichen Beziehungsperson: als Bild dafür, daß sie zum Beispiel das orale Befürfnis nicht mehr weiter befriedigt, daß sie, statt weiter zu nähren, zubeißt.

Der Grund, daß diese Ängste vor Nähe erlebbar sind, ist mit großer Wahrscheinlichkeit darin zu sehen, daß das Selbstsein im Laufe der Entwicklung zu wenig entwickelt worden ist, daß zu wenig Individuation stattgefunden hat, und daß aus diesem Grunde „Nähe" auch die Gefahr bedeutet, die geringe Eigenständigkeit, das Wenige an eigenem Selbst, das man errungen hat, wieder zu verlieren. Diese schrecklichen Bilder der Bedrohung durch das Verschlungenwerden werden nun auf Partner und Partnerinnen oder auch auf vermeintliche Partnerinnen projiziert. Auch ohne daß ein realer Liebespartner/eine reale Liebespartnerin vorhanden ist, können Menschen sich erklären, warum sie keine Nähe suchen: Sie würden, wenn ein Mensch auftauchen würde, sofort in die Gefahr kommen, zerstört oder aufgefressen zu werden. Sie haben in der Fantasie oft unbewußt furchtbare Bilder von dem, was Menschen einem antun könnten.

Diese Bilder haben nun immer eine vergleichbare Typik. Es ist eine verschlingende, überfahrende Gestalt, eine zerstörerische Gestalt, und es gibt ein Opfer. Die Vorstellung dieser Bilder ist meistens deutlich, wird aber über diese Bilder gesprochen, dann verlieren sie sich in einer Unbestimmtheit und Vagheit. Ich habe den Mann mit der Näheangst gefragt, ob er ein Bild von seinen Freundinnen habe im Moment, „wenn es ihm abstellt", und ob er sich dabei selber auch sehen könne. Er meinte dann, daß er in einem solchen Moment fast so etwas wie Halluzinationen habe. Das Gesicht der Frau würde jeweils viel weißer als vorher, die Haare meistens dunkler. Er würde auch in diesem Moment an den Partnerinnen jeweils entdecken, daß sie so spitze Eckzähne hätten, und die Frauen würden auch hohle Augen bekommen. Auf meine Frage, ob er neben diesem Fantasiegesicht auch noch das wirkliche Gesicht der Freundin sehe, meinte er, mit einiger Anstrengung könnte er das. Er selber habe dann das Gefühl, sehr klein zu werden, gebannt, paralysiert, wie wenn er auf einer Türschwelle stünde und nicht wüßte, ob er hinein- oder hinausgehen sollte. Gerade diese Zögerungsmomente erlebt er als besonders gefährlich. Darauf folgt dann der Ekel mit dem Gefühl, er müsse sich übergeben, und dann geht er selbstverständlich hinaus. In diesen Bildern wird deutlich, was bei dieser Angst vor Nähe geschieht. Die Freundin wird plötzlich ganz verzerrt wahrgenommen, und zwar nur im Gesicht: als Vampir mit weißem Gesicht, spitzen Eckzähnen und hohlen Augen, also sehr deutlich an Tod erinnernd. Die Geschichte des jungen Mannes erinnert an eine kindliche Loslösungssituation. Bei der Loslösungsgeschichte in der Kindheit spielt ja sehr oft das Bild der Türschwelle eine Rolle, und Probleme, die man mit kleinen Kindern hat, spielen sich sehr oft auf Türschwellen ab. Dies ist ein hochsymbolischer Ort, er kennzeichnet den Übergang von innen nach außen. Ich habe dem jungen Mann gesagt: „Sie reagieren so, als wäre ihre Freundin ein Vampir, der Sie aussaugen möchte, weil sie schon lange kein Blut mehr geleckt hat. Daneben müssen wir aber auch das wirkliche Gesicht ihrer Freundin sehen." Es hat meiner Ansicht nach wenig Sinn, individualgeschichtliche Deutungen zu versuchen, die etwa besagen würden: „Ihre Mutter hat ..." oder „Bei Ihrer Loslösungs-Individuationsphase ist das und das nicht gut gelaufen ..." Es ist sinnvoller, dem sich ängstigenden Menschen klar zu machen, daß sich hier innere Bilder vor die konkrete Wahrnehmung schieben, und daß diese Gespensterbilder, Angstbilder der Kindheit, die Wahrnehmung verzerren. Solange die betreffenden Personen auch das wahre Gesicht noch sehen können, gibt es auch eine Möglichkeit, sich von den Angstbildern abzugrenzen. Diese Gespensterbilder der Kindheit sind ausgesprochen häufig. Sie werden oft auch verbal dargestellt. Da wird dann plötzlich von einer Frau als einer Hexe gesprochen, da tauchen Menschenfresserinnen und Drachen auf. Das Märchen hat diese Gestalt sehr deutlich in den Tierprinzen und den Tierprinzessinnen dargestellt. Sowohl vom Mann als auch von der Frau aus werden diese angstmachenden Bilder des verschlingenden Ungeheuers aber im wesentlichen auf den Liebespartner projiziert, und einige Probleme im Geschlechterkampf scheinen etwas mit diesen Bildern zu tun zu haben. Es sind letzlich Bilder, die daher rühren, daß wir unsere Autonomiebedürfnisse nicht wirklich zu leben wagen, daß wir unsere Individuation zu wenig durchgesetzt haben oder durchzusetzen wagen.

Trennungsangst ist auch Bindungsangst, und Bindungsangst ist auch Trennungsangst. Wagen wir es nicht, die notwenigen Trennungsschritte zu machen, dann wird eben die Angst vor der Nähe zu groß, daß wir diese Angstgespenster der Kindheit auf den Partner oder die Partnerin projizieren müssen. Im Märchen ist es so, daß man diese Bilder des Ungeheuers aushalten und gleichzeitig aber immer wissen muß, daß das Ungeheuer nachts oder gelegentlich auch tagsüber ein sehr schöner Prinz oder eine sehr schöne Prinzessin ist. Die Frauen im Märchen leben mit diesen Ungeheuern, die Männer leben mit den Prinzessinnen in der Schweinehaut usw. Beide wissen ganz genau, daß das nicht die ganze Wahrheit ist, daß auch noch etwas anderes dahinter steckt.[79] Manchmal sehen sie nachts den schönen Prinzen schon, manchmal erahnen sie die schöne Prinzessin unter der Schweinehaut auch aus einer Intuition heraus. Das kann man auch in Situationen der Näheangst therapeutisch nutzen, indem man die Frage stellt, ob es denn eigentlich nur diese verzerrte Wahrnehmung gibt, oder ob man auch noch das wirkliche Gesicht der Freundin oder des Freundes sieht. Es ist nun natürlich selten so, daß jemand sehr deutlich einen Vampir fantasiert. Normalerweise ist Näheangst viel weniger dramatisch: Da sagt dann plötzlich ein Mann, der noch voll Freude zu einem Rendezvous gegangen ist: „Da kam sie mir im Laufe des Abends plötzlich total unattraktiv vor, total häßlich. Vorher war sie doch so strahlend,

---

[79] Kast Verena (1992) Liebe im Märchen, Walter, Olten

und dann war sie ganz plötzlich ganz grau." Dasselbe hört man natürlich auch von den Frauen über Männer. Zum Beispiel finden sie plötzlich heraus, daß sie einen Körpergeruch haben, den sie überhaupt nicht mögen, oder daß die Protzerei für sie unerträglich wird. Dies kann nämlich alles der Realität entsprechen und muß nicht unbedingt Angst vor Nähe sein. Aber immer dann, wenn sich so schnell etwas verändert, wenn etwas, was vorher so gut war, plötzlich schlecht ist, wenn etwas, das fasziniert hat, plötzlich mit Abscheu erfüllt, dann könnte es doch sein, daß Angst vor Nähe eine Rolle spielt.

Diese Schreck- und Angstbilder, diese Gespenster der Kindheit muß man nun auch subjektstufig sehen, also als Anteile von uns selbst. Diese subjektstufige Sichtweise bezieht sich auf die Jungsche Theorie, daß jedes Bild, das wir auf einen anderen Menschen projizieren, auch ein Bild in unserer eigenen Psyche ist. [80] Ein Bild entspricht immer auch den Emotionen, den Verhaltensweisen und Gestaltungsmöglichkeiten von uns selbst. Wenn wir jetzt nur sagen, daß sich ein Bild zwischen den geliebten Menschen und uns schiebt, dann erklärt uns das zwar, warum wir Angst bekommen, und es erklärt uns auch, daß es um die Angst geht, unsere Eigenständigkeit wieder einmal zu verlieren. Aber es erklärt uns noch nicht, daß Menschen, die Näheangst haben, die also ständig Angst davor haben, gefressen zu werden, selber sehr häufig ihrerseits fressende Menschen sind. Das erklärt uns nun die Subjekstufe. Die Beziehungssehnsucht des Mannes habe ich vorne vielleicht ein wenig zu kühl geschildert. Er hat nicht nur eine Beziehungssehnsucht, sondern geradezu eine Beziehungsgier. Er wird von dem Gefühl bestimmt, daß es jetzt doch endlich einmal klappen müsse. Er ist überzeugt, alle anderen seien mit 24 Jahren längst verheiratet und hätten Kinder, und nur er hat immer noch keine feste Beziehung. Nichts auf der Welt ist deshalb jetzt wichtiger als endlich eine feste Beziehung.

Was als Gespensterbilder gesehen wird, sind auch Aspekte der betreffenden Person selbst. Und auch intrapsychisch äußern sich diese Aspekte verzerrt. Diese Gespensterbilder entsprechen nicht einfach der Persönlichkeit, die diese Bilder fantasiert. Bezogen auf

---

[80] Jung Carl Gustav, Psychologische Typen, S. 514, Par. 892

den Mann, dessen Näheangst wir kennengelernt haben, bedeutet es, daß er nicht einfach ein ganz vampirhaft gieriger Mensch ist, sondern bloß, daß er auch gierige Seiten hat. Auch subjektstufig muß man diese Wahrnehmung entzerren, damit man die Möglichkeit hat, damit umzugehen. Denken wir an den Vampir, den er gesehen hat: mit dem weißen Gesicht, den hohlen Augen und den spitzen Eckzähnen. Das wäre also auch ein Bild für ihn selbst. Er selbst kann sich so vampirhaft den Menschen nähern, auch er kann andere sozusagen aussaugen. Was er also befürchtet, müßte er eigentlich auch von sich selber befürchten. Und so betrachtet, hätte die Angst vor Nähe einen tiefen Sinn, denn die Angst vor Nähe würde bewirken, daß er selber nicht diesen gierigen, vampirhaften, aussaugenden Seiten verfällt.

Angst vor Nähe ist also nicht nur die Angst vor dem Verschmelzen und dem Aufgeben des eigenen Ich-Komplexes, der eigenen Identität. Angst vor Nähe ist auch die Angst davor, den anderen Menschen aufzufressen, ihn zu vereinnahmen, zu beherrschen, Übergriffe zu machen.

Unter dem Aspekt der Identifikation mit diesen Gespensterbildern ist auch der Sadismus anzusiedeln. Sadismus beschreibt ja eine Möglichkeit, einem Menschen nahe zu sein, ohne wirklich mit ihm oder ihr zu verschmelzen. Sadismus ist dann gerade die Möglichkeit, sehr viel Nähe zu erleben und gleichzeitig seine Grenze zu bewahren. [81] Bei der Identifikation mit diesen inneren gefährlichen Bildern oder Teilgestalten wird die Trennungsaggression, die wir zur Individuation brauchen, in eine Bemächtigungsaggression umgewandelt. Was wir brauchen, um unsere Grenzen so zu festigen, damit wir uns auch hingeben und es uns leisten können, unsere Grenzen zu verlieren, wird zum Übergriff. Das ist wahrscheinlich auch der Grund, wieso Macht und Ohnmacht, das Sichbemächtigen in unseren Beziehungen eine so große Rolle spielt. So gesehen würden diese Machts- Ohnmachtsbeziehungen eigentlich bedeuten, daß beide sehr große Angst vor Nähe haben. Eine solche Angst ist vielleicht gerade deshalb vorhanden, weil nicht klar ist, daß sie sich auch trennen dürfen und auch immer wieder trennen müssen.

---

[81] Kast, Paare, S. 85 ff.

Gibt es Wege aus dieser Näheangst? Das Stichwort heißt entzerren: Nicht nur die verschlingenden Bilder sind zu sehen, die
man in den anderen Menschen projiziert oder die bösen Ahnun-
gen oder Vorurteile, sondern auch die vertrauensvolle Seite ist
wahrzunehmen. Es geht darum, die Sicht von sich selber zu entzerren: die Bemächtigungsseite bei sich und bei den anderen zwar
zu sehen, aber auch die liebevolle Beziehungsseite. Das bedeutet:
Niemand ist immer nur gierig, sondern jeder bzw. jede hat auch
eine andere Seite. Das heißt auch, daß man sich in einer Situation, in der man mit sich selber sehr zerfallen ist und sich furchtbar
festhaltend und übergreifend erlebt, zumindest daran erinnert,
daß man das auch schon einmal nicht war. Oder daß man sich an
Beziehungen erinnert, wo man liebevoll und weniger übergreifend war. Eine solche Form des Entzerrens würde verhindern, daß
wir unseren Selbstwert verlieren. Es ist dabei immer auch dies zu
sehen: Dieses Bestimmen- und Übergreifenwollen, dieses den anderen Manipulierenwollen bis hin zu sadistischen Manipulatio-
nen ist nichts anderes als die nackte Angst, sich hinzugeben und
sich dabei möglicherweise zu verlieren oder durch den Verlust
hindurch auch ein anderer oder eine andere zu werden, sich zu
wandeln.

Neben dem Entzerren auf allen Ebenen ist es wichtig, daß wir
ein Wissen um diesen Prozeß haben. Ferner ist – von der Entwicklung her gesehen – dies bedeutsam: Den Anforderungen der Individuation altersgemäß nachzukommen, unsere Eigenbewegun-
gen zu akzeptieren und uns auch altersgemäß aus den Elternkomplexen abzulösen. [82] Auch kognitiv müssen wir uns darüber klar
werden, daß Nähe und Distanz keine festgelegten Größen sind,
sondern in einer Beziehung immer auf Korrektur hin angelegt
sind. Zu fragen bleibt also immer wieder, ob die Nähe gerade jetzt
für uns stimmt oder nicht. Das ist keine Frage, die man in der Regel mit dem Intellekt löst, sondern mit Gefühl und Intuition. Oft
hilft auch der Körper bei der Lösung. Wir können dann die körperliche Anwesenheit eines Menschen kaum ertragen, haben den
Eindruck, nicht genügend Raum für uns selbst zu haben, nicht atmen zu können. In einer solchen Situation sorgen wir ganz kon-

---

[82] Kast, Vater – Töchter, S. 13 ff.

kret für Distanz, gehen spazieren etc. Wenn negativ verzerrte Bilder des Partners oder der Partnerin auftauchen, ist es wahrscheinlich, daß zuviel Nähe besteht und zuviel von der eigenen Individuation aufgegeben worden ist.

Nähe und Distanz sollte im Miteinander im Gespräch immer wieder neu bestimmt werden, denn immer dann, wenn wir Distanz einnehmen, löst dies im Partner oder in der Partnerin möglicherweise Trennungsängste aus. Wird darüber gesprochen, daß eine Nähe-Distanz-Regulierung wieder einmal ansteht, dann kann man sich sehr viel besser damit auseinandersetzen. In schwierigen Fällen wird man eine Psychotherapie brauchen, in der dann vor allem die Bearbeitung von Loslösungs- und Trennungsphasen im Zentrum stehen wird.

Angst vor Nähe und Angst vor Distanz gleichen sich sehr. Haben wir Angst, ein Mensch könnte sich so weit von uns entfernen, daß wir ihn oder sie zu verlieren drohen, dann ist diese Angst auch damit verbunden, daß wir fürchten, verzerrende Bilder könnten auftreten, das heißt, wir befürchten negative Gedanken und Gefühle. Das Phänomen ist aus dem Alltag bekannt. Ein Mensch zieht sich aus Beziehungen zurück, man sieht ihn nicht mehr. Auf Einladungen reagiert er abschlägig, er ist immer irgendwie mit anderen Dingen beschäftigt – und dann fängt man plötzlich an, schlechte Seiten an der betreffenden Person zu sehen. Sind dann Freunde beisammen, dann beginnen sie plötzlich darüber zu sprechen, wie dieser Mensch sich verändert habe, und man erwähnt in der Regel etwas, was ihn nicht besonders positiv auszeichnet: etwa einen dicken Bauch oder Hängebacken usw. Vom Körperlichen gehen dann die Verunglimpfungen weiter ins Psychische und ins Soziale. Abwesende Personen fördern unsere Aggressionsprojektionen. Das gleiche gilt auch, wenn ein Partner oder eine Partnerin innerhalb der Beziehung „abwesender" als sonst ist, weil die Pflege des eigenen Selbst gerade im Vordergrund steht. Von der Prägesituation des Kindes her sind die schlechten Gedanken über abwesende Menschen, an denen uns etwas liegt, gut zu verstehen. Abwesende Beziehungspersonen setzen uns der gefährlichen Welt und unseren bösen Fantasien aus, also sind sie böse. Tauchen diese „entfernten" Menschen dann wieder auf, wundert man sich meistens, wie nett sie eigentlich sind. Nun hat dieses Phänomen nicht nur damit zu tun, daß unsere aggressiven Bilder durch eine abwesende Person geweckt werden, sondern auch damit, daß diese Menschen unseren Selbstwert strapazieren, indem sie mit uns eben nichts mehr zu tun haben möchten zumindest verstehen wir es so. Das Phänomen, daß Beziehungen ambivalent sind, ist natürlich etwas ganz Normales. Wir wissen, daß zu Beginn einer Liebe die meisten Menschen eine Phase der großen Idealisierung haben: Man ist überzeugt, einen wunderbaren Menschen gefunden zu haben, und daher ist man selber auch wunderbar. Das muß nicht einfach eine Projektion sein. Der Beginn einer Liebe belebt viele Seiten im anderen Menschen, die eben nur durch die Liebe belebt werden können. Sie erlauben es auch, sich einander so zu zeigen, wie man eigentlich sein könnte. [83] Nur bleibt das leider nicht so. Sehr oft wird diese Sicht verdüstert, nicht selten durch die Blicke, durch die Augen von anderen Menschen. Führt man etwa zu früh so einen Traummenschen anderen Beziehungspersonen vor, dann könnten die etwa sagen: „Hast du auch gemerkt, daß ...", „Fällt dir nicht auf, daß ..." Und wenn man diesen idealen Menschen auch nur einmal mit den fantasierten Augen der Eltern oder der Kinder anschaut, entdeckt man plötzlich den Schatten, und zwar den Schatten in einer sehr weiten Form. Man sieht dann da alles, was nicht so perfekt ist. Und wenn man dann nicht flieht – hier fliehen nämlich sehr viele Menschen und meinen, sie hätten sich geirrt –, dann wird man feststellen, daß diese Anfangsfaszination sehr oft auch wieder zurückkommt, und man wird mit der Zeit feststellen, daß beides stimmt: Man hat einen wunderbaren Menschen gefunden, der oder die aber auch einen beträchlichen Schatten hat. Es gibt diese idealen Bilder, es gibt aber auch die düsteren. In der Beziehung ist es dann so, daß man einmal mehr mit den strahlenden Aspekten der Persönlichkeit im Kontakt ist, einmal mehr mit den Schattenseiten. Dies verursacht dann die Ambivalenz, die uns meistens sehr unangenehm ist, weil die Ambivalenz uns ja an den drohenden Verlust erinnert. Könnte man einen Menschen nur wunderbar finden, müßte man nie an Trennung denken. Weil die Menschen aber auch Abgründiges haben, ist das

---

[83] Kast, Paare, S. 19

Gespenst der Trennung immer da. Zur Beziehungsrealität gehört diese Ambivalenz in den Beziehungen. Diese Ambivalenz hat einen tiefen Sinn: einerseits, daß wir nicht verschlungen werden von der Beziehung, daß wir also unser eigenes Selbst auch in einer Beziehung bewahren. Andererseits, daß wir in der Beziehung aufgehen können, daß wir unsere Grenzen auch verlieren können, daß wir uns hingeben können. Gerade die Ambivalenz steht also im Dienste von Hingabe und Individuation. Unterdrücken wir nun diese Ambivalenz, und das heißt immer auch, daß wir die Trennungsaggression unterdrücken, dann ist die Beziehung sehr viel gefährlicher für uns. Gleichzeitig ist sie selber auch gefährdeter: Einerseits begeben wir uns in eine Symbiose hinein, die uns die Eigenständigkeit raubt. Andererseits sind wir, wenn dieses Korrektiv von Nähe und Distanz nicht vorhanden ist, eines Tages in der Gefahr, uns abrupt zu trennen. Dieser doppelte Aspekt der Nähe-Distanz-Problematik spielt bei allen Verlustängsten in Beziehungen eine große Rolle.

Angst vor Selbstverlust

Es gibt eine klassische Verlustangst, bei der es um den Verlust des Selbstwerts und des Selbstwertgefühls geht.

Dazu ein Beispiel:
Eine Frau in der Paartherapie sagt zu ihrem Mann: „Du kennst mich nicht, du siehst mich nicht, und du hörst mich nicht. Und ich komme mir einfach wie ein Nichts vor, und so kann es nicht weitergehen."

Sie fühlt sich nicht gekannt, nicht „erkannt", nicht gehört, nicht gesehen. Sie fühlt sich wie ein Nichts, sie fühlt also nackte Angst vor Vernichtung aus ihrem angegriffenen Selbstwertgefühl heraus. Wenn ihr Mann sie nicht wahrnimmt, dann nimmt sie sich selbst offenbar als eine Frau ohne Wert wahr.

Ein weiteres Beispiel: Ein Mann sagt zu einer Frau: „Ich liebe dich als Mutter meiner Kinder ..." und ein paar Sätze später: „Es ist nicht mehr das große Feuer, aber es ist immerhin noch so behaglich um dich herum."

Sie wird bei seiner Rede immer blasser und sagt: „Wenn du noch lange so weiter redest, muß ich entweder mich oder dich umbringen."

Sie wird hochaggressiv, sie fühlt sich nicht um ihrer selbst willen geliebt. Er will ihr eigentlich etwas Liebevolles sagen, sie hört aber, daß er sie nur noch als Mutter seiner Kinder liebt und daß sie es ihm eben behaglich macht, daß sie also auf der Versorgungsebene wunderbar funktioniert. Sie hat deutlich das Gefühl, nicht als Person, sondern in der Funktion der behaglichen Versorgerin geliebt zu werden. Das löst eine Selbstwertkrise und daraus folgend eine Aggression aus. Entweder muß sie sich selber umbringen – ein Ausdruck dafür, daß sie dem Zusammenbruch des Selbstwertgefühls zuvorkommen möchte[84] – oder aber sie müßte ihn umbringen.

Ein weiteres Beispiel: Ein Mann sagt: „Ich weiß schon, daß ich mir sehr viel Mühe geben muß", und zu seiner Frau gewandt: „Du hast einen viel besseren Mann verdient." Und dann ganz traurig: „Aber ich weiß schon, ich genüge dir nicht, du wirst mich verlassen, und dann bin ich überhaupt nichts mehr."

Hier sehen wir eine depressive Sichtweise, das Gefühl, selber ganz und gar nicht in Ordnung zu sein, verbunden mit der Vision, daß er sich doch zu wenig Mühe gibt und wenn er verlassen würde, nichts mehr wäre.

Aus diesen Beispielen, so verschieden sie sind, kann man heraushören, daß es immer um den Selbstwert geht. Dabei wird deutlich, daß die Beziehung Anerkennung, Aufwertung und Akzeptanz bringen muß. Hier ist die Liebe also nicht dazu da, einander dazu zu bringen, das Leben intensiver leben zu können. Sondern es geht bei diesen Beispielen primär darum, daß die Liebe den Selbstwert garantieren soll, sie soll den Menschen in seiner oder ihrer Identität versichern als einen Menschen, der oder die liebenswert ist. Hier soll die Existenzberechtigung durch das Du gegeben werden, durch ein Du, das das Ich endlich einmal sieht und das mit diesem Ich empathisch und solidarisch ist. Die Sehnsucht

---

[84] Kast, Der schöpferische Sprung, S. 66 ff.

dahinter ist natürlich, jemanden zu haben, der ganz sieht, ganz hört, ganz versteht. Es ist eigentlich die Sehnsucht, sich selber als ganzen Menschen zu sehen und zu akzeptieren, und da wir das selber nicht schaffen, wenigstens durch die liebende Antwort des Du als ganzer Mensch gespiegelt zu werden.

Dazu aber muß dieses Du empathisch sein. Es muß hören, sehen und natürlich vor allem das sehen und hören, von dem das Ich insgeheim möchte, daß es gehört und gesehen wird. Vor allem aber sollen gute und schlechte Seiten gesehen werden. Fühlt man sich vom anderen Menschen aber nicht ganz gesehen, dann kommt man sich verlassen vor, und dieses Gefühl der Verlassenheit ist kombiniert mit einem Gefühl des Unwerts, des Unnützseins, des Nichtseins. Diese Erwartung, durch ein Du liebevoll gespiegelt zu werden, geht natürlich von der Liebeserfahrung aus. Denn in einer Liebeserfahrung sind wir interessiert am Menschen, den wir lieben, wir lenken die Aufmerksamkeit auf ihn oder auf sie. Beginnt sich jemand für uns zu interessieren, dann gibt uns das eine Bedeutung, das heißt wir werden bedeutsam, wir werden herausgehoben aus allen anderen Menschen durch dieses liebevolle Interesse. Deshalb stellt man sich auch jeweils die Frage, wie es kommt, daß gerade dieser Mensch sich für einen in dieser einmaligen Weise interessiert. Dieses Interesse hebt uns heraus aus allen anderen Menschen. Kommt dann auch noch die Tendenz zur Idealisierung dazu, interessiert sich ein Mensch nicht nur für uns, sondern ist auch noch bereit, die schönsten Seiten in uns in den schönsten Farben zu sehen, dann gibt uns das ein gutes Selbstwertgefühl, das Gefühl der Daseinsberechtigung. Wir sind dann versichert, daß unsere Existenz bedeutsam und wichtig ist. Das geschieht in jeder Liebesbeziehung. Nun ist es aber so, daß es Menschen gibt, die auf diese Steigerung des Selbstwerts oder die Versicherung des Selbstwerts sehr viel mehr angewiesen sind als andere. Für Menschen, die in ihrer Regulierung des Selbstwertsgefühls, in ihrer Selbsthomöostase, einigermaßen ausbalanciert sind, die sich einigermaßen auf sich selbst verlassen können, die mit Kränkungen so umgehen können, daß sie durch diese nicht zerstört werden, die überdies wissen, daß man sich verändern kann, die sich abgrenzen können von anderen Menschen, sich aber auch einlassen können, für die ist die Akzeptanz von außen zwar wichtig, kommt sie aber nicht, dann ist das auch nicht so schlimm. Sie können sich auch selber ihren Selbstwert zusprechen oder ihn mit gewissen Fantasien oder Tätigkeiten wieder generieren. Sind nun aber Menschen in ihrem Selbstsein und in ihrem Selbstgefühl sehr verunsichert, dann werden sie deutlich von der Akzeptanz der anderen abhängig. Der andere Mensch versichert sie in ihrem Selbstwert und garantiert ihnen dadurch eine viel größere Angstfreiheit, als sie sie üblicherweise haben. Diese Menschen sind sehr leicht von außen zu steuern. Beachtet man in einer Liebesbeziehung diese Menschen nicht mehr so exzessiv, bringt man ihnen weniger Interesse entgegen und „sieht" sie weniger, dann werden diese Menschen sehr deutlich in ihrem Selbstwertgefühl verunsichert. Die Angst, die schon immer unseren Selbstwert auch trifft, trifft hier dann zentral das Lebensgefühl des Unwertseins. Die Bereitschaft zu einer allgemeinen Angstentwicklung ist entsprechend viel größer.

Viele Menschen reagieren auf dieses Gefühl des Unwertseins mit einer Depression. Wenn Menschen uns Schutz bieten und wir diese Menschen verlieren, dann reagieren wir mit einer Panikstörung. Wenn ein Mensch uns aber den Selbstwert garantiert hat und wir diesen Menschen verlieren oder wenn wir fantasieren, ihn zu verlieren, dann reagieren wir mit einer Depression. Das Vertrauen in dieses gute Selbstwertgefühl, das durch die Beziehung stimuliert worden ist, wird zerstört. Das Vertrauen in dieses gute Selbst ist eben nur von außen stimuliert worden, ist noch nicht eigentlich durch Krisen gegangen und dadurch zum eigenen geworden. Wird solchen Menschen ihr Selbstwert nicht mehr von außen bestätigt, dann fühlen sie sich total häßlich. Sie werden also nicht nur mit ihren Schattenseiten konfrontiert, sondern sie fühlen sich ganz und gar verschattet, sie fühlen sich unwert, ganz und gar schlecht. Menschen, die in einer Beziehung vor allem im Selbstwert gesehen und getragen werden wollen, haben ein labiles Selbstwertsystem und sind deshalb sehr abhängig von außen. Sie sind natürlich auch sehr zu beeinträchtigen durch Kränkungen von Menschen, die ihnen den Selbstwert garantieren sollen. Nun sind Kränkungen in Beziehungen unumgänglich. Auch wenn wir nicht absichtlich kränken wollen – wir kränken auch dann, wenn wir es nicht wollen.

Eine der Hauptkränkungen liegt darin, einem Partner, einer Partnerin weniger Interesse entgegenzubringen oder gar Gleichgültigkeit. Einmal spielt hier eine Rolle, daß das gegenseitige Interesse durch die Vertrautheit weniger wird. Wird dieses Interesse weniger, einfach weil man mehr voneinander weiß oder weil man die verschiedenen Geschichten nicht immer wieder neu erzählen kann, dann kann das für jemanden mit einem labilen Selbstwertgefühl als große Zurückweisung erlebt werden. Sie bringen in der Regel auch nicht so viel interessantes Material aus dem aktuellen Leben bei, das neue Spannung bringen könnte. Dann wird aber auch jede Abgrenzung auf sich und auf den Selbstwert bezogen. Das kann zum Beispiel eine sachliche Abgrenzung sein: Die Partnerin sagt, sie könne jetzt nicht zur Verfügung stehen, sie müsse noch eine Arbeit fertig machen. Eine solche Mitteilung wird nicht als das gesehen, was es ist, sondern die Tatsache, daß ein Mensch sich etwas anderem zuwendet, heißt eben auch, daß er oder sie sich von einem abwendet, und das bedeutet, daß man nichts wert ist, nicht interessant genug.

Die Prägesituation für diese Angst um den Verlust des Selbstwertgefühls ist sehr früh anzusetzen. Für den Zeitraum der ersten sechs Monaten meint man, daß Empathie und Interesse für den Säugling da sein müssen, damit dieser sich wohl fühlt und sich gut entwickelt. Wiederholte Erfahrungen, daß es den Beziehungspersonen nicht gelingt, die Erregungen und Aufregungen des Kindes adäquat zu beruhigen, wenn das Kind also zu wenig gesehen und gehört wird, dürfte das Urvertrauen, den Grund für ein hinreichend stabiles Selbstwertgefühl, schwächen. Diese schwierigen Erfahrungen des Säuglings können die verschiedensten Gründe haben: Sie können damit zusammenhängen, daß die Eltern sehr mit sich selber beschäftigt sind, Geschwister können eine Rolle spielen, es ist aber auch möglich, daß die Kommunikation zwischen Säugling und Beziehungsperson von Anfang an schwierig ist, daß der Säugling selbst sich schlecht verständlich machen kann. Es kann damit zu tun haben, daß die Lebensumstände der Beziehungspersonen so belastend sind, daß sie sich wenig einfühlen können oder aber den Säugling bereits als Garant dafür benutzen, daß sie selber eine Existenzberechtigung haben, daß der Säugling also als Selbstobjekt benutzt wird. In dieser Phase der ersten sechs Monate wäre also eine Grundlabilität für den vertrauensvollen Umgang mit der Welt anzunehmen, wenn die notwendige Empathie für das Kind nicht da ist und wenn dem Kind zuwenig gezeigt wird, daß es ein liebenswertes Selbst ist. Dabei spielt auch das Zeigen von Freude eine große Rolle. Freude der Beziehungspersonen ruft im Kind wiederum Freude hervor. Die Entwicklungspsychologin Malatesta erwähnt, daß eine sichere Bindungsfähigkeit – und dazu gehört auch ein hinreichens stabiles Selbstwertgefühl – wesentlich davon beeinflusst wird, ob im ersten Lebensjahr Freude ausgetauscht werden konnte. [85]

Kinder, die das Interesse, die Freude und die Zuwendung der Beziehungspersonen, die auch dazu geführt hat, daß schwierige emotionale Zustände bewältigt werden konnten, nicht wirklich oder zu wenig oder zu wenig empathisch erfahren haben, werden eine Disposition mitbringen, diese entbehrten Beziehungshaltungen zu suchen. Sie werden aber wenig darauf vertrauen und sich davor ängstigen, sie leicht wieder zu verlieren. Aus dieser Prägesituation der unzuverlässigen Zuwendung heraus entwickelt sich leicht eine depressive Struktur. Man versucht, die Gebote und Verbote, die die Eltern geben und von denen man das Gefühl hat, daß die Eltern sie aufstellen, zu erfüllen, um doch noch Liebe oder Interesse zu bekommen: das, was man eigentlich braucht. Man wird sich also immer fragen, was die anderen Menschen eigentlich von einem wollen, was man noch für sie tun kann, damit man die notwendige Zuwendung bekommt. Ist man nicht erfolgreich, dann fantasiert man die Anforderungen immer höher, das bedeutet aber, daß wir intrapsychisch ein sehr hartes, forderndes Über-Ich integrieren. Der entscheidende Satz heißt dann: „Wenn ich gut genug wäre, dann würde man mich schon lieben. Wenn man mich also nicht liebt, dann bin ich nicht gut genug." Wir haben hier eine ganz klare Verbindung zu einem ursprünglich negativen Mutterkomplex. [86] Aus dieser Dy-

---

[85] Malatesta Carol Z. (1990) The role of emotions in the development and organization of personality, in: Thompson Ross A., Socioemotional Development, University of Nebraska Press, Lincoln and London
[86] Kast, Vater – Töchter, S. 197 ff.

namik ergibt sich eine Überforderungsstrategie; depressiv strukturierte Menschen bringen große Leistungen und hoffen, mit großen Leistungen dann die Liebe zu bekommen, die sie brauchen. Mit großen Leistungen bekommt man vielleicht Anerkennung, aber kaum Liebe. Das gilt auch für Leistungen im Beziehungsbereich. Sie können allenfalls die Beziehung bereichern, aber sie bringen nicht wirklich die Liebe, weil die Liebe ja etwas emotional Spontanes ist. Die Trennungsaggression, die zu unserer Entwicklung gehört, ist zwar vorhanden, darf aber nicht zugelassen werden. Sie wird als Aggression gegen sich selbst gewandt, indem man sich nicht gut findet, sich entwertet und sich schuldig fühlt. Die Schreckbilder der Kindheit, die ich beim Nähe-Distanzproblem geschildert habe, stülpt man dann in der Regel leicht über sich selber und identifiziert sich mit ihnen. Deshalb sind diese Menschen, wenn sie im Selbstwert nicht mehr von außen bestätigt werden, so verschattet. Deshalb haben sie das Gefühl, sie wären so furchtbare Ungeheuer, sie wären solche Monster. Es ist sehr viel Aggression mit diesen Schreckbildern verbunden. Tritt nun ein Mensch mit einer solchen Vorgeschichte in eine Beziehung, wird er oder sie geliebt, dann folgt zunächst einmal ein ganz großes Aufatmen: Endlich sieht mich jemand ganz, endlich versteht mich jemand, endlich bin ich jemand. Das kann ungeheuer bestärkend und verwandelnd wirken, das kann auch zu einer Versicherung im Selbstwertgefühl führen, die irreversibel ist, die also wirklich bestehen bleibt und auch erlahmendes Interesse so überlebt, daß man sich selber mehr Interesse entgegenbringt. Das passiert im besten Fall. Öfter ist es aber so, daß man eben auch in dieser neuen Beziehung einmal nicht gesehen, nicht gehört wird oder sich zumindest nicht gesehen oder gehört fühlt. Dann wiederholt sich die frühkindliche Situation. Eine solche Situation löst Panik aus, nicht nur Angst. Die alten Abwehrmechanismen werden mobilisiert, und oft versucht man dann, diese grundlegende Angst, keine Daseinsberechtigung zu haben, abzuwehren, etwa durch Beziehungsleistungen. Diese Beziehungsleistungen können sich unter anderem so zeigen, daß dann der eine Mensch, der ja eigentlich schon Vorwürfe zu machen hätte, sehr viel dem Partner zuliebe tut, in der Hoffnung, daß er oder sie dann doch noch gesehen, geliebt und geschätzt wird. Insgeheim oder hinterher sagen sich solche Menschen aber, sie seien ausgenützt worden. Dies ist meistens kombiniert mit Vorwürfen an sich selbst: sie seien eben doch nicht gut genug, oder ihre Leistungen seien nicht gut genug. Sie haben dann Schuldgefühle. Dieses Gefühl des Verschattetseins, ein schlechter Mensch zu sein, bemächtigt sich ihrer. Darauf wird dann entweder mit Rückzug reagiert oder seltener mit lauten Vorwürfen. Die Trennungsangst bei Menschen, bei denen die Beziehung das Selbstwertgefühl garantiert, ist die Angst, sich wieder unwert zu fühlen, sich derart verschattet zu fühlen, sich dermaßen verdammen zu müssen, wie er oder sie meint, von den Geboten oder Verboten der Eltern oder der Großen verdammt worden zu sein. Zudem wird die Trennungsaggression nicht zugelasssen. Sie äußert sich dann sehr oft in einem Macht-Ohnmachtszirkel oder auch in einer sadomasochistischen Kollusion. Was zuerst eine narzißtische Kollusion war[87], in der beide einander den Selbstwert bestätigen, wo beide einander sagen: „Ich finde dich gut, und deshalb bist du auch gut. Und weil ich dich gut finde, kann ich mich auch gut finden, und weil du mich gut findest, kannst du dich auch gut finden." Diese narzißtische Kollusion wird dann unter der Hand zu einer Machtgeschichte, genauer: zu einer Macht-Ohnmachtsgeschichte. Oder aber die ganze Geschichte wird überhaupt entleert, die Liebe verfällt der Gleichgültigkeit, und dennoch erfolgt keine Freigabe.

Trennungsaggression als brutale Macht

Die Frau ist acht Jahre jünger als ihr Mann. Sie hat ihn getroffen, als sie 26 Jahre alt war und hat das folgendermaßen beschrieben:
„Endlich schaute mich jemand an, ich war ein Mauerblümchen vorher. Als wir uns das erste Mal wirklich in die Augen gesehen haben, da war alles klar." Für sie war es Liebe auf den ersten Blick. Weiter sagte sie: „Er erkannte mich bis auf den Grund meines Wesens ... Es gab mir ein unheimlich gutes Gefühl. Ausgerechnet ich, wo ich doch so wenig bemerkenswert bin, so häßlich,

---

[87] Willi Jürg (1975) Die Zweierbeziehung, Rowohlt, Reinbek

ausgerechnet mich hat dieser attraktive Mann, den so viele Frauen begehren, ausgesucht."

Das war ihr Anfangsgefühl.

Er sagte: „Endlich sah mich jemand ganz … Auch in meinem Bedürfnis, viele erotisch stimulierende Beziehungen zu anderen Menschen zu haben. Sie hatte keine Angst vor dieser Seite von mir."

Beide bezeichnen ihre Liebe als romantische Liebe, beide fühlten sich wie neu geboren. Es bestand eine geheime Abmachung zwischen den beiden. Ihre Position könnte etwa so formuliert werden: „Du kannst tun, was du willst, solange du mich nur siehst." Seine Position: „Du mußt mich nehmen wie ich bin, also eben mit meinen Ausflügen, mit meinen Beziehungen, dann verspreche ich dir, dich auch zu sehen."

Sie sah diese Außenbeziehungen zu Beginn ihrer Beziehung nicht, obwohl er sie sofort deklariert hatte. Im Laufe der Beziehung konnte sie dann die Augen nicht mehr davor verschließen, wurde wütend und machte ihm Vorwürfe. Er reagierte mit Rückzug und sagte nun von sich aus, sie würde sich nicht an ihr Versprechen halten, denn sie habe ihn doch zu lieben begonnen, obwohl sie gewußt habe, daß er diese erotisch stimulierenden Beziehungen brauche. Und er entschloß sich, sie zu strafen, indem er sie weniger beachtete. Sie spürte, daß ihre Vorwürfe das Ziel verfehlten, akzeptierte deshalb seine ihn erotisch stimulierenden Außenbeziehungen, indem sie sich sagte, jedenfalls komme er immer wieder zu ihr zurück, sie sei wenigstens die wichtigste Person für ihn, mit ihr sei er schließlich auch verheiratet. Sie spaltete die Wut, die Enttäuschung ab. Für ihn hieß das, daß sie zunächst zwar ihr Versprechen nicht gehalten, sich aber eines Besseren besonnen hatte und ihn nun wieder verwöhnte, bewunderte, ihm die Wunden leckte, die ihm in der Außenwelt geschlagen wurden. Von der Frau aus sah es so aus: Sie hat die Trennungsaggression abgespalten. Sie muß, um diese Abspaltung aufrecht zu erhalten, die aktuelle Situation idealisieren, indem sie sich sagt, daß sie sowieso die wichtigste ist. Das ist auf längere Zeit hinaus mühsam aufrecht zu halten, und es gelingt ihr auch nicht. Es gelingt ihr vor allem auch nicht, ihre Eifersucht im Zaum zu halten, wobei sie – mit einer vorwiegend depressiven

Struktur –, die abgespaltene Kritik und Wut zunächst gegen sich selbst richtet, indem sie sich sagt, sie sei sowieso keine richtige Frau, sie habe sowieso das ganze Leben verpaßt, sie habe alles falsch gemacht. Sie wird depressiv und sucht dann mit 42 Jahren eine Therapie auf. Diese Aussage „Ich habe das Leben verpaßt" meint wohl, daß sie fühlt, daß sie ihr Selbstsein verpaßt hat. Auf die Aussage, daß sie keine richtige Frau sei, ist schwer etwas zu entgegnen. Deutlich ist, daß sie mit sich nicht einverstanden ist, auch nicht mit ihrem Frausein. Sie hat sich einschränken lassen durch ihren Mann, sie ist zusätzlich durch das Abspalten von ihrer Wut, von berechtigten Ansprüchen, von ihrer Eifersucht unecht geworden.[88] Die verdrängte Wut äußert sich nun in totalem Rückzug. Diese depressive Frau sagt mit depressiver Stimme, in der eine dennoch nicht zu überhörende Härte ist: „Ich gebe dir gar nichts mehr, ich werde dir nie mehr etwas geben, aber ich gebe dich auch nicht frei." Die Kritik gegen sich selbst, die sie lange geübt hatte, war ein Versuch, nicht ihren Mann kritisieren zu müssen, damit sie nicht Gefahr lief, ihn zu verlieren. Je länger die Frau die Kritik gegen sich selbst gewandt hat, um so mehr hat sich der Mann ihr aber entzogen. Diese Kritik gegen sich selbst wirkt kontraproduktiv, denn niemand ist gern mit einem Menschen zusammen, der sich ständig zerfleischt. Besonders wenn auch noch offensichtlich ist, daß man selbst der Anlaß für dieses Zerfleischen ist, ohne daß dies auch wirklich angesprochen wird. Obwohl die Frau also nicht mehr kritisiert, sondern still vor sich hingelitten hat, war er immer mehr abwesend und hat sich seinen Selbstwert durch kurzfristige Liebschaften bestätigen lassen. Immer hektischer und verzweifelter schien er nach neuen Beziehungen zu suchen, nach diesem „Frühlingserwachen" in den Beziehungen. Erschwerend hinzugekommen sein mochte, daß er 50 geworden war. Er dachte aber in keiner Weise an Trennung, sondern war vollkommen überrascht über das, was seine Frau ihm sagte: sie würde ihm zwar nichts mehr geben, ihn aber auch nicht freigeben.

Sie fühlt sich als dummes, ausgenütztes Opfer, aber auch als Mittäterin an ihrem Schicksal. Sie spürt, daß sie etwas verpaßt

---

[88] Kast, Neid und Eifersucht, S. 157 ff.

hat. Er fühlt sich betrogen von ihr, und zwar in jenem Sinne, daß er immer noch meint, ihre Ursprungsabmachung, die nie wirklich wörtlich ausgeprochen worden war, würde immer noch gelten. Denn er hatte ja eigentlich gemeint, daß sie ihn mit seinem Schatten akzeptiert hatte.

Die Geschichte dieses Paares ist ein Beispiel dafür, wie eine ursprünglich narzißtische Kollusion in einen sadomasochistischen Zirkel abgleitet. Die Wut wird abgespalten, und zwar aus Angst, die Bestätigung für das gute Selbstwertgefühl nicht mehr zu bekommen. Die Aggression wendet sich dann gegen sich selbst, daraufhin setzt der Selbstzweifel ein, allenfalls die Depression. Dem Partner gegenüber wird der stille Vorwurf gemacht, er sei ein Täter. Diese Frau hat ihren Schatten, hat vor allem Eifersucht, Wut, Macht abgespalten. Das bewirkte aber, daß der Glanz in ihren Augen natürlich immer künstlicher wurde, wenn ihr Mann nach Hause kam, und das bewirkte bei ihm wiederum Rückzug und Wut. Auch ihm wurde Schatten zugewiesen, und indem er sich zurückgezogen hat, wurde ihr natürlich bestätigt, daß sein Interesse an ihr geschwunden war. Sie bekommt immer weniger Bestätigung, und das löst die Angst vor der Vernichtung aus. Jetzt setzt sie die Trennungsaggression ein: Sie wird ihm nichts mehr geben, ihn aber auch nicht freilassen. Sie rächt sich. Die Trennungsaggression wird oft zu einer brutalen Macht, wenn sie nicht im richtigen Moment eingesetzt wird; sie muß in die Beziehung eingebracht werden, sonst gibt es eines Tages nur noch dieses „entweder du oder ich" anstelle des „du und ich". Die beiden Menschen haben ihre Individuation vernachlässigt, sie haben dann jedes für sich eine tiefenpsychologisch orientierte Einzeltherapie gemacht, und sich nicht getrennt.

Trennungsaggression als Gleichgültigkeit

Eine andere Form der Reaktion auf die Angst, durch das Verhalten eines Partners oder einer Partnerin den eigenen Selbstwert zu verlieren, ist Gleichgültigkeit. Auch bei der Gleichgültigkeit gibt es Opfer und Täter. Gehen wir noch einmal davon aus, daß Liebe wesentlich auch damit zusammenhängt, daß wir uns füreinander interessieren, daß wir ein lebendiges Interesse aneinander haben. Interesse heißt, daß man dialogisch in Interaktion treten will mit einem Menschen, daß einem der andere Mensch, aber auch das, was in der Begegnung wird, wichtig ist. Allerdings ist nicht jedes Interesse schon Liebe. Es gibt Menschen, die ihren Mitmenschen mehr Interesse entgegenbringen als andere. Das tief empfundene existentielle Interesse, das zur Liebe gehört, erlischt, wenn in der Beziehung und durch die Beziehung nichts Drittes entsteht. In einer Beziehung muß auch etwas Neues entstehen, es kann nicht immer nur darum gehen, daß man einander interessant findet, sondern es stellt sich auch ganz klar die Frage, was man denn miteinander Interessantes machen kann. Biologisch naturgegeben sind Kinder, wobei Kinder auch nicht immer etwas Gemeinsames sind. Im Sinne dieses Dritten müßten diese Kinder aber schon als gemeinsame Kinder erfahren werden: eine gemeinsame Freude, eine gemeinsame Verantwortung. Das Dritte können aber auch gemeinsame Interessen sein, die man pflegt. Das wird es vor allem auch dann sein, wenn die Kinder selbständig werden.

Was bedeutet nun Gleichgültigkeit? Gleichgültigkeit ist das Gegenstück zu Interesse. Ist einem ein Mensch gleichgültig, dann berührt er einen nicht mehr. Was er oder sie tut, ist egal, ohne Bedeutung. Man hat keine Wut auf den Menschen, der einem gleichgültig ist, man hat keinen Wunsch mehr an ihn oder an sie, es macht keinen Unterschied, ob dieser Mensch da ist oder nicht, es interessiert nicht mehr, was er bzw. sie macht oder auch nicht macht. Gleichgültigkeit ist etwas ausgesprochen Totes. Es ist mehr, als jemanden nicht zu beachten. Beachten wir jemanden nicht, dann geben wir uns wenigstens Mühe, diesen Menschen noch aktiv zu „schneiden": Gleichgültig zu sein heißt, daß ein Mensch einen in keiner Weise mehr erreichen kann und daß man auch überhaupt nicht möchte, daß man diesen Menschen noch erreicht oder von ihm oder ihr erreicht wird. Insofern ist Gleichgültigkeit ein Panzer, der den gleichgültigen Menschen, aber auch seinen Partner oder seiner Partnerin, in eine große Isolierung hineintreibt. Der Gleichgültige wird dadurch unberührbar, unrührbar, unangreifbar. Wenn wir gleichgültig sind, lassen wir uns nicht mehr betreffen, nichts kann uns mehr etwas anhaben, nichts kann uns mehr kränken. Man hat keine Werte mehr, aber auch keine Angst. Schlimm daran ist, daß Menschen Gleichgültigkeit als Notwendigkeit deklarieren, wenn sie etwa sagen: „Indem ich mich so abpanzere, kann ich wenigsten überleben." Das würde heißen, um überleben zu können, muß man lebendig tot sein. Das ist ziemlich widersinnig.

Natürlich stellt sich auch hier die Frage, warum man so gleichgültig wird. Gleichgültigkeit ist eine Folge von Kränkungen des Selbstwertgefühls durch jemand, an dessen oder deren Akzeptanz uns liegt. Die Aggression, die Trennungsaggression und das Interesse am anderen Menschen wird von diesem abgezogen und zur eigenen Panzerung benützt, dem Panzer der Gleichgültigkeit. Die Gleichgültigkeit als Interessenlosigkeit ist eine Form des depressiven Rückzugs. Dieser stille, oft unbemerkte Rückzug entwertet den anderen Mensche enorm, ohne daß es ausgesprochen würde. Es entwertet aber auch einen selbst. Den anderen Menschen entwertet es, weil er oder sie kein Interesse mehr wecken kann, einen selbst entwertet es, weil man in bezug auf den anderen eigentlich kein Mensch mehr ist. Das Du ist kein Du mehr, das Ich ist nicht mehr wirklich ein Ich. Denn dieses Ich stelle ich mir ja in einer Beziehung zu einem Du vor, das Ich ist nur noch ein Ich, und das ist leer. Es ist sozusagen ein Rückzug in den Autismus. Es ist keine wirkliche Beziehung mehr da, keine Interaktion. Weil man sich unerreichbar gibt für andere Menschen, ist diese Gleichgültigkeit auch sadistisch. Wir haben gesehen, daß das Problem der Depression das Verpassen des Selbstseins ist, weil man fälschlicherweise befürchtet, als Mensch mit einem eigenen Selbst nicht mehr geliebt zu werden. Die Gleichgültigkeit ist nun eine pervertierte Form des Selbstseins. Die Gleichgültigkeit zwingt zwar zum Selbstsein, zum Selbstsein gehört aber normalerweise der Austausch mit der Außenwelt. Hier wird im Grunde genommen nur noch eine hohle Hülse eingegrenzt und abgegrenzt. Der Grund dafür liegt in einer extremen Angst vor einem letzten Verlust des guten Selbstwerts, es ist zudem eine extreme Angst vor dem sichtbaren Verlust einer Beziehung. Deshalb gibt man schon von vorneherein alles verloren und hält den Schein aufrecht. Meines Erachtens liegt der Unterschied zu sadomasochistischen Paaren darin, daß gleichgültige Menschen noch verzweifelter sind, noch größere Gefühle des Selbstunwerts haben, noch mehr Verletzungen erlebt haben.

Gleichgültigkeit ist die absolute und stärkste Rache in einer Beziehung, in der es ursprünglich um Bestätigung des Selbstwertgefühls ging. Ist nur einer der beiden gleichgültig, dann beginnt der andere Partner zu kämpfen und versucht etwa, ursprüngliche Erinnerungen emotional wieder zu beleben. Gerade das funktioniert bei Gleichgültigkeit allerdings nicht. Gleichgültigkeit hat weder einen Wunsch noch erinnert sie sich an etwas. Es gibt verschiedene Märchen vom Tierprinzen oder vom Tierbräutigam[89], und in diesen Märchen gelangt am Schluß der Prinz sehr oft in die Hände einer Hexe. Die Frau, die zuvor bei ihm gelebt hat, sucht den Bräutigam, der jetzt bei der Hexe ist und die Tochter der Hexe heiraten will. Sie erkauft sich dann mit Gegenständen, die sie auf ihrer Suchwanderung bekommen hat, eine Nacht mit ihrem Geliebten. Dieser hat aber einen Schlaftrunk bekommen und hört nicht zu. Sie erzählt dann unter Weinen und unter größter Verzweiflung, was ihr zugestoßen ist, stößt diesen Mann an und sagt: „Hör doch endlich einmal zu. Hör doch!" Er hingegen ist unrührbar, unberührbar und schläft einfach weiter. In diesem Märchen wird eine ungeheure Verzweiflung der Frau angesichts dieser schlafenden Gleichgültigkeit ausgedrückt. Gelöst wird das Problem nur dadurch, daß letzlich dieser schlafende Prinz doch spürt, daß irgend etwas nicht so ist wie sonst. Meistens sagt ihm ein Diener – der eine Seite von ihm verkörpert, die nicht ganz so gleichgültig ist –, daß da irgend etwas nicht mit rechten Dingen zugeht. Dadurch, daß er die emotionale Erinnerung an seine Geliebte wieder mitbekommt, wird er rührbar und berührbar, wird die Gleichgültigkeit aufgehoben, und es kann wieder Beziehung entstehen.

Das Märchengeschehen zeigt den Weg, wie man auch in Beziehungen, in denen nur einer der Partner gleichgültig geworden ist, möglicherweise wieder an die zugewandten, interessierten Gefühle herankommen kann. Dennoch bleibt es außerordentlich schwierig, weil es hier nicht einfach mehr darum geht, einander zu sagen, wie schön es war, als man sich das erste Mal gesehen

---

[89] Kast, Liebe im Märchen, S. 15 ff.

hat. Es geht vielmehr auch darum, zu sehen, wie weh man sich gegenseitig tut und wie schrecklich es eigentlich ist, daß man sich immer wieder wehtut. Sind beide in der Gleichgültigkeit befangen, wundert es einen gelegentlich, warum die beiden doch beisammen bleiben. Dafür gibt es Gründe. Der eine ist, daß eine Trennung natürlich noch einmal eine zusätzliche Kränkung bedeuten würde, man würde erst recht das Gesicht vor der Welt verlieren. Das Selbstwertgefühl würde noch einmal zusätzlich in Mitleidenschaft gezogen. Der zweite Grund liegt im Wesen der Gleichgültigkeit selber: Wenn man schon so gleichgültig ist, dann ist es eigentlich auch egal, wohin man dämmert – und der gemeinsame Haushalt ist ja immerhin organisiert.

Bei der Gleichgültigkeit kommt eine sehr abgründige und auch gefährliche Form des enttäuschten Selbstwertgefühls zur Sprache. Es ist eine Situation, in der nichts mehr einen Menschen rührt, nichts mehr einen Menschen berührt, und ungerührt und unberührt meinen diese Menschen dann, das Leben doch noch zu bewältigen. Die Frage ist nur, ob das eigentlich noch Leben ist. Der Phase der Gleichgültigkeit in Beziehungen geht oft eine Phase des Kampfes voraus. Eine Phase des Kampfes, in der die Verzweiflung nicht gehört wird, sondern bloß gesehen wird, daß hier wiederum jemand meint, es ginge um Unterdrückung. Gehört wird aber nicht der Aufschrei, der hinter diesem Kämpfen steckt und der etwa hieße: „Nimm mich doch wahr! Sieh mich an!"

Thema der Depression, aber auch Thema der depressiven Struktur, ist das Selbstsein; die Notwendigkeit des Menschen, trotz aller Wünsche nach Beziehung und nach Wärme auch sich selbst sein zu müssen, sich selbst akzeptieren zu müssen mit allen Verschattungen, die man auch hat. Gleichgültigkeit nun scheint mir eine Form des pervertierten Selbstseins zu sein. Man versucht das, was man für das eigene Selbst hält, abzuschotten und steht dabei nicht mehr in der Beziehung, ist aber auch meistens ohne jede Emotion, ohne jedes Gefühl.

Die Bestätigung des Selbstwerts durch die Beziehung wird zunächst durch das Wesen der Liebe stimuliert. Es ist aber auch durch das Wesen der Liebe gleichzeitig in Gefahr, weil etwa das Interesse an einem Menschen weniger wird, wenn man ihn länger kennt, denn es ist einfach nicht mehr so viel unerforschtes Land da. Anstelle dieses Interesses tritt nun normalerweise etwas Drittes: Vertrauen, Geborgenheit, aber auch das, was man miteinander gestalten kann, gemeinsame Erlebnisse, die immer wieder neue Gebiete erschließen lassen. Es können auch gemeinsame Kinder sein, wobei man diese Kinder auf einer biologischen Ebene als konkrete Kinder sehen kann, es gibt aber durchaus auch geistige Kinder, die man miteinander haben kann. Es ist also das Schöpferische, was durch eine Beziehung wird, das an die Stelle des anfänglichen Interesses kommen kann und das auch wieder sehr viel Interessantes in die Beziehung einbringt. Das hieße dann, daß man neben der Bewunderung die Freude kennt, miteinander etwas zu gestalten, miteinander etwas zu unternehmen, miteinander etwas zu erleben und daß darin sehr deutlich zum Ausdruck kommt, daß man zu zweit eben mehr erlebt als allein.

Im Verlaufe einer Beziehung wird zwar das glühende Interesse an Intensität nachlassen, dafür wird man vertrauter, und man weiß auch in etwa, wo die Klippen der Beziehung sind; man kann sie etwas besser umschiffen oder allenfalls gelegentlich einmal auf ihnen landen. Es ist aber nun nicht immer so, daß das Vertrauen wächst und die Beziehung immer vertrauter wird, sondern es schleicht sich gerade dann, wenn der Selbstwert zu sehr im Mittelpunkt steht und die Beziehung darauf ausgerichtet ist, daß das Selbstwertgefühl stabilisert wird, sehr oft statt dessen Mißtrauen ein. Die Erfahrung, daß der Partner oder die Partnerin nicht einfach das bietet, was eigentlich nötig wäre, daß er oder sie nicht die Löcher aus unserer Vergangenheit stopft, nicht alle Wunden näht, die wir uns im Laufe des Lebens geholt haben, kann eine Erfahrung der bitteren Enttäuschung sein. Aus dem anfänglichen Gefühl heraus, jetzt endlich einen Menschen gefunden zu haben, der einen versteht, der einen fördern kann, der einem alles gibt, was man bisher entbehrt hat, wird, entdeckt man die Grenzen dieses Menschen und die natürliche Begrenztheit des Nachholenkönnens. Dieser wunderbare Mensch sieht oder hört einen gerade dann nicht, wenn es unbedingt nötig wäre. Die Aufforderung, die darin besteht, sich nicht einfach in einer Beziehung wohlsein zu lassen, sich nicht in wichtigen Aspekten des Lebens von einem Partner oder einer Partnerin vertreten zu lassen, sondern das eigene Leben in die eigenen Hände zu nehmen, wird nicht gesehen. Enttäuschung ist die Folge.

Alltägliche Quellen der Enttäuschung

Enttäuschungen in der Beziehung lösen Angst aus. Sie stellen die Frage, ob man sich nicht getäuscht hat, und wenn, welche Konsequenzen man ziehen müßte. Nun gibt es nicht nur die Enttäuschungen, die mit der Persönlichkeit des Partners oder der Partnerin zusammenhängen, es gibt auch Enttäuschungen, die zu unserem Leben ganz allgemein gehören, und die eine Beziehung bedrohen.

Beziehungen werden nicht im luftleeren Raum gelebt. Wir stehen in einem vielfältigen Geflecht von Anforderungen, meistens gehen wir auch arbeiten, auch wenn wir verliebt sind, wir stehen auch in vielfältigen Beziehungsanforderungen, und das heißt natürlich, daß wir oft nicht die sein können, die wir eigentlich sein möchten. Das bedeutet aber auch, daß wir für unsere Liebespartner, unsere Liebespartnerinnen, eine Quelle der Enttäuschung sein können. Nun ist zu bedenken, daß der andere Mensch nicht für unser Glück zuständig ist. Andere Menschen können viel zu unserem Glück und auch zu unserem Unglück beitragen, aber zuständig für unser Glück und unser Unglück sind sie nicht. Gerade der Mensch aber, der sich das Selbstwertgefühl durch eine Beziehung stabilisieren möchte, ist kaum von dem Glauben abzubringen, der andere Mensch sei zuständig für das Glück. Hier setzt die große Enttäuschung ein. Diese große Enttäuschung hätte den Sinn, sich zu fragen, ob man im Leben nicht etwas an andere Menschen delegiert, das eigene Aufgabe ist. Diese Enttäuschung nun wird in der Regel nicht ausgedrückt, sie wird oft nicht einmal wirklich wahrgenommen, denn „so ist doch einmal das Leben". Wird sie wahrgenommen, wird sie dennoch nicht thematisiert, das wäre zu gefährlich, würde die Beziehung bedrohen. Es ist aber auch nicht möglich, sich auf sich selbst zurückzuziehen, da dort die große Leere erwartet wird.

So werden dann die Enttäuschung, die Fantasien aus der Enttäuschung, auch die Fantasien der Wut verdrängt. Das nährt ein grundsätzliches Mißtrauen. Dieses grundsätzliche Mißtrauen äußert sich immer mehr in Verdächtigungen darüber, was denn alles so „Böses" in dieser Beziehung zu erwarten wäre. Gelegentlich wird Wut und Mißtrauen gegenüber dem Partner einfach weiter in die Familie hinein verschoben. Es sind dann Mütter, Schwiegermütter, Väter, Schwiegerväter, Brüder, Schwestern, die in irgend einer Form verdächtigt werden. Diese Verschiebungen finden deshalb statt, weil dann die ursprüngliche Beziehung nicht so sehr gefährdet ist, weil also immerhin noch eine Chance besteht, die Enttäuschung nicht sehen zu müssen, sich mit der Angst um die Beziehung nicht auseinandersetzen müssen.

Psychodynamisch bewirkt die verdrängte Angst und die allenfalls ausgelöste Trennungsaggression, daß wir im Partner, in der Partnerin – oder eben verschoben auf andere Menschen – „Dämonen" sehen. Gelegentlich findet hier auch ein Umschlag statt: So gelten bisher als ganz und gar ideal gesehene Partnerinnen und Partner plötzlich als hinterhältig, unzuverlässig usw. Eine solche Reaktion zeigt, daß die Objektkonstanz nicht erreicht ist. Das heißt, durch die Enttäuschung ist das Vertrauen auf den grundsätzlich guten Partner, die grundsätzlich gute Partnerin erschüttert. Die ungeschriebene Beziehungsdefinition heißt eigentlich: Entweder siehst du mich wirklich, wie ich bin oder wie ich möchte, daß du mich siehst, oder dann bist du genauso gefährlich für mich wie alle andern auch, vielleicht sogar noch gefährlicher. Anstelle von Vertrauen tritt immer mehr Mißtrauen. Ein Mensch mit einer depressiven Struktur und mit einem labilisierten Selbstwertgefühl kann allerdings nicht über dieses Mißtrauen und die damit verbundene Ängste sprechen, weil er panische Angst hat, verlassen zu werden. Infolge dessen ist es nicht möglich, über die Befürchtungen miteinander zu sprechen bzw. auch gelegentlich herauszufinden, was denn eigentlich in einer Beziehung möglich und was nicht möglich ist. Die Bedrohung wird natürlich dadurch immer größer und die Gefahr einer depressiven Verstimmung auch. Statt füreinander offen zu sein, verschließt man sich gegenseitig. Denn im Mißtrauen verschließen wir uns gegenseitig, und dann können gerade die Bestätigungen, die durchaus noch erfolgen könnten, nicht mehr erfolgen.

Die Enttäuschung, nicht gesehen zu werden, könnte auch dahin führen, daß man sich als Paar – aber eben auch die Lebenssituation – neu und realer sehen könnte. Aber dies wird meistens vermieden. Warum? Es lauert im Hintergrund die Angst vor Trennung. Die Angst vor Trennung, Angst vor Kränkung, Angst vor dem Liebesverlust, Angst vor Selbstwertverlust wurzeln in einer Angst vor dem Alleinsein und vor der Einsamkeit. Es ist mehr die Angst vor der Einsamkeit als vor dem Alleinsein. Alleinsein und Einsamkeit müssen voneinander unterschieden werden. Sprechen wir von Einsamkeit, sprechen wir von einer Mangelerscheinung. Dieses Alleinsein wird als Mangel erfahren im Gegensatz zu der Erfahrung, in einer Beziehung zu stehen. Das Alleinsein hat diesen Mangelaspekt nicht. Alleinsein hat sogar sehr stark einen Aspekt des Einsseins mit sich selbst, bezeichnet also die Möglichkeit, sich auf sich selbst zurückzuziehen, ohne in diesem Moment das Bedürfnis zu haben, mit einem anderen Menschen zu sprechen oder zu sein. Die Angst vor der Einsamkeit ist oft verbunden mit Gefühlen des Abgelehnt-, des Abgewiesen-, des Mißverstanden- und des Alleingelassenwerdens. Diese Gefühle stehen im Gegensatz zu unseren Wunschvorstellungen, von anderen geliebt und angenommen zu sein, wie wir sind, auch mit unserer Körperlichkeit und Sexualität.

Zum Thema des Abgewiesen- oder Nichtverstandenwerdens haben wir in der Regel aus unserer Lebensgeschichte einiges beizubringen. Diese Erfahrung muß nicht nur unter dem Aspekt der frühkindlichen Prägungen gesehen werden. Fragt man Menschen, wann sie sich einmal sehr einsam gefühlt haben, dann kommen fast regelmäßig Schulerlebnisse zur Sprache. Da hatte jemand einen „falschen Tornister": alle anderen hatten schon rote und blaue und man selbst noch einen rindsledernen, der zwar eigentlich schöner war, aber eben falsch. Dieses Ausgeschlossensein kommt sehr oft vor und ist verbunden mit der Idee, nicht „richtig" zu sein. Und aus diesem Gefühl heraus kommt die Verzweiflung und die verzweifelte Frage, was man denn jetzt eigentlich tun könnte, um dazuzugehören. Entwickelt man keine guten Abwehrstrategien, dann fühlt man sich eben schlecht, mutterseelenallein. In der Regel nimmt die eigene Aktivität ab. Man weiß von Kleinkindern, die von ihren Beziehungspersonen verlassen werden, daß ihre Vitalität sofort nachläßt, Erkundungs- und Spielaktivität werden weniger, die Stimmung sinkt ab, die Kinder weinen, schreien und werden passiv. Was hier von den Säuglingen beschrieben wird, sind Stimmungen, von denen ich meine, daß sie auch noch häufig im Erwachsenenleben auftauchen: etwa dann, wenn wir das Gefühl haben, verlassen zu werden und unsere Aktivität und unser Interesse an der Welt in der Folge nachlassen. Wir wollen dann nicht mehr spielen. Wir haben keine Interesse mehr an den Dingen. Und unsere Stimmung sinkt ab. Allenfalls weinen wir und fühlen uns leer. Im Laufe des Lebens lernt man, daß die Beziehungspersonen in der Regel wiederkommen und daß man dann nicht so sehr viel Angst vor Trennung haben muß. Gelegentlich aber kommen sie auch nicht mehr zurück. Wenn wir die Einsamkeit fürchten, fürchten wir nicht einfach ein paar Stunden Alleinsein oder auch ein paar Tage des Alleinseins, sondern wir fürchten, in diesen apathischen Zustand zu fallen, in dem wir eben nicht mehr verzweifelt wüten, sondern nur noch passiv verzweifelt sind, leer, gelangweilt. Wir vergessen dabei auch, daß wir keine Kinder mehr sind. Der Verlassenheitskomplex der frühen Kindheit wird verhältnismäßig ungefiltert reaktiviert und auf die aktuelle Situation übertragen. Deshalb werden die emotionalen Reaktionen als unangemessen empfunden, als „Überreaktionen". Auch das ist eine vollkommen „normale" Enttäuschung: Wir möchten doch unseren Partnern und Partnerinnen neue Erfahrungen ermöglichen, und dennoch spielen die „alten Komplexe" eine große Rolle. Zudem vergessen wir in diesen Verlassenheitskomplexsituationen, daß wir auch auf andere Menschen zugehen können, daß es durchaus auch andere Menschen auf der Welt gibt und daß immer die Chance besteht, noch interessantere, noch befriedigendere Menschen kennenzulernen. Es kann durchaus etwas Positives aus diesen Verlassenheitssituationen kommen. Aber das spüren wir in dieser Situation nicht, wir spüren nur die Hilflosigkeit.

Befürchtet wird also bei dieses Trennungsängsten letztlich das Erlebnis der Leere, der Langeweile. Da nicht gelernt wurde, durch die Betätigung der Fantasie etwas Neues zu initiieren, ruft diese Situation Angst hervor. Oder das Erlebnis der Verzweiflung der ganz großen Angst vor Vernichtung und Wertlosigkeit steht im Hintergrund.

Die Angst vor der Einsamkeit müßte angegangen werden, sie dürfte nicht in Flucht ausarten, sie müßte ausgehalten werden. Dann würde vielleicht aus der Einsamkeit ein Alleinsein, das durchaus sehr viel mehr mit uns selbst und unseren potentiellen Möglichkeiten zu tun hat. Dann kämen positive Erfahrungen in Ausdrücken wie „Stille, Sammlung, Selbstbegegnung, Selbstvergewisserung" zum Zuge. Da würden wir uns auch wieder mit dem existentialphilosophischen Ansatz treffen: konfrontiert man die Angst, zeigt sich dahinter das eigentliche Sein. Das trifft ganz besonders auf diese Situationen der Einsamkeit zu. Denn gerade dann, wenn wir vor der Einsamkeit nicht fliehen, sondern sie aushalten, kommt zu Bewußtsein, was in uns selbst ist. Und das ist nicht einfach Leere. Das Erlebnis der Leere ist meines Erachtens viel eher die Abwehr der Angst vor der Einsamkeit. Erfahren wir aber, was in uns ist, dann entwickelt sich nach und nach das Gefühl, nicht einfach von anderen Menschen abhängig zu sein, ihrem Wohlwollen oder Mißfallen nicht einfach ausgeliefert zu sein. Wir spüren deutlich, selbst ja auch jemand zu sein.

Die große Angst in den Beziehungen zeigt uns natürlich auch, daß mitmenschliche Geborgenheit ihre Grenzen hat. Wir lieben diesen Gedanken nicht. Wir hätten es gerne, wenn in der Geborgenheit in unseren Liebesbeziehungen ein Paradies, auch ein Paradies der Angstminderung, verborgen wäre. Wir wünschen uns eine Beziehung, die einfach alles hergibt. Das ist aber nicht realistisch. Zu sehen, daß mitmenschliche Geborgenheit ihre Grenzen hat, entwertet diese Geborgenheit nicht. Mitmenschliche Geborgenheit kann uns sehr viel geben, kann uns stimulieren, aber sie ist nur ein Teil des Lebens. Menschliches Leben steht von Anfang an in einem Widerspruch. Wir wollen Beziehungen, in denen wir ganz aufgehen, doch wir müssen auch wir selbst sein. Es geht also darum, herauszufinden, wie es ist, wenn wir mit uns allein sind, aber auch wie es ist, wenn wir uns in der Gemeinschaft befinden. Es geht darum, die Grenzen in beiden Aspekten des Lebens zu sehen. Das Problem der Einsamkeit kann nicht einfach auf die Frage zurückgeführt werden, ob man in einer guten Beziehung lebt oder nicht. Einsamkeit gehört grundsätzlich zum Leben und Alleinsein ist ebenfalls eine grundlegende Dimension des menschlichen Lebens. Es ist ein Aspekt der Individuation: jener Aspekt, der die Beziehung zu uns selbst stimulieren will. Es ist auf gar keinen Fall etwas Defizientes. Es ginge also darum, die Zeichen der Trennungsaggression wahrzunehmen und anzunehmen. Diese Trennungsaggression wird häufig in einem Vorwurf an den Partner oder an die Partnerin gekleidet. Er oder sie will zuviel vom anderen, man muß jetzt endlich einmal allein sein und allein etwas machen. Das ist durchaus sinnvoll, und es wäre sicher wichtig, sich auch zu sagen: Es geht nicht nur darum, einen Raum für sich zu haben, es geht auch nicht nur darum, Zeit für sich zu haben, sondern es geht vor allem darum, Gefühle für sich zu haben, Empathie für sich zu haben, und das wäre wahrscheinlich im weitesten Sinne ein geborgener, annehmender Raum für sich selber.

Sexualität – zwischen Geborgenheit und Angst

Die körperliche Anziehung zwischen Menschen spielt für ihre Beziehung eine wichtige Rolle und scheint auch Sicherheit für die Dauer und die Lebendigkeit einer Beziehung zu vermitteln. Das Thema der Sexualität ist indessen ein hoch problematisches Thema in der heutigen Gesellschaft, zudem ein Thema, bei dem Fantasie und Realität weit auseinanderklaffen.

Aus den Medien und den Illustrierten gewinnt man die Botschaft, daß fast jeder und fast jede – außer man selbst – ständig ein aufregendes, reiches Sexualleben hat.[90] Zudem erhärtet sich der Eindruck, daß das auch das Allerwichtigste ist im Leben. Betrachtet man andererseits die Umfragen, dann ist unübersehbar, daß sexuelle Lustlosigkeit sich breit macht. Sexualität ist also einerseits allgegenwärtig – verbunden mit einer Prise Sex läßt sich alles etwas besser verkaufen –, Sexualität vermag auch fantasiemäßig sehr zu beschäftigen, sie wird aber in der Realität ganz anders erlebt als in der Fantasie. Man muß also zusätzlich auch noch unterscheiden zwischen der Sexualität als Fiktion, wie sie die Medien transportieren, und dem aktuellen sexuellen Erleben. Zwi-

---

[90] Michael, Robert T., Gagnon, John H., Laumann, Edward O., Kolata, G. (1994) Sexwende. Liebe in den 90ern, Knaur, München

schen den beiden jedenfalls klafft ein großer Graben. Wie ist diese Diskrepanz zu verstehen?

Wenn Sexualität als Fiktion so wichtig ist, dann heißt das, daß Sexualität auch ein Symbol ist, ein Symbol, das aber möglicherweise gar nicht mehr symbolisch verstanden wird, sondern konkretistisch. Nicht mehr die Frage gilt: Was steht hinter diesem Symbol, für welches Geheimnis ist es bestmöglicher Ausdruck, sondern die Überzeugung: Wenn ich mich diesen Bildern gemäß verhalte, bekomme ich das Gewünschte, dann habe ich die Lebensgefühle, die die Medien vermitteln. Es findet dabei eine Entleerung der Innenwelt in die Außenwelt statt. Symbol wäre die Sexualität für lustvolle, angeregte, interessierte gegenseitige Durchdringung von zwei Welten, für Prozesse des Sich-Kennens und Erkanntwerdens, verbunden mit der Erfahrung und der Sehnsucht von Lebendigkeit, geglücktem Leben, Ganzheit, Identität und Entgrenzung, also letztlich einer Verbindung mit etwas, das über uns hinausgeht. Wenn diese Fiktion von Sexualität, die in der Medienwelt fast ausschließlich als Heterosexualität verstanden wird – Homosexualität und die Sexualität mit sich selbst sind kaum präsent, müßten aber natürlich auch zu ihrem Recht kommen –, so umfassend aufrecht erhalten werden muß, muß sie einen Sinn haben. Nun ist es ja nicht so, daß das alltägliche Sexualleben sich dieser Fiktion annähern würde – dann könnte man zumindest davon ausgehen, daß diese Fiktion als Leitidee einen Sinn hätte –, sondern die beiden Welten klaffen immer mehr auseinander. Liegen Fantasie und Realität aber weit auseinander, dann wird normalerweise der Versuch gemacht, die beiden Bereiche wiederum anzunähern. Gelingt das nicht, ist mit einer großen Spannung zu rechnen, die mit viel Leiden verbunden ist. Man kann das Problem aber auch durch Spaltung lösen: hier Fiktion, die möglicherweise realer ist als die Realität und doch immer noch die Sehnsucht danach wach hält, diese psycho-physischen Zustände des undefinierbar Wunderbaren immer wieder zu erreichen; dort das gelebte Sexualleben, das mit der Fiktion nicht mehr zur Deckung zu bringen ist. Der Soziologe Luhmann[91]

---

[91] Luhmann Niklas (1982, 1994) Liebe als Passion. Zur Codierung von Intimität, Suhrkamp, Frankfurt/Main

meint, Sexualität scheine das Bedürfnis an intimer Kommunikation nicht mehr zu befriedigen, sie sei als Symbol für die gegenseitige Durchdringung der Welten (Interpenetration, Luhmann), des Einschwingens in einen Trancezustand, nicht mehr genügend. Sie sei aber auch nicht mehr ausreichend für die gegenseitige Selbstvalidierung, die Versicherung des Selbstwerts, die heute, in einer sehr unpersönlichen Welt der Kommunikation, auf die intimen Beziehungen verschoben sei.

Niklas Luhmann beschäftigt sich in seiner Schrift „Liebe als Passion" intensiv mit der Differenz zwischen der gesellschaftlich definierten und der persönlich erlebten oder zu erlebenden Sexualität. Seine These: Die Gesellschaft stellt einen Code bereit, mit dem erlaubt wird, wie das Gefühl der Liebe und der Sexualität sich ausdrücken kann.

Nimmt man also unsere kollektiven Fantasien, wie sie heute in den Medien und der Literatur gezeigt werden (die Fiktion der romantischen Liebe, dargestellt im immerzu strahlenden Paar, der ständig appetente Mann, die immerzu für seine Wünsche bereite und bewundernde Frau, halbnackt und schön), als Code, an dem man lernen könnte, wie denn Liebe und Sexualität gelebt werden können, mit welchen Konsequenzen man zu rechnen hat, wenn man sich entsprechend benimmt, dann ist es ein seltsam entleerter Code. Verglichen etwa noch mit den romantischen Romanen, hat er als Anleitung zum Lieben und zum sexuellen Lieben nur mehr wenig mit Alltagswirklichkeit zu tun. Auf der einen Seite wird der schöne Schein kultiviert (die Liebenden sind jung, schön, voll Begehren und voll Versprechen), und auf der anderen Seite Sex als Gymnastik und Leistungssport propagiert. Eine Kultur der Lust wird kaum dargestellt, auch keine Dialoge der Liebe. Ein Gebiet also, das geradezu die Ängste herausfordert, schaut man genau hin, und das auch eine neue Beziehungskunst herausfordern würde.

Zudem sind die sexuellen Bedürfnisse von Frauen und Männern nicht dieselben. Es ist empirisch bewiesen, daß Frauen, die ökonomisch abhängig sind[92], bereiter sind, sich sexuell anzupassen, sich selbst zu verleugnen. Ist es die Hoffnung der Frauen,

---

92 Sexwende, S. 148

durch die Anpassung zu etwas zu kommen, das sie unbedingt aus der Sexualität haben möchten, nämlich Nähe, ein gutes Selbstwertgefühl, Geborgenheit, ein Zuhause?[93]

Das Erwachen für die Frauen kommt nach Hagemann-White dann, wenn „Liebessehnsucht und Aufopferungsfantasien enttäuscht sind."[94] Dem entspricht die generelle Lustlosigkeit, die im Moment überall vermerkt wird, dem entspricht auch, daß 70 Prozent der Frauen, die länger als fünf Jahre verheiratet sind, außerehelichen Geschlechtsverkehr haben (Männer 75 Prozent) 76 Prozent der Frauen geben als Grund die Entfremdung von ihren Ehemännern an, 21 Prozent sehen den Grund darin, daß sie zuhause nicht genügend oder nur unbefriedigenden Sex bekommen.[95] Es ist schwer zu sagen, ob der Grund für diesen außerehelichen Sex darin liegt, daß sich die Frauen in der Ehe emotional allein gelassen und wenig geachtet fühlen, daß sie also in einer Außenbeziehung einen Menschen finden, der sie mehr beachtet, sie ernst nimmt und ihnen das Gefühl gibt, begehrenswert zu sein, oder ob es bei den Frauen um das Zurückgewinnen der eigenen Sexualität geht, jenseits der auch sexuellen Anpassung an den Partner. Die Sexualität muß also keineswegs ein Ort der Geborgenheit in der Paarbeziehung sein, es ist ein Ort, der vielfältige Ängste hervorrufen kann.

Die Angst vor der Intensität der Liebesgefühle

Es gibt keineswegs nur die Angst vor der Trennung; sehr verbreitet ist auch die Angst vor der Liebe und vor der Leidenschaft. Das könnte mit ein Grund sein, warum wir zum Beispiel sehr kontrolliert sind im Austausch von Zärtlichkeiten und nicht so schnell jemandem sagen, daß wir ihn oder sie mögen. Wir sind vorsichtig, damit bloß nichts „passiert". Warum haben wir Angst vor der Lie-

---

[93] Hite Shere (1988) Frauen und Liebe. Der neue Hite-Report, Goldmann, München, S. 569
[94] Hagemann-White Carol (1992) Berufsfindung und Lebensperspektive in der weiblichen Adoleszenz, in: Flaake Karin, King Vera (Hg) Weibliche Adoleszenz. Zur Sozialisation junger Frauen, Campus, Frankfurt/Main, S. 71
[95] Hite, S. 900 ff

be? Wenn wir das angesprochene Phänomen von den Symbolen her beleuchten, wird das deutlich. Große Liebe wird immer in Feuermetaphern ausgedrückt. Da stehen dann zwei „hell in Flammen", oder man ist zumindest entflammt füreinander, es ist heiß, es brennt, „kein Feuer, keine Kohle, kann brennen so heiß". Man kann ein Feuer wieder anfachen, wenn es am Verlöschen ist, man muß indessen aufpassen, daß das Feuer nicht ausgeht usw. Wenn aber Liebe mit Feuermetaphern verbunden ist, steckt dahinter auch das Wissen: Feuer wärmt, Feuer kann wandeln, Feuer kann aber auch zerstören. Vor allem ist es unendlich schwierig, ein Feuer, das sich erst einmal ausgebreitet hat, unter Kontrolle zu halten. Und das ist meines Erachtens der Grund, warum Angst vor heftigen Liebesgefühlen existiert. Heftige Liebesgefühle sind nicht mehr kontrollierbar. Es kommt durch sie eine Eigendynamik ins Leben. Ordnungen, von denen man gedacht hat, daß sie ewig bestehen, werden plötzlich zerstört. Man kann nicht das Quantum an Liebe wählen, das man möchte und wie es einem gerade angenehm wäre, damit das Leben schön gewärmt wäre und nicht aus den Fugen gerät. Liebe stellt uns vor ein entweder – oder. Entweder wählen wir die Liebe, oder wir vermeiden sie. Dosiert ist sie nicht zu haben. Liebe stört unsere Kontrollbedürfnisse erheblich. Es ist ein Prozeß, dem man sich auch ausgeliefert fühlt. Dazu kommt, daß man diese intensiven Gefühle auch gar nicht mehr missen möchte. Man ist also abhängig von ihnen. Und dann ist man natürlich auch enorm verletzbar. Im Hindu-Mythos von Shiva und Shakti[96] sucht der Liebesgott jeweils eine verwundbare Stelle, wo er seinen Liebespfeil hineinsetzen kann. Die Unverwundbaren werden demnach nie mit Liebe beglückt, aber auch nie mit Liebe geschlagen. Es ist eine verwundbare Stelle notwendig, in die der Liebesgott seine Pfeile schießt, die dann die Liebeserregung verursachen. In der Metapher des Pfeils, auch wenn es in der indischen Mythologie bloß Blumenpfeile sind, wird das Thema der Verletzung deutlich. Etwas „trifft" uns. In der griechischen Mythologie hat Eros den goldenen Pfeil zur Verfügung. Hier wird noch deutlicher, daß diese Pfeile auch verletzen. Die Verletzung aber entspricht einer leidenschaftlichen Begierde. Grund-

---

[96] Kast, Paare, S. 23 ff.

sätzlich kränkt uns unser Verliebtsein also auch. So schön und erstrebenswert Liebe auch ist, sie kränkt uns auch durch die Intensität, die wir nicht kontrollieren können, sie kränkt uns in unserem Streben nach Autonomie, sie kränkt uns, weil wir uns abhängig fühlen.

Liebe kann unser Identitätserleben und auch unsere Identität selbst verändern: Wir können „aufbrechen", es können Aspekte in uns belebt werden, die noch nie im Leben waren, aber wir können daran auch zerbrechen. Das ist ein weiterer Grund, warum es Menschen gibt, die Angst vor solcher Intensität haben. Diese Angst wird oft auf die Sexualität projiziert. Das kann sexuelle Störungen auslösen, etwa Hingabeprobleme in den verschiedenen Ausprägungen. Menschen haben Angst, sich sexuell hinzugeben, weil sie fürchten, sich dabei zu verlieren, weil sie fürchten, letztlich nicht mehr sie selbst zu sein. Sehr oft wird das nicht so formuliert, sondern diese Menschen sagen, sie könnten ihre Kontrolle nicht aufgeben, sie müßten auch in der Sexualität solange wie möglich kontrolliert bleiben, sonst könnten sie sich verlieren. Das aber stört bekanntlich die Lustmaximierung und die Ekstase. Dahinter steht die Angst, das Gefühl für unsere Identität zu verlieren, das Gefühl zu haben, nicht mehr Herr oder Frau über sich selbst zu sein. Oft wird diese Angst auch so ausgedrückt, daß man den Eindruck hat, einem anderen Menschen durch die Liebe derart ausgeliefert zu sein, daß dieser andere mit einem machen kann, was er oder sie will: etwa in die gefährlichen Abgründe der sexuellen Lust treiben. Mir scheint das nicht der einzige Grund zu sein. Die Abhängigkeit und die Gefahr, die mit der Sucht nach der Intensität verbunden ist, ist mindestens so groß wie die Abhängigkeit vom ganz konkreten Menschen, den wir lieben.

Die Liebe also, die so eine eigentümliche Dynamik in unser Leben bringt, nicht kontrollierbar ist, spontan, kreativ, bringt uns in einen großen Widerspruch. Einerseits sind wir besetzt von ihr, durch sie gefangen, ihr ausgeliefert bis zu dem Gefühl, wir seien bloßer Spielball unserer Liebessehnsucht und den damit verbundenen Wünschen wehrlos ausgesetzt. Das löst natürlich Angst vor der Intensität aus.

Andererseits kann die Liebe uns größte Freiheit bringen, wenn wir mit ihr in Beziehung treten. Sie kann uns Lebendigkeit schenken und eine Intensität des Lebensgefühls und große Entwicklungsmöglichkeiten im Bereich unserer Identität ermöglichen. Wenn wir erleben, daß die Liebe uns eine sehr große Intensität bringt, dann ist die andere Angst natürlich die, diese Intensität wieder zu verlieren. Es ist die Angst davor, sich plötzlich wieder in einem grauen Leben zu finden, zwar noch als farbige Erinnerung zu wissen, daß es diese Intensität gibt, aber nicht mehr zu wissen, wie sie zu erreichen ist. Liebe hat, wie wir gesehen haben, auch die Möglichkeit, vieles, was in der Beziehung zu den ersten Beziehungspersonen nicht so ganz gestimmt hat, neu erfahrbar zu machen. Sie erlaubt damit ein besseres Verständnis von sich selbst zu erlauben, bietet vielleicht auch die Möglichkeit, einiges nachzuholen.

Liebe weckt in der Tat auch viel Kindliches in uns. Selbstverständlich können wir in einer Beziehung nie nur Kind sein. Auf der anderen Seite haben wir die Aufbruchsmöglichkeiten, die sich in der Liebe ergeben. Vielleicht wären sie, wenn man die Kindmetapher weiter ernstnehmen will, als Archetypus des göttlichen Kindes zu beschreiben.

Dieser Archetypus des göttlichen Kinds ist immer verbunden mit der Hoffnung, daß alles immer wieder neu werden kann trotz aller Bedrohungen, und daß Entwicklungsmöglichkeiten vorhanden sind. Es gehört zum Gefühl der Liebe dieser Eindruck: neu werden zu können, sich verändern zu können, alte Hüllen sprengen zu können. Entweder sieht uns ein anderer Mensch neu, oder wir selber entdecken Seiten in uns, die uns vorher nicht zugänglich waren. „Göttliches Kind" – dieses Bild meint aber auch Kreativität in einer Beziehung. Und dies bezeichnet wiederum das, was ich zuvor das Dritte in einer Beziehung genannt habe. Dieses Dritte ist sehr wichtig. Es kann das konkrete reale Kind sein oder gemeinsame Interessen, gelegentlich auch das gemeinsame sich Einsetzen für etwas. Sehr oft ist auch die Sexualität, besonders dann, wenn sie lustvoll und problemlos ist. Der Sinn dieses Dritten, der Sinn des Kreativen in einer Beziehung ist, daß wir etwas erleben, das wir allein nicht erleben können, sondern eben nur miteinander herstellen oder erfahren können.

Wenn wir uns nun diesen intensiven Liebesgefühlen ausgeliefert fühlen, projizieren wir das oft auf den Partner oder auf die Partnerin und haben dann das Gefühl, ihm oder ihr ausgeliefert zu sein. Das bedeutet aber, daß sich sehr rasch ein Machtkonflikt konstelliert, und Machtkonflikte sind den intensiven Liebesgefühlen nicht förderlich. Man erlebt dann zwar intensive Machtkonflikte – immerhin noch intensive Gefühle, aber doch nicht zu vergleichen mit den intensiven Liebesgefühlen. Als eine überlagernde Projektion kennt man dieses Problem aus dem Alltag häufig. Man verabredet sich etwa, wartet, der Partner, die Partnerin kommt eine halbe Stunde zu spät, und dann kommt die Szene: „Du machst mich von dir abhängig, du verfügst über mich, du spielst mit mir, du liebst mich nicht so, wie ich dich liebe." Der Partner versucht zu erklären, warum er zu spät kommt – es gibt ja gelegentlich auch gute Gründe, einmal zu spät zu kommen –, es nützt nichts, die Reaktion bleibt extrem heftig. Es ist nun sehr wichtig zu sehen, daß es nicht einfach darum geht, daß man sich ärgert, weil man eine halbe Stunde hat warten müssen, sondern es geht um eine überlagernde Projektion: Es gibt Menschen, die genau das dann auch formulieren: „Ich ärgere mich darüber, daß ich dich so heftig liebe. Würde ich dich nämlich nicht so lieben, dann wäre es mir vollkommen egal, wenn du einmal eine halbe Stunde zu spät kommst." Wenn wir das so äußern können, dann wird uns viel klarer, daß wir von diesen intensiven Gefühlen mindestens so abhängig sind wie vom Partner oder von der Partnerin.

Die Angst vor dem Verlust der Intensität der Liebesgefühle

Was tun wir nun, um uns diese Intensität zu erhalten? Es ist jedem und jeder von uns deutlich, daß Liebe nicht verfügbar ist. Die Intensität der Gefühle kann nicht anhalten, es wäre auch zu anstrengend. Emotionen kommen und gehen, und solange man die Emotionen als Gott oder Göttin bezeichnet hat, konnte man das gut akzeptieren. Gott und Göttin kommen und gehen nach ihrem Belieben. Wenn sie da sind, muß man sie genießen oder fürchten. Sind sie nicht da, kann man sie allenfalls anrufen und sie bitten, wiederzukommen. So denken wir heute kaum noch. Wir denken eher in Kategorien des Verfügenkönnens.

184

Ein verzweifelter Versuch, die Intensität zurückzuholen, liegt in der sogenannten Gefühlskontrolle. Dabei wird der Partner oder die Partnerin nicht mehr einfach in dem kontrolliert, was er oder sie tut, sondern in dem, was er oder sie fühlt. Der Partner, die Partnerin soll alles sagen, was er oder sie fühlt und möglichst so, daß es einen auch wieder ganz erreicht. Manchmal geht es soweit, daß gesagt wird: „Sag' mir doch endlich mal alle deine Gefühle, dann haben wir es wieder gut miteinander." Erwartet aber wird eine ganz bestimmte Gefühlsqualität mit einer bestimmten Intensität, die als Türöffnergefühl zu den verlorenen intensiven Gefühlen hin fungieren könnte. Diese Gefühlskontrolle bewirkt in der Regel eine große Abwehr und keinesfalls die Liebesgefühle, die eigentlich damit angesprochen werden sollten.

Oder wir versuchen, diese Emotionen zu halten, sie zu beschwören; sind sie definitiv nicht mehr aktuell vorhanden, versuchen wir uns zu erinnern, sprechen davon und hoffen, daß wir sie so wiederbeleben. Wir versuchen Bilder der Liebe aufrecht zu erhalten, die uns einmal sehr viel gegeben und die uns sehr bewegt haben. Weil wir aber noch in den alten Vorstellungen schwelgen, die durch den Alltag nicht mehr abgedeckt werden, stellt sich mit der Zeit ein Gefühl von Unwirklichkeit ein. Wir verpassen oft dabei die aktuelle Beziehungsrealität. Es sind dann keine lebendigen Bilder mehr.

Nun ist es so, daß in Zeiten, in denen wir die Intensität der Liebe erfahren, Bilder von Paaren in der eigenen Psyche, tief verschwiegene Animus- und Animagestalten, belebt werden in beiden Liebenden[97]. Anima und Animus sind Seelenbilder, die in der Liebe geweckt werden und die uns mit unserer Tiefe verbinden. Eine Verbindung von Anima und Animus scheint ungeachtet von einem realen Partner und auch ungeachtet vom Geschlecht des realen Partners oder der realen Partnerin Liebe, Hoffnung, gleichzeitig auch das Gefühl des Beisichseins, der Ganzheit zu bewirken. Und so ist Sehnsucht nach dem Du, nach dem Göttlichen, Sehnsucht nach der Ganzheit kaum voneinander zu trennen. Das gibt uns dann eben auch dieses Gefühl, gleichzeitig seelisch, geistig und körperlich fasziniert und inspiriert zu sein. Selbstver-

---

[97] Kast, Paare, S. 157 ff.

ständlich ist es sehr oft ein Mensch, der dies in uns hervorgerufen hat, der diese Bilder in uns beleben konnte und in dem man entsprechende Bilder beleben konnte. Man erlebt so etwas wie ein Gemeinschaftsselbst, und die Liebe zwischen den beiden Menschen ist ein Ausdruck davon. Das ist eine Erklärung für diese intensiven Gefühle. Natürlich werden sie aufeinander projiziert oder auch auf Filmpaare, Paare aus der Literatur übertragen, die einem dann ganz besonders wichtig sind.

Da werden also tief verschwiegene Seiten in uns belebt, und die sind nicht nur geheimnisvoll und faszinierend, Teile davon werden dadurch, daß ein Partner, eine Partnerin uns immer wieder darauf anspricht, auch ins Leben inkarniert. Praktischer ausgedrückt: Liebt jemand aus uns eine ganz bestimmte Seite heraus, die wir selbstverständlich auch in uns haben, etwa die souveräne Frau, dann werden wir es mit der Zeit auch *sein* oder zumindest es *mehr* sein. Das heißt dann aber auch, daß der Partner oder die Partnerin nicht mehr ständig diese Seite herauslieben oder evozieren muß, diese Seite wird dann eine integrierte Seite von einem selbst. Was also vorher zwischen den beiden war, wird plötzlich sehr viel mehr eigener Anteil, sehr viel mehr eigenes gelebtes Leben. Es geht dann mehr um Integration als um Beziehung, und es geht um das Thema des Alleinseins, der Konzentration auf das eigene Selbst. Wir haben plötzlich ein gutes Lebensgefühl aus einer neuen Identität heraus und spüren, daß Persönlichkeitsanteile, die durch die Liebesbeziehung angestoßen worden sind, nun zu einer eigenen Möglichkeit geworden sind, die nicht mehr ständig der Bestätigung durch den Partner, durch die Partnerin bedürfen. Das ist die Dynamik dieser Anima- Animusintegration, und wenn man sehr viel Glück hat, dann werden in der gleichen Beziehung neue Anima- Animuskonstellationen möglich.[98] Bei dieser Integration ist man dann mehr mit dem eigenen Selbst in Verbindung und weniger mit dem Beziehungsselbst. Auch die sexuellen Fantasien gehen in dieser Zeit manchmal sehr private Wege, Wege, die zu kennen man dem Partner, der Partnerin vielleicht auch gar nicht mehr zumuten will, die man nicht mehr teilen will. Das gehört zu dieser Phase.

---

[98] Kast, Sich einlassen, S. 27 ff.

In der Phase der Integration, der Abgrenzung, ist mit größter Wahrscheinlichkeit diese Intensität nicht vorhanden. Hier ist es ganz wichtig, daß wir den Terminus der „abschiedlichen Existenz" wieder einführen: Wir müssen loslassen, um lebendig zu sein. Wenn wir zwar spüren, daß wir in einer Integrationsphase sind, aber immer noch so tun, als wäre die ganze Intensität der anfänglichen Beziehungsphase da, dann sind wir nicht authentisch, nicht wahrhaftig. Abschiedlich zu existieren heißt, daß wir, weil das Leben den Tod kennt, immer bereit sein müssen, die Dinge auch sterben zu lassen. Wenn wir nicht bereit sind, Dinge sterben zu lassen, kann nichts Neues werden. Verhalten wir uns so, als ob die größte Intensität da wäre, während sie aber tatsächlich ja nicht mehr vorhanden ist, dann kann sich keine Sehnsucht bilden und dann kann nichts Neues werden. Denn aus der Sehnsucht heraus kann sich eine neue Intensität entwickeln, können neue Animus- und Animagestalten in der eigenen Psyche und in der des Partners oder der Partnerin wieder belebt und erlebt werden. Aus der Sehnsucht nach mehr Beziehung, nach mehr Tiefe, nach einer neuen Form des Zusammenseins ist es möglich, wieder an intensive Gefühle heranzukommen, mindestens als intensive Sehnsucht. Aber dazu gehört, daß man entschlossen ist, einen Boden zu bereiten, wo diese Gefühle eben wieder aufflammen können. Die Entschlossenheit zur Beziehung oder die Entschlossenheit, eine Beziehung zu beenden, ist dann wichtig. Entschlossenheit zur Beziehung heißt auch, daß man sich die Sehnsüchte mitteilt und nicht einfach Vorwürfe macht, daß man sich aufeinander einläßt, aber auch voneinander abläßt. Daß man sich gestattet, sich zu erinnern.

Die Rede von der „abschiedlichen Existenz" deutet auch auf Trauerarbeit hin. Man trauert ja auch darüber, daß diese intensiven Gefühle nicht mehr da sind. Die Trauerarbeit bringt aber auch die Erinnerungen mit sich: wie es denn war, die ersten Nächte, die ersten Geschenke, die erste Musik. All das kann da wieder aufkommen. Nun ist es in der Tat so, daß immer wieder neue Beziehungsfantasien aufbrechen. Es scheint in der Entwicklungspsychologie des Erwachsenenalters zu liegen, daß immer neue Kombinationen von Anima- und Animusgestalten als Wegmarken eines inneren Prozesses sichtbar werden. Nachdem ein

Aspekt davon integriert worden ist, tauchen neue Bilder aus dem Unbewußten auf. Dazu muß man eigentlich nichts tun, man muß sie eigentlich nur wahrnehmen. Das bedeutet, man muß die neuen Fantasien, die man hat, oft sind es Fantasien von Außenbeziehungen, die eigentlich Innenbeziehungen meinen, wahr- und ernstnehmen. Diese neuen Fantasien entzünden sich aber nicht notwendigerweise an dem alten Partner oder an der alten Partnerin. Es ist natürlich sehr schön, wenn sie es tun, aber sie tun es eben nicht immer. Neue Beziehungsfantasien müssen aber nicht dazu führen, daß wir eine andere Beziehung eingehen. Es kann auch Anstoß zu einer Erneuerung in einer alten Beziehung sein. Es gibt dann so etwas wie ein Wieder-Erkennen, und das ist dann auch eine Situation, in der die Intensität der Liebesgefühle wieder aufbricht.

Es ist noch eine Beziehungsangst zu bedenken, die in all den beschriebenen Formen der Angst eine Rolle spielen kann: die Angst vor Schicksalseinbrüchen. Wenn wir vor Schicksalseinbrüchen Angst haben, dann sind die neuen Fantasien verboten. Diese neuen Fantasien sind aber die Grundlage für die Gefühle der Liebe, der Leidenschaft und des Lebendigseins. Der Treuebegriff kann sehr verhängnisvoll sein: Wir wollen eine Beziehung nicht gefährden, wir wollen, daß die Intensität wieder erlebbar wird. Wenn wir nun Fantasien haben, die sich nicht mit unserem Partner oder unserer Partnerin beschäftigen, dann verdrängen wir diese. Genau dies verhindert aber eine neue Lebendigkeit und ein Wiederbeleben der intensiven Gefühle. Die Frage ist, wo wir treu sein wollen. Wollen wir einer Lebendigkeit treu sein, oder wollen wir einem Menschen auch um den Preis treu sein, daß wir dann ganz unlebendig sind?

In Beziehungen, die uns viele der Ängste eigentlich bannen helfen sollten, sind also auch unendliche Quellen zur Angstentstehung. Auch in diesem Zusammenhang hilft nur der Mut zu Angst. Geben wir unseren Ängsten nach indem wir vor ihnen flüchten, dann werden die Beziehungen eingeschränkt, und die Angst wirkt erst recht.

Möglicherweise sind Beziehungen, in denen man nicht gar so

viel voneinander will, hilfreicher zur Bewältigung der Angst im Leben.

Deborah Belle[99], eine amerikanische Soziologin, weist in einer sehr groß angelegten Studie nach, daß Frauen neben dem größeren Engagement in nahen, vertrauensvollen Beziehungen auch mehr instrumentelle Hilfe zur Bewältigung ihrer Lebensaufgaben bei anderen Frauen suchen und finden. Sie ziehen auch verhältnismäßig viel Befriedigung daraus, sich diese Nähe und Unterstützung zu geben. Deborah Belle weist nach: Der Grad der erhaltenen täglichen Hilfestellung, verbunden mit der Möglichkeit, die eigenen Gefühle auszudrücken, ist mit einem Gefühl von erhöhter Selbstschätzung und dem Gefühl der Kompetenz verbunden. Je ausgeprägter diese Gefühle waren, umso mehr waren die Frauen davon überzeugt, das Leben sinnvoll bewältigen zu können, umso weniger zeigten sich Symptome von Depression und Angst. Belle ist es allerdings auch wichtig, auf die Kosten solcher vernetzter Lebenssituationen, in denen sich Frauen gefühlsmäßige und tatkräftige Unterstützung geben, hinzuweisen. Frauen können durch die emotionale Befindlichkeit ihrer Freundinnen angesteckt werden, der Kummer der einen ist der Kummer der anderen, die soziale Not der einen ist die soziale Not der anderen. Tatsache bleibt: Frauen, die beste Freundinnen haben, sind in Streßsituationen weniger allein, sie entwickeln weniger Angst und Depressionen und haben Gefühle der erhöhten Selbstschätzung und Kompetenz. Für Frauen scheint zu gelten, daß Selbstvertrauen nicht primär mit Unabhängigkeit zusammenhängt, sondern mit der Fähigkeit zu wissen, an wen sie sich vertrauensvoll wenden könne, wenn es notwendig ist.[100]

---

[99] Belle Deborah (Ed) (1982), Lives in Stress. Women and Depression, Beverly Hills

[100] Kast Verena (1992), Die beste Freundin. Was Frauen aneinander haben, Kreuz, Stuttgart

Symbole der Angst

Ich werde das Thema der Angst im folgenden noch mehr aus der Sicht des Unbewußten, von den Träumen her, angehen. Die meisten Menschen kennen die Angst auch aus den Angstträumen.

Was sagen uns also die Angstträume über den Umgang mit der Angst, was sagen die Symbole der Angst über die Angst?

Angstträume

Es gibt Symbole wie etwa das Symbol der Schlange, die als kollektive Angstsymbole gelten können. Dabei ist es keineswegs grundsätzlich so, daß es Symbole gäbe, die bei allen Menschen auf Angst hinweisen. Was bei den einen Angst hervorruft, löst bei anderen ein leises Unbehagen oder gar Lust aus.

Es gibt aber sehr wohl neben den kollektiven Angstsymbolen auch Traumsituationen, die bei den meisten Menschen auf Angst hinweisen und auch Angst auslösen. Symbole der Angst in den Träumen zeigen uns aber auch, was uns im Alltag ängstigt und wie man mit dieser Angst umgehen kann. Es geht dabei aber nicht nur darum, daß man die bedrohliche Situation wahrnimmt, sondern auch die Reaktion des Traum-Ichs darauf.

Das Bedrohliche und die Kompetenz des Traum-Ichs

Einer als bedrohlich erlebten Situation im Traum wird immer eine gewisse Kompetenz des Traum-Ichs, eine situativ bestimmte Ichstärke des Traum-Ichs entgegengesetzt. In Abhängigkeit von der Erfahrung von Kompetenz wird die bedrohliche Situation mehr oder weniger ängstigen.

Das leuchtet ein, wenn wir einen typischen Angsttraum anschauen:

Ich werde verfolgt von einer sehr großen Person, die ich nicht richtig sehe und die ich auch nicht einschätzen kann. Ich versuche, mich in Sicherheit zu bringen, ich renne schnell, merke aber, daß ich irgendwie nicht aus einem Hof herauskomme. Ich erwache schweißgebadet, voll Angst.

In diesem Traum hat das Traum-Ich wenig Kompetenz im Umgang mit dem Ängstigenden. Es kann die verfolgende Person nicht wirklich sehen und deren Gefährlichkeit nicht einschätzen. Das Traum-Ich kann zwar rennen, aber letztlich bleibt es doch gefangen – es bleibt als einzige Möglichkeit zu erwachen – mit allen Zeichen der Angst.

Dieser Traum kann auch anders geträumt werden:

Ich werde verfolgt von einer sehr großen Person, die ich nicht richtig sehe und die ich auch nicht einschätzen kann. Ich versuche, mich in Sicherheit zu bringen. Ich renne. Ein wenig lache ich auch: Mein Verfolger weiß bestimmt nicht, daß ich fliegen kann. Er kommt immer näher, da entschließe ich mich, abzuheben. Ich fliege über ihm und kann ihn jetzt gut sehen ...

Hier haben wir es mit einem Traum-Ich zu tun, das viel mehr Kompetenz im Umgang mit dieser bedrohlichen Gestalt hat. Das Traum-Ich hat nicht nur Angst, sondern auch Humor, und sobald es eingeengt wird, fällt ihm immerhin ein, daß es fliegen kann. Der Flug wird zudem noch dazu benützt, diese Gestalt auch genau anzusehen, sich also ein Bild davon zu machen, wer einen denn da so bedrohlich verfolgt; die Orientierung über die Situation wird zurückgewonnen.

Natürlich kann man etwas mäkelnd sagen, dieser Träumer oder diese Träumerin habe einen Abwehrmechanismus eingesetzt, indem er oder sie sich der Situation einfach etwas grandios entzogen habe. Kompetenz im Umgang mit Bedrohlichem kann aber durchaus heißen, mehr Abwehrmechanismen zur Verfügung zu haben und sie bei Bedarf einsetzen zu können. Je mehr Kompetenz das Traum-Ich im Umgang mit Bedrohlichem hat, umso weniger wird das Angstgefühl dominieren, umso eher wird man das Ängstigende ansehen und damit auch umgehen können.

Es geht demnach, wollen wir uns mit dem symbolischen Ausdruck der Angst beschäftigen, nicht nur um den Aspekt des Bedrohlichen, sondern immer auch darum, wie das Ich damit umgehen kann. Es geht um die jeweils angesprochene Identität des sich ängstigenden Menschen. Dabei ist zu beachten, daß verschiedene Bedrohungen auch die Kompetenz in verschiedene Aspekte der Identität herausfordern. Aus vielen Angstträumen habe ich gewisse typische Angstsituationen und die im Zusammenhang jeweils gefragte Kompetenz herausgearbeitet und lege sie hier in konzentrierter Form vor.

Eingeengtsein – sich Raum nehmen

Träumen wir zum Beispiel, daß wir in einem Lift, einem Zimmer, einem engen Raum eingeschlossen sind und uns unangenehm beengt fühlen, dann ist die Kompetenz des Traum-Ichs gefragt, diesem Eingeengtsein durch Ausweitung des Raums zu begegnen. Gemeint ist damit die Fähigkeit, sich selber Raum zu geben, auch in beengten Lebenssituationen. Symbolisch verstanden hieße das, für eine angemessene Selbstverwirklichung besorgt zu sein. Gemeint ist das Recht, einen Platz in der Welt einzunehmen und zu besetzen und sich nicht über Gebühr einengen zu lassen.

Angegriffenwerden – Kontakt aufnehmen, Kommunizieren

Angriffe, die in zerstörerischer Absicht erfolgen, Angriffe von Menschen und von Tieren, aber auch „Angriffe", die von irgendwelchen Stoffen ausgehen wie Giften, Gasen, Krankheitserregern usw. vermitteln den Eindruck, daß man in Lebensgefahr ist, also sich ganzheitlich bedroht fühlt. Deshalb sind auch mehrere Aspekte der Identität angesprochen: die Ich-Aktivität, die Kreativität, das aggressive Sich-Verteidigen, das auch bedeutet, daß man sich selber nicht im Stich läßt, daß man zu sich selber steht, Selbsterhaltungstriebe werden geweckt usw. Dabei wird immer um so mehr Angst ausgelöst, je größer der Verlust der Kontrolle ist, und – und das ist ein wesentlicher Punkt – je weniger es gelingt, mit dem Bedrohlichen Kontakt aufzunehmen, es anzusehen, mit ihm zu kommunizieren.

Gelegentlich erscheint das Angstauslösende nicht so generell. Das heißt entsprechend aber auch, daß der Aspekt der Identität, der in Gefahr ist und den zu entwickeln diese Angst herausfordert, auch enger umschrieben ist.

Fremdbestimmung – Selbstbestimmung

Es gibt Träume, die Angst auslösen, weil man selber die an sich notwendige Kontrolle über das Geschehen verloren hat. Da ist man zum Beispiel Beifahrerin oder Beifahrer in einem Auto, der Fahrer oder die Fahrerin fährt ganz waghalsig auf unbefestigten Straßen. Alle Interventionen scheitern, denn der Mensch am Steuer scheint keine der Sprachen zu verstehen, die man selbst sprechen kann ... Oder: Man sitzt zwar selber am Steuer, merkt aber plötzlich, daß das Steuer gar nicht den eigenen Entschlüssen gehorcht, daß man auf unerfindliche Art „fremdgesteuert" ist.

In diesen Situationen fühlen wir uns bedroht, und es ist uns auch unheimlich, daß wir unser Leben nicht mehr selber in der Hand haben. In diesen Träumen ist der Aspekt der Selbstbestimmung angesprochen, die Fähigkeit, das eigene Leben zumindest da in Kontrolle zu haben, wo es kontrollierbar ist – als Antwort auf die Fremdbestimmung.

Durchschautwerden – sich undurchsichtig machen

Situationen des Durchschautwerdens im Traum können Angst auslösen. Das Durchschautwerden kann verbal ausgedrückt sein: Da sagt zum Beispiel jemand im Traum, er wisse etwas sehr Entscheidendes – die Angst tritt dann meistens deshalb noch verstärkt auf, weil das Traum-Ich nicht weiß, was diese Traumgestalt wirklich weiß, und selbstverständlich an die Sachen denkt, die in keiner Weise bekannt sein dürften –, es kann aber auch bildlich dargestellt sein, in einer Person, die mit stechenden oder feurigen Augen das Traum-Ich durchbohrt. In dieser Situation stellt sich die Frage an das Traum-Ich und in der Folge auch an den wachen Menschen, wie es denn eigentlich um seine oder ihre Möglichkeit steht, etwas für sich selbst behalten zu dürfen, wie es um die Gewißheit steht, daß andere Menschen uns nicht einfach durchschauen, nicht einfach in uns eindringen und uns daher auch nicht einfach manipulieren können. Oder wie wir es schaffen, uns gegen ungebührliche Übergriffe abzugrenzen, wie wir damit umgehen, daß wir selber darüber entscheiden können und müssen, was wir entäußern, und was wir für uns behalten wollen. Es geht darum, Integrität zu bewahren.

Beschämtsein – sein Selbstbild aufrecht erhalten

In Situationen, die Angst auslösen, weil wir einem Anspruch nicht genügen, fühlen wir uns beschämt. Die Angst ist eine Angst davor, das Gesicht zu verlieren, nicht mehr ansehnlich zu sein, nicht mehr angesehen zu sein. Solche Angst kann als mehr oder weniger katastrophal erlebt werden. Diese Bedrohung fordert heraus, sich mit dem Thema der Selbstdarstellung zu beschäftigen, aber auch möglicherweise mit der Revision des Selbstkonzepts: Es stellt sich die Frage, ob wir uns als „schöner" hinstellen als wir eigentlich sind, ob wir unsere Grenzen kennen oder ob es auch besser wäre, einmal wirklich an die eigenen Grenzen zu gehen, die eigenen Grenzen auszureizen. Das jeweilige Selbstbild muß immer wieder auf mehr Realitätsgerechtigkeit hin korrigiert werden, indem man sich mit dem Ich-Ideal wieder einmal kritisch auseinandersetzt. Zu diesem Selbstbild muß man dann aber auch stehen, es sich nicht von außen entwerten lassen.

Sich verlieren – Besinnung auf sich selbst

Lösen Situationen in Träumen Angst aus, in denen man sich verloren fühlt, zum Beispiel verloren in der Wüste oder verloren im Weltraum, dann geht es um das Bewußtwerden der Ichgrenzen und des Lebensgefühls, innerhalb dieser Ichgrenzen – unterschieden von außen, als Mensch, der sich in seiner Haut fühlt – sich selber gewiß zu sein. Es steht hier aber auch an, sich zu fragen, ob man auch die Ichgrenzen erweitern kann, ohne sich dabei zu verlieren, ohne der Selbstgewissheit verlustig zu gehen.

Schattenangst – Schattenakzeptanz

Löst eine Situation im Traum Angst aus, in der offensichtlich wird, daß man sich nicht gemäß einem Wert verhält, den man eigentlich hochhält – benimmt man sich zum Beispiel „schlitzohrig", obwohl man sich viel auf die eigene Ehrlichkeit und Integrität einbildet –, so fühlt man sich vernichtet im Bereich des Selbstwerts. Fragen nach dem Selbstwert, nach der Selbstverantwortung, nach den Werten, die zu verwirklichen man sich verantwortlich fühlt, werden hier aktiviert. Noch deutlicher kommt diese Anforderung an unsere Identität zum Ausdruck, wenn wir Angst haben, weil Schattenhaftes sich in unseren Träumen zeigt. Dies ist nicht selten ausgedrückt in Gestalten, die uns verfolgen, aber auch in äußerst unangenehmen Gestalten, die uns einfach begleiten. Schattenhaft zu sein bedeutet, Seiten an uns selber sehen zu müssen, die wir nicht akzeptieren können, die wir aus unserem Selbstbild verbannen wollen. Wir akzeptieren sie nicht, und sie sind uns oft zunächst auch tatsächlich fremd. Hier geht es um die Frage nach der Selbstverantwortung, auch für die dunklen Seiten. Aber auch um das Problem der Akzeptanz des Unbewußten ist im Hintergrund. Fragen nach den Grenzen unseres sogenannt freien Willens stehen an. Auch um ein flexibles Selbstkonzept geht es. Wenn wir akzeptieren, daß wir uns selber einmal wieder für eine Überraschung gut sind, wenn wir also damit rechnen, daß es so etwas wie ein „Unbewußtes" gibt, dann müssen wir diese Überraschung nicht verleugnen. Wir können unser Ich-Ideal und das Wunschbild von uns selbst in dem Sinne verändern, daß es unserem Leben angemessener wird.

Ängste, die mit mit unserem Gewissen zu tun haben, mit dem Vergehen gegen Werte, die wir aus irgend einem Grunde als bedeutsam für unser Leben halten, geben uns den Eindruck, uns selber verfehlt und im Stich gelassen, letztlich das Leben verfehlt zu haben. Der Mut zu sich selbst zeigt sich darin, daß wir dieser Angst erlauben, uns zu zeigen, daß wir auch anders sind als wir es denken und auch versuchen, dafür Verantwortung zu übernehmen. Gerade die Gewissensangst zeigt uns, was wir in die Verantwortung nehmen müssen. Letztlich geht es um die Akzeptanz des Verdrängten, aber auch um eine Neuorientierung und um die Frage nach einer Grundgeborgenheit. Dies auch gerade dann, wenn wir offensichtlich nicht so sind, wie wir zu sein meinen und wie wir sein möchten.

Fremdes – Vertrautes

Das Erleben von Fremdem im Traum kann mit Angst, aber auch mit Faszination verbunden sein. Das Fremde kann in der Gestalt eines fremden Menschen auftreten, der zugleich fasziniert und ängstigt, und den man sich vertraut machen muß; es kann sich aber auch in einer Gegend ausdrücken. So findet man sich etwa im Traum in einer Landschaft, die man so noch nie gesehen hat und die auch eine Atmosphäre des Unwirklichen ausstrahlt, die uns ganz fremd anmutet, bis hin, daß man sich „auf einem anderen Stern" befindet. Dabei ist nicht die fehlende Orientierung im Vordergrund, sondern dieses Gefühl des „Fremden". Diese Traumbilder sind Ausdruck dafür, daß wir uns immer auch fremd sind[101], daß es immer auch Seiten in unserer Psyche gibt, die wir noch nicht erschlossen haben, die noch Überraschungen für uns bereit halten. Dieses Fremde – und die damit verbundene Angst oder Faszination – projizieren wir oft unbesehen auf die Fremden. Dort bekämpfen wir es dann, oder wir sind fasziniert davon. In

---

[101] Kristeva Julia (1990) Fremde sind wir uns selbst, Suhrkamp, Frankfurt/Main

den Träumen, in denen das Fremde beunruhigt, setzt jeweils eine Suche nach dem Vertrauten ein. Es wird bewußt nach etwas gesucht, was noch vertraut ist und den Eindruck vermittelt, doch noch in einer auch „vertrauten" Welt zu sein. So gab es im Traum „auf dem fremden Stern" einen Flugplan, an die sich die Raumschiffe zu halten hatten, was für den Träumer etwas ganz Vertrautes war. Eine Träumerin, die sich im Traum in einer ganz und gar unwirklichen, fremden Gegend befand und ständig befürchtete, etwas ganz und gar nicht Einzuschätzendes könnte geschehen, stellte fest, daß sie ihre ihr sehr vertrauten „Arbeitsjeans" trug und schloß daraus, daß die „Arbeit", die offenbar auf sie wartete, zu erledigen sei wie andere Arbeit auch. Das Erleben des Fremden fordert uns heraus, das uns Vertraute ins Bewußtsein zu hieven. Dann kann das Fremde wesentlich angstfreier angegangen werden, dann muß weniger projiziert werden, und dann darf sich auch die Faszination zeigen.

Ausgestoßensein – sich neu beziehen

Eine weitere Angst hängt damit zusammen, daß wir uns ausgestoßen fühlen oder befürchten, von anderen Menschen ausgestoßen zu werden. Es ist die Angst vor der Einsamkeit und die Angst, für andere Menschen nicht attraktiv zu sein. Die Angst, nicht dazuzugehören, ungeliebt, ungeborgen, ein Außenseiter, eine Außenseiterin zu sein, erfüllt mit Scham und mit Schuld. Auch diese Angst fordert uns heraus, uns zu fragen, wie wir uns denn selbst sehen, unabhängig von der Akzeptanz durch andere Menschen, insbesondere, ob wir uns auch für fähig erachten, neue Bezüge der Zusammengehörigkeit herzustellen. Gefragt sind wir nach unseren Wünschen und unseren Bedürfnissen. Das Akzeptieren und das Wahrnehmen dieser Angst fordert die Bereitschaft zur Veränderung unseres Beziehungsverhaltens.

Traumsituationen, die bei den meisten Menschen viel Angst auslösen, sind Situationen der Ausweglosigkeit. Da findet zum Beispiel jemand nicht aus einem Labyrinth heraus oder pragmati-
scher: verirrt sich in einer Stadt, die er oder sie überhaupt nicht
kennt, verliert sich in den verschiedenen U-Bahnen einer Stadt
usw. In einer solchen Situation ist das Thema der Orientierung,
allenfalls auch der Neuorientierung angesagt, aber auch die Frage
nach der Geborgenheit in etwas Umfassendem, der Geborgenheit
auch im Chaos.

Todesangst – Kreativität

Angst erfüllt uns auch angesichts des Todes, angesichts der Vergänglichkeit und der Vergeblichkeit. Sie wird als Ohnamcht gegenüber dem Schicksal erlebt. Diese Angst kann nur noch wahrgenommen, akzeptiert, benannt, ausgedrückt, gestaltet werden –
und sie wird auch grundsätzlich die Kreativität des Menschen
herausfordern: das Gestalten gegen den Tod.

Es ist deutlich, die Angst sagt uns nicht nur, daß wir von einer
Gefahr ergriffen sind, sie sagt auch deutlich, welche Aspekte unseres Identitätserlebens mehr in die Verantwortung genommen
werden müssen, aber auch, wo die Grenzen unserer Verantwortung sind und wo wir auch etwas als „schicksalshaft" akzeptieren
müssen. Es gibt keinen Bereich unserer Identität, der durch die
Angst nicht in Frage gestellt werden kann. Die Angst betrifft
letztlich unsere Identität als Ganze, spricht aber meistens einzelne Aspekte davon an. Angst ist eine Emotion, die eine Veränderung will, letztlich eine Veränderung auf eine umfassendere,
echtere Identität hin.

Angststeigernde Szenarien

Fragt man sich, was denn die Angsterfahrung in Träumen intensiviert, dann ist folgendes festzustellen:

1. Kumulation des Bedrohlichen
Es gibt Träume, in denen nicht nur ein Symbol der Bedrohung ist vorhanden, sondern mehrere für den Träumer oder die Träumerin bedrohlich wirkende Situationen miteinander auftauchen. So erlebt sich etwa ein Träumer, für den die Wüste eine Angstlandschaft ist, in der Wüste, bei „unmenschlicher" lebensbedrohlichen Hitze, in gleißendem („aggressivem") Sonnenlicht plötzlich einer für ihn giftigen Schlange gegenüber. Er erschrickt zu Tode und erwacht mit einem Schrei, den er nicht wirklich ausstoßen kann.

Zunehmende Geschwindigkeit, die wir nicht kontrollieren können oder die wir nicht mehr kontrollieren können, wirkt ebenfalls wie eine Kumulation von Angsterregendem und verstärkt die Angst ganz enorm.

2. Kommunikation mit dem Angstauslösenden ist unmöglich
Mit einer bedrohlichen Landschaft kann man in der Regel nicht kommunizieren, mit einem bedrohlich wirkenden Menschen allenfalls schon. Der Unterschied zwischen fehlender und gelingender Kommunikation läßt sich anhand von „klassischen" Angstträumen zeigen:

Traum 1: Ein Mensch steht mir gegenüber. Er wirkt aggressiv. Ich versuche, mit ihm zu sprechen, zu fragen, was er will, zu erfahren ob ich ihm helfen kann. Er reagiert auf nichts, was ich sage oder tue. Er kommt nur immer näher – das wirkt sehr bedrohlich, ich habe eine Riesenangst –, ich will schreien, aber es gelingt mir nicht.

Traum 2: Menschen kreisen mich ein, verschiedene Halbwüchsige, sie haben etwas vor mit mir. Ich bekomme Herzklopfen. Ich gehe auf einen zu, schüttle ihm die Hand und sage, wir kennen uns doch, oder? Die Situation ist entschärft. Ich glaube, ich habe dann die Bande eingeladen ...

Daß eine fehlende Kommunikation mit dem Bedrohlichen die Angstspannung erhöht, ist auch für den Umgang mit der Angst im Alltag von großer Wichtigkeit. Mit dem uns Ängstigenden muß eine Kommunikation hergestellt werden. Damit das möglich wird, muß das Ängstigende gesehen und benannt werden, darf also nicht verleugnet werden. In diesem Zusammenhang ist es wesentlich, imaginative Techniken zu entwickeln und in ihrem Wert für die Angstbewältigung zu erkennen: die Techniken, bei denen das Ängstigende vorgestellt wird, so daß eine Interaktion stattfinden kann.

Das wissen zum Beispiel Kinderbuchautoren und Kinderbuchautorinnen: Da werden etwa Tiere, die zunächst Angst auslösen, wie etwa das Krokodil unter dem Bett, im Laufe einer Geschichte durch Kontakt mit ihnen zu einem Freund, der sogar hilft, die Einsamkeit zu ertragen. Andere, überdimensional große Tiere werden kleiner, wenn man mit ihnen spricht. In schwierigen Situationen kann auch eine Gestalt von außen zu Hilfe gerufen werden, etwa ein Tiger, den man bereits etwas gezähmt hat usw.

Dieser Grundsatz, daß Kommunikation die Angst vermindert, hat aber noch eine viel weiter reichende Bedeutung. Angst entsteht vor allem in Beziehungen, in denen die Kommunikation immer wieder abgebrochen oder überhaupt zu wenig hergestellt wird. Das bewirkt Orientierungslosigkeit, Hilflosigkeit, Erfahrungen der Ohnmacht – also alles Voraussetzungen dafür, daß Angst entsteht. Angst zeigt sich deshalb auch vor allem in menschlichen Beziehungen; gelingt es indessen, die Kommunikation aufrecht zu erhalten, dann kann wesentlich besser mit der entstehenden Angst umgegangen werden. Kommunikation in dieser Situation heißt nichts anderes als Mut zur Angst. Es geht um den Mut, anzusprechen, was ängstigt, um den Mut, dazu zu stehen, daß man Angst hat. Meistens handelt es sich um Ängste, abgelehnt, beschämt, verachtet oder zurückgewiesen zu werden. Kommunikation in diesem Zusammenhang meint nichts weiter, als den Mut aufzubringen, die Abwehrstrategien der Angst, auch etwa die Flucht in den Aktionismus und in die Amüsiergesellschaft zu opfern. Es geht darum, so aufrichtig als möglich jemandem etwas mitzuteilen und so aufrichtig und vorurteilslos als möglich zuzuhören.

3. Eingeschränkte Ich- und Körperfunktionen

Die Situationen in den Träumen wirken dann mehr angsterregend, wenn die habituellen Ich – und Körperfunktionen eingeschränkt sind. Ist zum Beispiel die Wahrnehmung gestört in dem Sinne, daß man den Eindruck hat, nicht mehr richtig hören oder sehen zu können, dann löst das zusätzlich Angst aus. Häufig ist das Traum-Ich in Angstträumen nicht fähig, sich zu bewegen, weil die Beine so schwer sind, weil der Körper einfach nicht in Gang gebracht werden kann oder weil die Stimme nicht gehorcht, wenn man um Hilfe rufen will.

4. Keine Hilfe von „außen"

In Situationen, die Angst auslösen, können immer auch Helfer und Helferinnen auftreten. Diese werden im Traum als „Hilfe von außen" erlebt, obwohl es sich eigentlich um eine Hilfe von innen handelt, um intrapsychische, bekannte oder unbekannte Gestalten. Diese Gestalten sind von großer Wichtigkeit. Wer von sich weiß, daß in Angstträumen „immer wieder" solche Gestalten helfend, beruhigend, klärend auftreten, erlebt weniger Angst.

So träumte eine 42jährige Frau:

Ich stehe drei Männern gegenüber, die mir keinen besonders guten Eindruck machen. Sie haben irgendetwas Gemeines im Sinn. Ich stehe mit dem Rücken schon zur Wand, kann also nicht mehr weiter fliehen; diese Männer kommen aber immer näher, sie lassen sich auch nicht ansprechen. Es ist ausgesprochen ungemütlich. Ich schaue auf die Türe: In solchen Situationen kommt normalerweise doch eigentlich mein Bruder oder mein Großvater zur Türe herein. Irgendwie lassen die Männer von mir ab.

Die Träumerin ist etwas stolz darüber, daß sie sogar im Traum weiß, daß in anderen Träumen, die sie bereits hatte, Männer ihrer Herkunftsfamilie jeweils schützend, klärend oder ihrerseits bedrohend eingegriffen haben, wenn sie bedroht wurde. Den Gestalten, die sie in ihrer Psyche bedrohen, stehen andere gegenüber, die sie schützen, und darauf vertraut sie. Ohne daß diese Männer konkret auftauchen, wird sie deshalb auch entängstigt.

201

5. Symbole des Todes

Symbole, die traditionell mit Tod zu tun haben wie Schlangenbiß, Blut, schwarzer Fluß, große Höhe lösen große Angst aus und verstärken schon vorhandenen Angst. Solche Angstsymbole im engeren Sinn unterscheiden wir von individuellen Symbolen.

Individuelle Symbole, die für den einen Menschen für eine spezifische Erfahrung mit Angst stehen samt den damit verbundenen Erinnerungen an bestimmte Episoden des eigenen Lebens, oder auch Befürchtungen, die schon immer einmal in der Fantasie vorhanden waren, können für einen anderen Menschen überhaupt nicht mit Angst verbunden sein. So kann für einen Menschen ein sehr enger Raum angstauslösend sein, für einen anderen Menschen indessen Geborgenheit vermitteln.

Es gibt aber Symbole, auf die die meisten Menschen mit Angst, allerdings auch in verschiedener Ausprägung reagieren. Es geht um Angstsymbole, die mit Leben und Tod in nahem Zusammenhang stehen. Strian sagt in diesem Zusammenhang, schon die „Befürchtungen von Kindern konzentrierten sich auf bestimmte Naturobjekte (wie Spinne, Schlangen, große Höhen, Dunkelheit), so daß phylogenetische Reminiszenzen eine Rolle zu spielen scheinen"[102] Er erwähnt dann weiter, daß technische Gefahren, wie etwa doch der weit gefährlichere Autoverkehr, bei den Kindern weniger Angst auslösen würden. Was hat es mit diesen kollektiven Angstsymbolen auf sich?

Kollektive Angstsymbole

Schlange

Die Schlange wird natürlich gefürchtet wegen ihres tödlichen giftigen Bisses – auch wenn dieser verhältnismäßig selten erfolgt. Daß aus dem Gift der Schlange auch Medikamente hergestellt werden, ist bekannt, aber weniger im Gefühl verankert. Die Todesgefahr, die von ihr ausgeht, ist präsenter: Es bleibt die ängstliche Vorsicht, das Unbehagen.

---

[102] Strian, Angst und Angstkrankheiten, S. 42

Die Schlange ist ein Symbol von Leben und Tod. Sie kann als Symbol der Unterwelt und des Totenreiches gesehen werden (sie lebt in Erdlöchern), und dennoch wird sie aus Eiern geboren – wie ein Vogel, und hat dadurch auch einen Anteil an der oberen Welt, sie kann ja auch auf Bäumen sich aufhalten. Sie hat die Fähigkeit, sich durch Häutung zu wandeln und gilt von daher auch als Symbol der Regenerationsfähigkeit. Nach Gimbutas [103] symbolisiert die Schlange Lebenskraft, eine Kraft, die unverhofft ins Leben drängt. Heilig war früher die Energie der Schlange, nicht ihre Form. (Wegen ihrer Form wurde sie als Penissymbol gesehen, und damit bekam sie eine eng gesehene sexuelle Bedeutung.) So kann man denn die Schlange als Symbol einer Energie sehen, die hinter Wandlungsprozessen steht: hinter der Wandlung von Leben zu Tod und wieder hin zu Leben. Diese Wandlung kann im Körper erlebt werden (Erdschlange), auf der emotionellen Ebene (Feuerschlange) oder auf der spirituellen Ebene (gefiederte Schlange). Als Tier verweist sie auf die animalische Schicht im Menschen: ihr Bereich ist uns unvertraut, etwas, mit dem wir uns schlecht vertraut machen können.

Vom Bewußtsein her nähert man sich den Symbolen der Schlange – und wohl auch der Schlange selbst, mit Angst und Faszination. In Träumen und Fantasien tritt sie oft dann auf, wenn eine Regeneration aus der Tiefe stattfindet (die Psyche ist ein selbstregulierendes System) oder als Reaktion auf bedeutendere Abspaltungen. Sie kann – gerade auch in diesem Zusammenhang – als Symbol für Gift und für Vergiftung auftreten.

C. G. Jung sagt dazu: „So stellt zum Beispiel die Schlange sehr oft das zerebrospinale System dar, insbesondere die niedrigen Hirnzentren, und ganz besonders die medulla oblongata und die Wirbelsäule." [104] ... „Sie drückt daher die Angst vor allem Unmenschlichen aus und zugleich die ‚Ehr-Furcht' vor dem Erhabenen, dem der Menschensphäre Enthobenen. Sie ist Niederstes und Teufel, und Höchstes, Gottessohn, Logos, Nous, Agathodaimon." [105]

---

[103] Gimbutas Marija (1989) The Language of the Goddess, Harper & Row, San Francisco
[104] Jung Carl Gustav, GW 18/1, Par. 194
[105] Jung Carl Gustav , GW 9/II, Par. 291
(Agathodaimon: Der Geist, der das Gute will)

Und das ist wohl auch alles, was in etwa auf die Schlange projiziert wurde. Als die Verführerin von Eva im Paradies gilt sie in der biblisch-abendländischen Tradition als die Verkörperung des Bösen, obwohl sie eigentlich dazu verführt hat, den Apfel vom Baum der Erkenntnis zu essen. Tiefe Erkenntnis und die Verbindung zum Bösen, das heißt in diesem Zusammenhang: des vom Bewußtsein nicht Akzeptierten, sind traditionell verbunden mit der Schlange, und diese Verbindung bringt letztlich den Tod. Betrachtet man die Schlange als Tier, dann wird das Symbol noch viel geheimnisvoller und erfüllt von einer sehr großen Lebensenergie.

Blut

Blut gilt als der Lebenssaft und als der Sitz der Seele und damit des Lebens. Etwas ist blutvoll – und damit meint man, voll des Lebens, in der Nähe von Leidenschaft, oder etwas ist blutleer – ohne Saft, ohne Kraft, und letztlich tot. Wo Blut sichtbar wird, da ist eine Verletzung vorausgegangen. Da droht letztlich der Tod. Mit dem Austritt des Blutes tritt auch das Leben aus einem Tierkörper aus. Blut ist daher auch mit einer ganz besonderen Magie behaftet. Das einzige Blut, das nicht von einer Verletzung stammt, ist das Menstruationsblut. Gerade dieses Menstruationsblut aber löst besonders viel Angst aus: das Blut ohne Wunde, das Blut, das letztlich mit der Möglichkeit der Fruchtbarkeit der Frau und der Geburt in einem Zusammenhang steht, also auf tiefste Geheimnisse des Lebens hinweist und immer noch verbunden ist mit der Phantasie, „es" könnte doch das Leben kosten. Gefürchtet ist wohl die Kraft, die man diesem Blut zuschreibt und von der man nicht so richtig weiß, wie diese von den Frauen eingesetzt wird.

Blut ist also wie die Schlange ein Symbol, das auf Lebenskraft und auf Leben und Tod hinweist. Aber es steht dem menschlichen Erleben viel näher. Es hat nicht mehr die Form eines Tieres, das man kaum sieht. Warmes Blut ist jedem Menschen zugänglich, jeder hat an ihm Anteil. Insofern werden Themen von Leben und Tod viel eher „blutiger Ernst", Angst, wenn sie mit dem Symbol Blut verbunden wird, verbindet sich direkt der Thematik von Leben und Tod. Und es wird dabei deutlich: Todesangst kann sehr wohl Lebensangst sein.

Dunkelheit und „schwarze" Gewässer

Die Dunkelheit symbolisiert das Undurchschaubare, das, was von der Helligkeit nicht erleuchtet ist, somit auch das Unheimliche, das Ungeborgensein, das, was wir nicht kontrollieren können. Die Dunkelheit verbinden wir mit der Undurchdringlichkeit der Nacht und mit dem Tod, der ewigen Nacht. Aus dieser Nacht kann uns alles Mögliche unverhofft entgegenkommen, ohne daß wir damit rechnen können. In die Dunkelheit können wir aber auch alles hineinsehen, was uns unheimlich ist. Das Dunkle in uns, das ist das, worauf wir nicht das Licht des Bewußtseins werfen wollen, das, was wir lieber im Dunkeln lassen, auch vor uns selber.

Der schwarze Fluß ist der Styx, der Fluß, der das Reich der Lebenden vom Reich der Toten trennt in der griechischen Mythologie. Wer vom schwarzen Fluß erfaßt ist, wird ins Totenreich getragen. In diesem Zusammenhang ist Schwarz die Farbe des Todes. Teilt sich die Farbe Schwarz dem Wasser mit, dann wird aus dem „Lebenswasser" das Wasser des Todes, das Wasser der Vergänglichkeit. Es liegt nahe, das Wasser als Symbol für emotionale Zustände zu betrachten, bedenkt man, wie leicht Stimmungen auf das Wasser projiziert werden können: Da ist man etwa bewegt oder ruhig, man geht etwas stürmisch an, ist aufgewühlt usw. oder grundsätzlicher: stille Wasser gründen tief, gelegentlich kommt auch der Lebensfluß ins Stocken..

Wird das Wasser nun schwarz, dann geht es um dunkle, undurchsichtige emotionale Zustände, möglicherweise mit Situationen, die wir uns selbst verdunkeln, um nicht genau hinsehn zu müssen, aber auch mit Zuständen, die mit dem Dunkeln des Lebens zu tun haben. Es kann damit zusammenhängen, daß wir unseren Schatten verdrängen, nicht wahrhaben wollen, wo wir das uns fremde Dunkle haben, es kann auch damit zu tun haben, daß wir mit der Dunkelheit des Lebens, mit dem uns kalt und fremd Anmutenden nichts zu tun haben möchten, daß es uns ängstigt.

Die Höhe kann man wohl nicht ohne den Abgrund sehen, das Sich-Versteigen nicht ohne den drohenden Absturz. An sich ist die Bewegung in die Höhe eine erwünschte Bewegung: Wer will nicht wachsen oder den Überblick, die Übersicht gewinnen, in die Höhe kommen. Höhe wird mit Gipfel, mit Erfolg, aber auch mit der Höhe des Lebens in Verbindung gebracht. Eine Kunst ist es, die anthropologische Proportion zu wahren[106], dem Steigen in die Höhe ein angemessenes Schreiten in die Weite entgegenzusetzen. Gelingt das nicht, dann versteigen wir uns – und die Angst ist wohl die Angst vor dem Absturz, vor dem Abgrund. Dabei kann es um die eigenen Abgründe gehen, von denen wir uns so weit entfernt haben, und dann hätten wir es wiederum mit der Abspaltung von Schatten zu tun, oder es kann um die Abgründe des Lebens an sich gehen – und dann haben wir es wohl letztlich wieder mit dem Tod zu tun. Problematisch wird die Höhe also dann, wenn wir den Halt verlieren, wenn wir ins Bodenlose fallen. Nun bestände eigentlich immer Anlaß zu dieser Angst, wir können immer den Halt im Leben verlieren, das Leben hat etwas Abgründiges, Bodenloses, das wir letztlich nicht kontrollieren können. Nicht umsonst bemühen wir uns immer wieder um „Halt" im Leben, um Strukturen, die uns halten, um Werte, an denen wir uns halten können, um Schutz, der uns Halt geben soll. Besonders nötig aber scheinen wir diesen Halt zu haben, wenn wir uns hoch hinaus bewegen, vielleicht auch dann, wenn wir zu sehr vergessen, daß das Leben seine Abgründe, seine Unsicherheiten, seine Tode und seinen Tod hat, auch wenn wir uns große Mühe geben, uns in die Höhe zu arbeiten oder zumindest dahin, was wir für Höhe halten.

Betrachtet man die angeführten kollektiven Angstsymbole, dann wird deutlich, daß Angst letztlich Todesangst ist, aber auch, daß Todesangst letztlich auch Lebensangst ist: Angst, sich das Leben

---

[106] Binswanger Ludwig (1955) Vom anthropologischen Sinn der Verstiegenheit und Über die manische Lebensform, in: Ausgewählte Vorträge und Aufsätze, Bd.II, Francke, Bern

nicht in seiner Lebndigkeit erhalten zu können. Angst würde uns
also immer wieder darauf hinweisen, daß das Leben in Gefahr ist,
unlebendig zu werden. Und die jeweils spezielle Angst sagt uns,
wo genau unser Leben in Gefahr ist, unlebendig zu werden, welche Werte letztlich in Gefahr sind.

Vom Umgang mit der Angst in den Träumen

1. Erwachen
Die Angsterregung in Träumen bewirkt oft, daß man erwacht – in
der Regel mit allen körperlichen Anzeichen von Angst, mit be-
schleunigtem Herzschlag, Atemnot, Hyperventilation, Schwit-
zen, Muskelzittern, Kältegefühl, Gefühlen der Enge, der Beklemmung, allenfalls mit Übelkeit. Diese Symptome können vollstän-
diger oder weniger vollständig vorhanden sein. Das Erwachen ist
nicht einfach nur die biologische Folge der Angst. Natürlich ist es
das auch, und damit zeigt sich auch wiederum, wie sehr Angst ein
leib-seelisches Phänomen ist. Das Erwachen kann auch psychologisch gedeutet werden: Man soll aufwachen, mit wachem Bewußtsein die Situation ins Auge fassen. Denn man hatte ja nicht
nur Angst. Im Traum hat sich diese Angst in der Regel auch abgebildet, und im Nachfühlen und im darüber Nachdenken wird aufgrund dieser Traumbilder deutlich, in welchen Lebenssituationen
man dringend aufwachen sollte, welche Lebenssituationen man
wachen Sinnes in die Verantwortung nehmen sollte.

2. Hinsehen und sich distanzieren
Im Angsterleben im Traum ist es möglich, daß der Abwehrmechanismus der Distanzierung einsetzt. Das Traum-Ich kann sich
plötzlich vom ängstigenden Geschehen distanzieren und sich
z. B. sagen: Diesen Traum kenne ich doch eigentlich. Das Traum-
Ich wird in der Folge der Distanzierung zum Zuschauer oder zur
Zuschauerin. Es entäußert sich sozusagen, ist also doppelt vorhanden. Die Situation, die Angst auslöst, das szenische Geschehen, kann dadurch sehr viel genauer aufgenommen und gesehen
werden. Allerdings ist die Emotion der Angst dann etwas verdrängt. Diese Emotion kann aber mit Leichtigkeit wieder zurück-

geholt werden, wenn man diesen Traum imaginativ nacherlebt, das heißt, wenn man sich in die verschiedenen Gestalten oder Situationen des Traumes imaginativ einfühlt. Beides ist dann gegeben: die Identifikation mit dem Gefühl der Angst und die Möglichkeit der Distanzierung – eine Möglichkeit, optimal mit Angstauslösendem umzugehen. In der Identifikation mit dem Angstgefühl wird der Ernst der Situation und die Bedrohung spürbar, in der Distanzierung wird es möglich, Strategien zu entwickeln, wie mit der Bedrohung umgegangen werden kann.

3. Die Verlangsamung

In Traumsituationen, in denen man zum Beispiel abstürzt und angstvoll erwartet, jetzt aufzuschlagen und dabei zu sterben oder zumindest sehr verletzt zu werden, erleben viele Menschen, daß sich der Fall unendlich verlangsamt, daß man sozusagen in „slow motion" fällt und sogar sanft landet. In anderen typischen Fallträumen ist man plötzlich als zwei Traum-Ichs im Traum: Zunächst ein „normaler" Absturztraum mit sehr viel Angst und dem Bewußtsein, daß es „das dann war", und plötzlich schaut man sich zu, wie ein Mensch, dessen Gestalt die unsere ist, fällt – und nun fiebert man um diesen Menschen, ist gelegentlich auch gelähmt vor Angst –, und meistens erwacht man, bevor die befürchtete Katastrophe eintrifft.

Die Spaltung, die Dissoziation, ist ein Abwehrmechanismus, den wir aus traumatisierenden Situationen kennen. Da geschieht dem Menschen etwas so Schreckliches, daß er oder sie sich nur noch neben sich stellen kann und sich in befriedigende Phantasien retten kann. Diese Dissoziation unterscheidet sich in den Träumen von der Dissoziation in traumatischen Lebenssituationen. Im Traum ist die Doppelung eher als ein Akt des Bewußtwerdens zu verstehen, da nicht ein Ichzustand ausgeblendet wird: Ich schaue mich selber an in der großen Angst und sehe, was mit mir geschieht. Dieses Fallen an sich kann verschiedene Bedeutungen haben: Es ereignet sich oft dann, wenn Menschen sich verstiegen haben, zu hoch hinaus wollen, wenn sie sich zu weit von einem tragenden Grund wegbewegt haben und die Frage nach dem Halt im Leben neu gestellt werden muß.

Die Verlangsamung könnte man auch im Dienste einer besseren Sicht auf das Problem verstehen, man kann sie aber auch verstehen als Reduktion einer Angstkomponente: Schnelligkeit, wenn sie sich unserer Kontrolle entzieht, löst sehr viel Angst aus. Es fragt sich, ob die Träume mit der Verlangsamung nicht anregen, gelegentlich aus den Lebensprozessen den Faktor Geschwindigkeit etwas herauszunehmen, damit weniger Angst ausgelöst würde.

Der Grund, auf den man fällt, etwa auf einen Baum, in einen Busch, ins Wasser, in den Mist sagt viel aus darüber, was dieser dargestellten Angst zugrunde liegt, er sagt aber auch aus, was in diesem Leben trägt. Dabei können diese Situationen, in denen man irgendwie „aufgefangen" wird, Situationen der Regression sein, ein Zurückfallen in ein Verhalten, das man eigentlich schon überwunden zu haben glaubt (zum Beispiel ein 48jähriger Mann fällt von einem Berg herunter in die Arme seiner Mutter ...), wobei das auch heißen kann, daß man gelegentlich regredieren muß, damit das Leben wieder weitergehen kann. Das Bergende, Schützende kann sich aber auch in einen progressiven Charakter wandeln: Derselbe Mann träumte etwa zwei Monate später, daß er von einem hohen Baum in einen rasch fließenden Fluß falle. Und Flüsse bringen einen in Bewegung.

4. Begleiter und Helfer finden

Die Angst wird, wie schon oben angedeutet, oft nicht vom Traum-Ich bewältigt. Häufig treten helfende Gestalten auf, Menschen oder auch Tiere, Hunde zum Beispiel. Das erscheint mir besonders deshalb bedeutsam, weil in verschiedenen Theorien im Zusammenhang mit dem Umgang von Leben ganz allgemein, vor allem aber auch im Umgang mit der Angst, diese inneren helfenden Gestalten als so wesentlich erachtet werden. In diesem Zusammenhang sind wieder die steuernden Objekte wichtig, bei der es wesentlich ist, daß Menschen, um kompetenter mit Angst umgehen zu können, innere steuernde Gestalten entwickeln. In Anlehnung an Stern kann man davon ausgehen, daß der gelungene Umgang mit der Angst unter anderem auch damit zu tun hat, wie gut es den Beziehungspersonen gelungen ist, in der frühen Kindheit die verschiedenen Erregungszustände zu beruhigen, wie weit damit im Zusammenhang innere „Gefährtinnen und Gefährten" generalisiert werden konnten, die zugänglich bleiben auch im späteren Leben, und die den Menschen darin versichern, daß auch in allen neuen Situationen der Angst wiederum eine Beruhigung möglich ist. In der Jungschen Theorie geht man davon aus, daß es archetypisch helfende Gestalten in der Psyche gibt, die, wenn die Selbstregulierung der Psyche noch funktioniert[107], in Krisenzeiten erfahrbar sind, etwa in Träumen, in Fantasien, im Angesprochensein durch Ideen aus der Literatur etc., vorausgesetzt, sie sind durch Beziehungen im Laufe des Lebens auch evoziert worden.

5. Die Flucht in die Grandiosität

Es gibt Träume, in denen ein Traum-Ich wie James Bond jede bedrohliche Situation mit noch großartigeren Mitteln meistert, sich sozusagen kontraphobisch grandios über alle Bedrohungen erhebt. Meistens sind diese Traum-Ichs am Schluß des Traums dann in einer grandiosen Einsamkeit und wenig bereit, sich über die überwundenen Gefahren Gedanken zu machen, sondern eher darüber, wie wunderbar sie eigentlich sind, daß ihnen nichts etwas anhaben kann. Auf diese Weise kann man zwar tatsächlich mit Angst umgehen, die Angst hat dann allerdings ihre Funktion verloren, und das Traum-Ich hat nichts gelernt.

Das sind einige Formen der Angstbewältigung, wie sie aus vielen Träumen sich ergeben. Diese Formen der Angstbewältigung im Traum können natürlich auch übertragen werden auf die alltägliche Form der Angstbewältigung.

Alpträume

Vom Umgang mit Angstträumen kann noch mehr über den Umgang mit der Angst gelernt werden. Angstträume, insbesonders Alpträume, hinterlassen eine Angst vor dem Traum. Eigentlich ist es auch eine Angst vor der Angst. „Normale" Angstträume

---

[107] Kast, Die Dynamik der Symbole, S. 111

müssen sehr genau wahrgenommen werden in ihrer emotionalen Qualität. Die Angstbilder müssen mit allen Modalitäten der Wahrnehmung aufgenommen werden, das heißt: gesehen, gehört, gerochen, berührt etc. Man wird sich fragen, auf welche aktuellen Lebenssituationen diese Bilder übertragen werden können. Aus dem Nachfühlen und Nachdenken ergibt sich natürlicherweise die Fragestellung, wie denn das Traum-Ich mit der Situation auch hätte anders umgehen können. Es empfiehlt sich, Alpträume auch zu malen, es ist dann, wie wenn diese Träume auch gebannt würden. [108]

Im Umgang mit Alpträumen empfiehlt sich ein Umgehen mit imaginativen Verfahren. [109] Starker [110] hat nachgewiesen, daß durch imaginatives Bearbeiten gerade von alptraumartigen Angstträumen deren Angstinhalte in späteren Träumen weniger beängstigend waren. Das bedeutet, daß die Kompetenz eines Menschen, mit ängstigenden Inhalten der Psyche umzugehen, auch in den Nachttraum hinein genommen wird. An sich ist das logisch, daß Kompetenzen des Ichkomplexes auf allen Ebenen des Bewußtseins mitgenommen werden können.

Märchen – Wegweiser aus der Angst

Können wir bereits den Träumen viel zum Umgang mit der Angst entnehmen, dann muß das auch möglich sein anhand der Märchen: Märchen sind ja geradezu Geschichten vom Umgang mit der Angst. [111]

Auch im Märchen ist es wichtig, daß der Märchenheld oder die Märchenheldin ihre Angst spüren und sie akzeptieren. Solange sie große Angst haben, werden sie das sie ängstigende Problem nicht lösen können. Deshalb ist einer der wesentlichsten Hin-

---

[108] Riedel Ingrid (1992) Maltherapie, Kreuz, Stuttgart

[109] Kast Verena (1988) Imagination als Raum der Freiheit, Walter, Olten, S. 136 ff.

[110] Starker Stefan (1974) Daydreaming Styles and Nocturnal Dreaming, in: Journal of Abnormal Psychology, 83,1

[111] Kast Verena (1982) Wege aus Angst und Symbiose. Märchen psychologisch gedeutet, Walter, Olten

weise zum Umgang mit der Angst im Märchen der, daß der Held oder die Heldin sich entwickeln muß. Dies geschieht indem er oder sie eben den Weg geht, den das Märchen beschreibt und indem er oder sie die Probleme konfrontiert, die jeweils anstehen. Die Helden tun aus eigener Kraft, was sie können. Im übrigen vertrauen sie auf Hilfe. Nachdem sie sich entwickelt haben, können sie das sie ängstigende Problem angehen. So wird zum Beispiel im Grimmschen Märchen „Die Nixe im Teich"[112] die Nixe, die sehr viel Angst auslöst, erst nach einem langen Entwicklungs- und Beziehungsweg konfrontiert und auch verwandelt. Dabei wird das Angstmachende nicht etwa verdrängt, sondern im Bewußtsein bewahrt als ein Problem, das es zu beachten und hoffentlich einmal zu lösen gilt.

Wie im Traum sind innere Begleiter und Begleiterinnen im Märchen auf diesen Wegen sehr wichtig. Oft sind es alte weise Frauen oder alte weise Männer. Wenn die Ratlosigkeit am größten ist, dann tritt ein alter Mann oder eine alte Frau auf und geben einen Rat, der dann meistens nicht ganz befolgt wird, und der so den Helden oder die Heldin zwar auf den richtigen Weg setzt, ihnen aber nicht die Autonomie wegnimmt. Tiere können bedrohen, werden sie indessen akzeptiert, gesehen, nimmt man Kontakt auf mit ihnen, füttert man sie etc., so können sie zu wichtigen Helfern werden.

Die Märchen regen auch an, das Bedrohliche nicht als ganz und gar bedrohlich aufzufassen, sondern den vertrauenserweckenden Aspekt innerhalb dieses Ängstigenden zu sehen und sich auch darauf zu beziehen. So wendet sich etwa ein Held, der eigentlich zum Teufel gehen muß, und große Angst vor ihm hat, an des Teufels Großmutter[113], ein anderer Held spricht die Baba Yaga, die sich gerade die Zähne wetzt, um ihn besser verspeisen zu können, mit dem Ausdruck „Mütterlein" an und fordert von ihr Speise und Trank, die er auch bekommt.[114] Diese Haltung scheint mir

[112] Kast Verena (1995) Die Nixe im Teich. Gefahr und Chance erotischer Leidenschaft, Kreuz, Stuttgart

[113] Kast Verena (1984) Der Teufel mit den drei goldenen Haaren. Vom Vertrauen in das eigene Schicksal, Kreuz, Zürich

[114] Jacoby Mario, Kast Verena, Riedel Ingrid (1978) Das Böse im Märchen, Bonz, Stuttgart S. 26

besonders wichtig zu sein, haben wir doch die Tendenz, entweder etwas als „harmlos" einzustufen und unsere Angst nicht wahrzunehmen, oder aber uns so ganz und gar zu ängstigen und nicht mehr zu sehen, daß auch innerhalb des Bedrohlichen möglicherweise noch etwas Vertrauenswürdiges zu finden ist.

Im Märchen flieht man, wenn man nicht gut ausgerüstet ist zum Kampf mit dem Bedrohlichen. Man kämpft, wenn man sich stärker fühlt. Allenfalls setzt man List ein, wenn man es mit einem überlegenen Gegner, einer überlegenen Gegnerin zu tun hat. List als eine kreative Idee kann man für sich nur dann einsetzen, wenn man nicht zu sehr von der Angst gequält ist. Im Märchen ist das dann der Fall, wenn man bei sich selber schon sehr vieles von dem, was einen von außen bedroht, gesehen und akzeptiert hat.

Tapferkeit vor der Angst

Wir Menschen haben viele Ängste, unser Leben ist auch wirklich bedroht. Was heute noch tragend zu sein scheint, was glückt, uns befriedigt und Geborgenheit gibt, kann morgen nicht mehr gelten. Beziehungen verändern sich, Menschen sterben, Krankheiten werden gebannt, andere treten neu auf. Es wäre also vollkommen normal, Ängste zu haben und diese auch zuzulassen. Die Angst, so hoffe ich aufgezeigt zu haben, ist ja nicht nur eine verstörende Emotion, sondern sie fordert uns auch dazu heraus, für uns wesentliche Aspekte unserer Identität zu entwickeln. Das bedeutet dann letztlich wiederum, daß wir das uns Ängstigende besser sehen und angemessener damit auch umgehen können. Angst kann auch sehend machen. Und gerade solche sehende Angst tut heute not.

Wenn Menschen mit immer mehr Angst reagieren, wenn dadurch immer mehr auch eine Halt- und Wurzellosigkeit des heutigen Menschen zum Ausdruck kommt, dann heißt das, daß wir einen anderen Umgang mit der Angst brauchen. Wir müssen unsere Ängste besser nützen als wir es jetzt tun. Wir müssen aufhören, uns kontraphobisch zu verhalten, in der Hoffnung, daß wir, wenn wir uns unseren Ängsten stellen, auch sehr viel eher Kompetenz im Umgang mit dem Bedrohlichen und mit der Hilflosigkeit entwickeln können. Dabei geht es nicht nur um den einzelnen im Umgang mit seinen Ängsten, sondern auch um den kollektiven Umgang mit den Ängsten.

Unsere Zeit ist groß im Verdrängen der Angst. Und das Verdrängen der Angst, das zeigt die Analyse der Panikstörungen, bewirkt immer noch mehr Angst. Es gibt auch eine Verachtung gegenüber der Innerlichkeit, die bis hinein in therapeutische Konzepte auszumachen ist: Alle Probleme sollen ganz schnell zum Verschwinden gebracht werden; womit, das ist bei einer solchen Einstellung eigentlich gleichgültig. Daß Probleme auch Entwicklungsanreize sein könnten, das sehen nur noch wenige. Dazu paßt, daß wir uns so sehr ablenken von der ängstlichen Gestimmtheit – sie wird überdeckt durch Konsumismus, Aktivismus, äußerliche Zerstreuung – letztlich Geschäftigkeit wider den Tod. Damit hängt eine gefühlsmäßige Verflachung und emotionale Oberflächlichkeit zusammen, denn die Flucht vor der Angst ist eine Flucht vor vielen anderen Gefühlen auch. Aber auch die scheinbar entgegengesetzte Haltung, das konsequenzenlose Sich-Berufen auf die Angst, läßt Leben schal und seicht werden. Angst wird hier zum Freibrief, um Leben nicht wirklich bewältigen zu müssen.

Die untergründige Angst führt aber auch zu neuen Formen der Autoritätsabhängigkeit. Autoritäten werden gesucht, die letztlich die Angst bekämpfen sollen. Damit ist aber Tor und Tür geöffnet für die Manipulation über die Erzeugung von neuer Angst durch „Autoritäten". Der Mechanismus dieser Manipulation ist klar: Zuerst schüren diese „Autoritäten" die Unsicherheit, sie veräußerlichen also ihre eigene Angst, übertreiben sie möglicherweise, bewirken damit das Gefühl der Inkompetenz. Das gute Selbstwertgefühl wird geringer, stattdessen taucht die Überzeugung auf, mit der Welt nicht umgehen zu können und total hilflos zu werden. Dann bieten die, die mit der Angst manipulieren wollen, eine einfache, gut strukturierte, haltgebende Ideologie, die meist mit Kampfparolen gewürzt ist. Unsere Aggression wendet sich in der Regel gegen jene Menschen, vor denen wir befürchten, daß sie uns etwas wegnehmen könnten, aber auch gegen solche, die unsere Schattenseiten versinnbildlichen und oft einfach gegen Fremde. Diese aggressiv unterlegten Ideologien fördern auf eine unqualifizierte Weise ein Gefühl des Selbstwerts: „Wir sind doch jemand, und wir lassen uns nicht so leicht unterbuttern ..." Es sind sehr einfache, undifferenzierte Programme, die da angeboten werden. Verbunden sind sie mit einem ausgesprochenen Wirgefühl und dem Versprechen, sich notfalls auch für das Eigene aggressiv wehren zu können. Diese Ideologie tritt an die Stelle der steuernden Objekte. Was aber entängstigend sein sollte, wirkt freilich letztlich ausgesprochen angstauslösend: Diejenigen, die der Ideologie anhängen, werden immer inkompetenter. Die anderen, die unter der Ideologie leiden, leiden immer mehr unter der zunehmenden Gewalt. Inwieweit religiöse Bedürfnisse, genauer: Bedürfnisse, gehalten zu sein und sich in einem sinnvollen Leben aufgehoben zu wissen, in diese Autoritätsanfälligkeit ebenfalls mit hineinspielen, ist schwer auszumachen.

Kontraphobisch zu sein wird oft genug geradezu als ein Wert gesehen. Noch immer haben wir den Eindruck, mit magischen Größenideen die Angst bezwingen zu können. Und dennoch gibt es immer mehr Ängstigendes in dieser Welt, und wir haben ja auch durchaus reale Gründe, uns zu ängstigen. Es ist aber auch klar, daß dieser verleugnende Umgang mit der Angst, diese heroische Grandiosität, der Kontroll- und der Fortschrittsglaube, angesichts der Angst gerade nicht hilfreich sind.

Was not tut: Gelassenwerden

Was not tut, ist, daß wir uns unseren Ängsten stellen. Wichtig ist, daß wir beharrlich herauszufinden versuchen, wo uns die Angst auch Erfahrungen verschließt, wo sie uns daran hindert, neue Kompetenzen zu entwickeln. Das ist keineswegs allein Aufgabe des einzelnen. Es wäre Aufgabe von uns allen. Und man könnte sich auch gegenseitig dabei helfen: entscheidend ist nur, einmal die Überzeugung zu opfern, daß Angst um jeden Preis abgewehrt werden muß. Denn eine solche Überzeugung hieße ja letztlich auch, daß wir damit kundtun, keine gefährdeten Menschen zu sein – oder, es zumindest nicht sein zu wollen. Geben wir aber zu, daß wir gefährdet sind, dann kann auch das Rettende wachsen (Hölderlin). Werden wir Menschen mit unserer Sterblichkeit – und das ist wohl immer noch die größte Bedrohung – konfrontiert, dann wächst unser Lebenswille, gerade dann wird unsere Kreativität am stärksten herausgefordert. Würden wir uns der eigenen Angst mehr stellen, dann bekämen wir nicht nur besseren Zugang zu dem, was verändert werden muß, sondern auch zum Haltenden, zu dem, was uns Halt gibt. Dadurch würden wir wieder authentischer werden, d. h. mehr mit unseren Gefühlen verbunden sein. Damit würden auch unsere mitmenschlichen Beziehungen wieder befriedigender. Auch wenn sie vielleicht nicht unbedingt einfacher würden – echter und damit lebendiger wären sie in jedem Fall.

216

Das heißt nun aber nicht, daß wir uns von der Angst einfach überwältigen lassen sollten oder daß wir die Angst – sozusagen als gesellschaftlich akzeptiertes Deckgefühl – ständig im Munde führen, ohne den emotionellen Gehalt wirklich zu spüren und ohne Konsequenzen daraus zu ziehen. Die Frage, die wir uns zu stellen haben, ist immer wieder die: Was will die Angst von uns, was verschließt sie uns? Aber auch: Was will sie uns eröffnen? Dazu, für die positive Beantwortung dieser zentralen Frage, sind alle die Bewältigungsformen, die ich in diesem Buch herausgestellt habe, wichtig und hilfreich. Es gibt freilich noch eine Bewältigungsform, die ich noch nicht angesprochen habe: nämlich den kulturell effizienten, kreativen Umgang mit der Angst. Kultur meint, daß wir eine Tradition haben, in diesem Zusammenhang auch eine Tradition im Umgang mit Angst. Die Rede von Kultur bezieht sich zum anderen aber auch auf die aktuellen schöpferischen Einfälle. Unsere Identität ist nie nur individuell, sondern immer auch kollektiv begründet. Was in Kunst und Literatur zu einem existentiellen Thema wie der Angst entwickelt wird, wirkt wieder auf die Gesellschaft als Ganze zurück. Ein anderer Umgang mit der Angst wäre auch im sozialen Bereich gefordert: keine Panikmache, kein aufgeregtes Aufzählen, was alles in Gefahr ist – das wüßten wir schon längst, müßten wir es nicht immer wieder verdrängen, gerade, weil es uns ständig gesagt wird – sondern Gelassenheit wäre gefragt, Gelassenheit angesichts des Ängstigenden. Gelassenheit: Wir Menschen sind sterblich. Alles, was wir für sicher halten, ist es nicht, und dennoch wagen wir zu leben, wir riskieren sogar einiges im Verlaufe eines Lebens. Lassen wir doch unsere Größenfantasien fahren, akzeptieren wir dieses Bedrohtsein! Lassen wir uns ein auf das Leben, trotz der Angst, lassen wir los, was loszulassen ist! Gelassenheit meint nicht die Sicherheit, daß Schicksalsschläge zu vermeiden sind. Das wäre nur eine vermeintliche Sicherheit. Gelassenheit heißt, mit solchen Unsicherheiten zu rechnen und dennoch nicht zu resignieren. Gelassenheit ist auch eine Form der Tapferkeit.[115] Eine solche Hoffnung rechnet mit dem Schlimmsten und vertraut den-

---

[115] Walter Rudolf (1996) (Hg) Gelassenwerden, Herder/Spektrum, Freiburg, S. 14

noch auf beste Lösungen. Gelassenheit beruht auf Vertrauen ins Leben. Nun kann man dieses Vertrauen mitbringen aus vertrauensvollen Beziehungen, man kann es auch gewinnen im Laufe eines Lebens, wenn man zur Kenntnis nimmt, daß trotz unendlich vieler Schwierigkeiten und Bedrohungen sich doch immer auch wieder Lösungen abzeichnen. Gelassenheit hängt letztlich auch mit Hoffnung zusammen. Es gibt ja nicht nur die Angst im Leben, es gibt zum Beispiel auch die Freude, es gibt Interesse, es gibt Begeisterung usw. Diese positiven Emotionen werden immer etwas gering geachtet, sie werden allzu rasch mit dem Etikett der Naivität versehen und in die unernste Ecke geschoben. Dabei wären sie von großer Wichtigkeit für das Erleben und das Stabilisieren eines guten Selbstwertgefühls. Sind wir so sehr ins Scheitern verliebt? Und wenn: Genügt uns unser vielfaches Scheitern, das wir doch gar nicht vermeiden können, eigentlich noch nicht?

Ernst Bloch hat den wichtigen und anschaulichen Satz gesagt: „Die Hoffnung ersäuft die Angst."[116] Nun ist die Hoffnung, von der er spricht, keine schwächliche Hoffnung, sie hat nichts zu tun mit Illusionen. Hoffnung heißt für ihn, sich auf das Bessere hin zu entwerfen. Um das zu können, muß man „kundig unzufrieden" sein mit dem, was ist. Sehend unzufrieden, mit einem entschiedenen „Nein zum Mangel".[117] Für Bloch sind die Tagträume der Menschheit schon immer Entwürfe auf ein besseres Leben hin, Wunschbilder des erfüllten Augenblicks. Sie erfüllen das konkrete Leben mit Zuversicht. Diese Tagträume müssen sich nach Bloch, um nicht Utopien im Sinne von Seifenblasen zu sein, mit dem Jetzt und Hier beschäftigen. Der Mensch muß ungeteilt dabei und bereit sein, Durchbruchserfahrungen auch an Unscheinbarem zu machen und zur Kenntnis zu nehmen.

Eine solche Hoffnung hat man nun nicht einfach, sondern man hat sie zu lernen. „Es kommt darauf an, das Hoffen zu lernen. Seine Arbeit entsagt nicht, sie ist ins Gelingen verliebt statt ins Scheitern."[118] Zu dieser Hoffnung muß man sich bewußt entschließen, man kann sie wollen. Ein Weg zu ihr findet man über

---

[116] Bloch, Das Prinzip Hoffnung, S. 162
[117] Bloch, Das Prinzip Hoffnung, S. 3
[118] Bloch, Das Prinzip Hoffnung, S. 1

das ständige aktive Fragen, ob etwas nicht auch besser sein könnte. Dazu gilt es, hartnäckig zu bleiben: nicht einfach akzeptieren, was ist, sondern sehen, was sein könnte. Das gelingt aber nicht, wenn wir nicht auch unsere Ängste auch ansehen und uns fragen, was diese uns verstellen. Es klingt fast paradox: Nähmen wir unsere Ängste ernst und sähen wir, was sie uns verschließen, dann öffnete uns gerade diese Haltung die Bilder der Hoffnung und die Emotion der Hoffnung. Sich zur Hoffnung zu entschließen, ist eine Arbeit und bedeutet Anstrengung. Es hieße aber, sich nicht von der Angst einschränken zu lassen, sondern trotz ihrer das Leben zu gestalten. Daraus erwüchse ein Grundgefühl der Zuversicht – trotz allem. Und mit einem solchen Grundgefühl könnten wir auch angesichts des Ängstigenden gelassener leben.

Danksagung

Ich habe vielen Menschen zu danken, die mich immer wieder mit dem Problem der Angst vertraut gemacht haben, ich danke aber auch all denen, die mich gelehrt haben, angesichts der Angst doch auch getrost zu sein. Ich bedanke mich vor allem auch bei den Seminarteilnehmerinnen und Seminarteilnehmern an der Universität Zürich, die sich mit großem Engagement mit den Symbolen der Angst auseinandergesetzt haben. Ich bedanke mich auch insbesonders bei jenen Menschen, die mir erlaubt haben, aus ihrem Leben mit der Angst hier in diesem Buch etwas zu erzählen.

Ganz herzlich bedanken möchte ich mich bei Karin Walter für die schöne Zusammenarbeit.

Verena Kast

Literatur

Balint Michael (1956) Angstlust und Regression, Klett, Stuttgart

Becker Peter (1980) Studien zur Psychologie der Angst, Beltz, Weinheim, Basel

Belle Deborah (Ed) (1982) Lives in Stress. Women and Depression, Beverly Hills

Binswanger Ludwig (1955) Vom anthropologischen Sinn der Verstiegenheit und Über die manische Lebensform, In: Ausgewählte Vorträge und Aufsätze, Bd.II, Francke, Bern

Bloch Ernst (1959) Das Prinzip Hoffnung, Bd. 1, Suhrkamp, Frankfurt/Main

Bollnow Otto Friedrich (1979) (1955) Neue Geborgenheit. Das Problem einer Überwindung des Existentialismus, Kohlhammer, Stuttgart

Bowlby John (1969) Attachement and Loss, The Hogart Press, London

Braun Hans-Jürg (1988) Angst und Existenz: zu Sören Kierkegaards Reflexionen, in: Braun und Schwarz (Hg) Angst, Verlag der Fachvereine, Zürich

Butello Willi, Höfling Siegfried (1984) Behandlung chronischer Ängste und Phobien, Enke, Stuttgart

Emde Robert N. (1991) Die endliche und die unendliche Entwicklung, in: Psyche 45, 9, S. 745-779

Ermann Michael (1987) Die Persönlichkeit bei psychovegetativen Störungen. Klinische und empirische Ergebnisse, Springer, Berlin, Heidelberg, New York

Faust Volker (Hg) (1986) Angst – Furcht – Panik

Freud Sigmund (1971) (1926) Hemmung, Symptom und Angst, Studienausgabe Bd. VI, Fischer, Frankfurt/Main

Fromm Erich (1989) (1973) Aggressionstheorie, GW 7, dtv, München

Michael Robert T., Gagnon John H., Laumann Edward O., Kolata Gina (1994) Sexwende. Liebe in den 90ern, Knaur, München

Gimbutas Marija (1989) The Language of the Goddess, Harper & Row, San Francisco

Grossmann David (1996) Der Terror erniedrigt uns, gedruckt im Tages Anzeiger vom 3./4. Aug. 1996

Hagemann-White Carol (1992) Berufsfindung und Lebensperspektive in der weiblichen Adoleszenz, in: Flaake Karin, King Vera (Hg) (1992) Weibliche Adoleszenz. Zur Sozialisation junger Frauen, Campus, Frankfurt/Main

Hartmann Heinz, (1972) Ich-Psychologie. Studien zur psychoanalytischen Theorie, Klett, Stuttgart

Heidegger Martin (1963) (1927) Sein und Zeit, Max Niemeyer, Tübingen

Heidegger Martin (1951) Erläuterungen zu Hölderlins Dichtung, Frankfurt/Main

Hite Shere (1988) Frauen und Liebe. Der neue Hite Report, Goldmann, München

Jacoby Mario, Kast Verena, Riedel Ingrid (1978) Das Böse im Märchen, Bonz, Stuttgart

Jung Carl Gustav (1976) (1950) Aion, in: GW 9/II, Walter, Olten

Jung Carl Gustav (1971) (1906) Über die Psychologie der Dementia Praecox, in: GW 3, Walter, Olten

Jung Carl Gustav (1987) (1934) Allgemeines zur Komplextheorie, in: GW 8, Walter, Olten

Jung Carl Gustav (1960) (1920) Psychologische Typen, GW 6, Walter, Olten

Jung Carl Gustav (1973) (1952) Symbole der Wandlung, GW 5, Walter, Olten

Kast Verena (1982) Trauern. Phasen und Chancen des psychischen Prozesses, Kreuz, Stuttgart

Verena (1982) Wege aus Angst und Symbiose. Märchen psychologisch gedeutet, Walter, Olten

Kast Verena (1984) Der Teufel mit den drei goldenen Haaren. Vom Vertrauen in das eigene Schicksal, Kreuz, Zürich

Kast Verena (1984) Paare. Beziehungsphantasien oder Wie Götter sich in Menschen spiegeln, Kreuz, Stuttgart

Kast Verena (1987) Der schöpferische Sprung. Vom therapeutischen Umgang mit Krisen, Walter, Olten

Kast Verena (1988) Imagination als Raum der Freiheit, Walter, Olten

Kast Verena (1990) Die Dynamik der Symbole. Grundlagen der Jungschen Psychotherapie, Walter, Olten

Kast Verena (1991) Freude, Inspiration, Hoffnung, Walter, Olten

Kast Verena (1992) Die beste Freundin. Was Frauen aneinander haben, Kreuz, Stuttgart

Kast Verena (1992) Liebe im Märchen, Walter, Olten

Kast Verena (1994) Vater – Töchter, Mutter – Söhne. Wege zur eigenen Identität aus Vater- und Mutterkomplexen, Kreuz, Stuttgart

Kast Verena (1994) Sich einlassen und loslassen. Neue Lebensmöglichkeiten bei Trauer und Trennung, Herder, Freiburg

Kast Verena (1995) Die Nixe im Teich. Gefahr und Chance erotischer Leidenschaft, Kreuz, Stuttgart

Kast Verena (1996) Neid und Eifersucht. Die Herausforderung durch unangenehme Gefühle, Walter, Zürich

Kierkegaard Sören (1960) (1844) Der Begriff Angst. (Hg. Liselotte Richter) Rowohlt, Reinbek

König Karl (1981) Angst und Persönlichkeit. Das Konzept und seine Anwendungen vom steuernden Objekt, Verlag für Medizinische Psychologie, Vandenhoeck u. Ruprecht, Göttingen

Kristeva, Julia (1990) Fremde sind wir uns selbst, Suhrkamp, Frankfurt/Main

Krohne Heinz W.(1976) Theorien zur Angst, Kohlhammer, Stuttgart, Berlin

Kruse Otto (1991) Emotionsentwicklung und Neuroseentstehung, Enke, Stuttgart

Luhmann Niklas (1982) Liebe als Passion. Zur Codierung von Intimität, Suhrkamp, Frankfurt/Main

Mahler Margret, Pine Fred, Bergman Anni (1978) Die psychische Geburt des Menschen. Symbiose und Individuation, Fischer, Frankfurt/Main

Malatesta Carol Z.(1990) The role of emotions in the development and organization of personality, in: Thompson Ross A.: Socioemotional Development, University of Nebraska Press, Lincoln, London

Mentzos Stavros (1976) Interpersonale und institutionalisierte Abwehr, Suhrkamp, Frankfurt/Main

Mentzos Stavros (1982) Neurotische Konfliktverarbeitung, Fischer, Frankfurt/Main

Reddemann Luise (1995) Imaginative Psychotherapieverfahren zur Behandlung in der Kindheit traumatisierter Patientinnen. Vortrag auf dem 7. Internationalen Kongreß für Katathym-Imaginative Psychotherapie in Würzburg

Rieman Fritz (1976) Grundformen helfender Partnerschaft, Pfeiffer, München

Richter Horst E., Beckmann Dieter (1969) Herzneurose, Thieme, Stuttgart

Riedel Ingrid (1992) Maltherapie, Kreuz, Stuttgart

Rohde-Dachser, Christa (1991) Expedition in den dunklen Kontinent, Springer, Berlin

Rohde-Dachser, Christa (1994) Im Schatten des Kirschbaumes, Huber, Bern

Rüger Ulrich (Hg)(1984) Neurotische und reale Angst, Verlag für Medizinische Psychologie, Vandenhoeck u. Ruprecht, Göttingen

Rutishauser Bruno (o.J.) Konstruktive Frustration, in: Die Psychologie des 20. Jahrhunderts, Kindler, Zürich

Schlierf Christa (1984) Vom Übergangsobjekt zur Objektbeziehung. Therapie mit einer Angstneurosepatientin, in: Mentzos Stavros (Hg) Angstneurose. Psychodynamische und psychotherapeutische Aspekte, Fischer, Frankfurt/Main

Starker Stefan (1974) Daydreaming Styles and Nocturnal Dreaming, in: Journal of Abnormal Psychology, 83, 1

Stern Daniel N. (1992) Die Lebenserfahrung des Säuglings, Klett-Cotta, Stuttgart

Strian Friedrich (1983) Angst. Grundlagen und Klinik, Springer, Heidelberg, New York, Tokyo

Strian Friedrich (1995) Angst und Angstkrankheiten, Beck, München

von Uexküll Thure (1986) Psychosomatische Medizin, Urban und Schwarzenberg, München, Wien, Baltimore

Walter Rudolf (1996) (Hg) Gelassenwerden, Herder, Freiburg

Willi Jürg (1975) Die Zweierbeziehung, Rowohlt, Reinbek

Winnicott Donald W. (1979) Vom Spiel zur Kreativität, Klett-Cotta, Stuttgart

Zwiebel Ralf (1992) Der Schlaf des Analytikers, Verlag Internationale Psychoanalyse, Stuttgart

Neue Lebensperspektiven

Verena Kast
Sich wandeln und sich neu entdecken
Band 4477
Leben heißt: wachsen und sich neu entwickeln. Ein Aufbruch zu neuer
Lebensleidenschaft.

Verena Kast
Sich einlassen und loslassen
Neue Lebensmöglichkeiten bei Trauer und Trennung
Band 4261
Den Blick nach vorn richten, eine neue Lebens-Leidenschaft
entwickeln: Das sind Chancen, die das Leben auch im Loslassen
reicher machen.

Verena Kast
Loslassen und sich selber finden
Die Ablösung von den Kindern
Band 4002
Sich loslassen und sich als Erwachsene neu begegnen. Phasen und
Chancen im Ablösungsprozeß von den Kindern.

Ingrid Riedel
Lebensträume – Lebensräume
Stufen inneren Wachstums
Band 4751
Träume eröffnen oft Lösungsperspektiven. Wie dies gelingen kann,
zeigt Ingrid Riedel in ihrem neuen Buch.

Verena Kast
Abschied von der Opferrolle
Das eigene Leben leben
192 Seiten, gebunden
ISBN 3-451-26629-6
Erstarrte Positionen auflösen. Endlich zum eigenen Leben kommen.
Eine Analyse des Zusammenlebens im Alltag.

HERDER spektrum